철학자가 묻고 교정학자가 답하다

감옥이란
무엇인가

감옥이란 무엇인가
철학자가 묻고 교정학자가 답하다

초판 1쇄 발행 2021년 12월 25일
초판 2쇄 발행 2022년 12월 12일

지은이 이백철·박연규
펴낸이 고성환
펴낸곳 (사)한국방송통신대학교출판문화원
(03088) 서울시 종로구 이화장길 54
전화 1644-1232
팩스 02-741-4570
홈페이지 http://press.knou.ac.kr
출판등록 1982년 6월 7일 제1-491호

출판위원장 이기재
편집 신경진
디자인 김민정

ISBN 978-89-20-04237-9 03300
값 17,000원

철학자가 묻고 교정학자가 답하다

감옥이란 무엇인가

이백철 · 박연규 지음

지식의날개

목차

대담을 시작하며

감옥이나 교도소라는 말을 들으면 사람들은 어떤 생각이 들까. 범죄를 저지르고 죗값을 치르는 곳일 수 있고, 비록 죄를 저질렀다 하더라도 새사람이 되어 사회에 다시 복귀할 수 있는 교화의 공간일 수도 있다. 한번 들어가는 순간 전과자라는 낙인이 찍혀 평생 남들한테 말 못하고 살아야 하는 곳이기도 하다.

대부분의 사람들은 교도소를 잘 모른다. 가까이 하고 싶어 하지도 않는다. 그러나 현실에서는 많은 사람들이 들어가는 곳이 교도소이다. 수감 경험이 없으면 없는 대로 있으면 있는 대로 모두 그에 대한 인상이나 느낌이 다를 것이다. 어떤 사람들은 일제 강점기 독립투사의 투옥이나 독재 정부하의 정치범을 떠올리면서 감옥을 특별히 '의로운 행위'의 공간으로 생각할 수도 있다. 그러나 살인, 강도, 사기 등의 범죄를 생각하면 교도소는 부정적인 인상으로 가득 찬 곳이 된다. 교도소라는 말이 가진 그 복잡성을 한마디로 정리할 수는 없지만 지금 이 시대 한국에서 감옥의 정체성은 부정적이라 할 수 있다.

　이 대담집은 부정적인 의미로 가득 차 있는 우리 사회의 교도소 문제를 본격적인 담론으로 끌어내기 위해 기획되었다. '본격적'이라는 말에는 교도소의 부정적 인상을 본의 아니게 감추고 숨기는 습관에서 벗어나, 교도소를 좀 더 밝고 넓은 곳 그리고 좀 더 세상 밖으로 드러내려는 의도가 담겨 있다. 지금까지 교도소에 대한 저술이 없었던 것은 아니다. 감옥 생활에 대한 정치인의 경험담도 있고 교도소장으로 근무했던 고위직 공무원의 회고담도 있다. 무엇보다 '교정학'이라는 이름으로 교도소에 대해 기술한 학문적이고 전문적인 책도 있다. 하지만 정치인의 경험담이나 교도소장의 회고는 교도소의 전체 모습을 살펴보는 데 한계가 있고, 교정학 전문 서적은 대학의 교재 형식으로 출판되어 일반인이 쉽게 접근하기가 어렵다. 특히 전문 서적의 경우는 교과서적인 기술이 중심이 될 수밖에 없고, 특정 사회가 극복해야 할 현실 문제를 역동적으로 다루지 못하며, 무엇보다 교도소의 부정성을 긍정적인 기능으로 살려내고자 하는 문제의식이 상대적으로 약하다고 할 수 있다. 그런 점에서 이 대담집은 개인의 단편적인 경험담이나 회고담 그리고 전문적 교재 사이의 중간 지점에서 독자들이 교도소를 우리 사회의 문제적 담론으로 접근

할 수 있도록 기획되었다.

지난 겨울은 코로나19로 인한 위기감에 더해 날은 춥고 사람들의 몸과 마음은 쉽게 무기력해지곤 했다. 이 무렵 이백철 교수는 30여 년 동안 근무한 대학의 교정보호학과에서 정년을 한 달 앞두고 있었고 연구실을 비우기 위해 짐을 정리하고 있었다. 이 대담집에서 질문 역할을 하는 나와 답을 하는 이백철 교수는 일반인이 교정에 대해 쉽게 이해할 수 있으면서도 우리 사회에 교도소 문제를 중요 이슈로 끌어낼 수 있는 책을 만들어 보자는 데 한마음이 되었다. 철학자가 묻고 교정학자가 대답하는 형태의 대담집으로 꾸미다 보면 글도 쉬워져 내용을 독자들에게 편안하게 전달할 수 있을 것이라는 생각이었다. 이 책은 그때부터 두 달 동안 녹음에 들어갔고 그 이후 녹취와 편집 과정을 거치면서 조금씩 책의 형태가 되어 갔다. 그리하여 비록 완전하지는 않다고 하더라도 국내의 교정 현실을 담아내면서 좀 더 미래지향적인 교정의 밑그림을 그려내는 데 이르게 되었다.

독자들을 위해 먼저 이백철 교수를 소개하는 것이 순서일 것이다. 그는 교육과학사에서 개정판으로 나와 있는 《교정학》의 저자이며 2007년에 출범한 아시아교정포럼의 설립자로서 교정 전문지인 《교정담론》을 처음으로 창간한 학자이다. 보호관찰학회 회장 등을 역임했으며 지금도 교도소장 등 교정 현장에서 활동하고 있는 많은 공무원들을 학자의 길로 이끌어 내고 있으며, 교정학의 전문가로서 국내 교정의 현실을 누구보다도 정확히 읽어 내고 있다. 그는 이 대담집 전편에 걸쳐 우리가 상식적으로 생각했던 것과는 달리 교도소를 적정한 거리를 두고 객관적으로 접근하고 가끔씩은 냉정할 정도의 현실감을 보여 준다. 그러면서도 급진적이고 이상적인 교도소의 미래를 펼치기도 한다. 이 책의 마지막 6장의 '교도소가 없는 세상'을 읽다 보면 그런 느낌을 분명히 받을 것이다. 교도소가 마냥 교정교화의 공간이 될 수 없다는 데서는 그의 교도소에 대한 현실감을 볼 수 있으며 교도소 폐지라는 주장에 이르면 교도소라는 존재에 대한 낭만까지 느끼게 한다. 이 서로 모순될 수 있는 입장들도 대담의 흐름을 세밀하게 추적하는 독자들에게는 어느 정도 설득력을 줄 수 있으리라고 본다. 어쨌든 가끔 모순될 수 있는 대담의 흐름을 연결시키는 데 그의 교정에 대한 전문성이 도움을 줄 것으로 본다.

이 대담집에서 끊임없이 질문하고 있는 '나'는 교정에 대해 상식적인 질문과 의견을 제시하고, 도저히 이해가 되지 않는 점을 지적하거나 불만을 토로하며 대담 주체자의 지식과 생각에 말꼬리를 잡아내기도 한다. 이런 점이 대담집에 익숙한 독자들에게는 전혀 낯설지 않을 것으로 본다. 왜냐하면 보통 사람들이 물어봄 직한 질문을 하고 있기 때문이다. 나는 교정학과 전혀 무관하게 철학과 윤리학을 전공했지만 재소자의 몸과 관계윤리라는 주제로《교정윤리》라는 책을 2017년에 출판한 적이 있다. 이 애기를 언급하는 이유는 질문을 하는 나의 위치가 전공자는 아니지만 그렇다고 전혀 교도소에 대해 문외한도 아니라는 점을 밝히기 위해서이다. 흔히 말해 '어중간한' 질문자로서 교도소를 이해하고 교정에 대해 묻고자 애를 쓰는 역할을 하고 있다. 교정학의 비전공자로서 질문하다 보면 일반 독자들의 시각에서 질문하게 될 것이고, 한편으로는 전문가의 생각을 나름대로 해석해서 다시 독자의 시각으로 끌어낼 수 있을 것으로 본다.

이 책의 부제를 '철학자가 묻고 교정학자가 답하다'로 한 이유도 교도소에 대한 이해를 상식 수준으로 이해하기 위해서였다. 교도소는 구금의 공간이고 기관이지만 그것이 함의하고 있는 사회적 의미는 상상을 초월할 정도로 크다. 독자들은 아마 모르긴 몰라도 이 대담집을 읽으면서 왜 질문자가 상식적인 수준으로 접근한다는 말을 자주 하는지 알게 될 것이다. 우리는 교도소를 너무 쉽고 단순하게 이해하려고 하면서도 상대적으로 그 중요성에 큰 관심을 두지 않는다. 교도소는 교도소를 가 봐야 알 수 있는 개인적 영역이기도 하지만 그 이전에 사회적으로도 중요한 기능을 하고 있다. 우리 모두는 교도소를 잘 모르고 또 별로 알려고 하지 않는다. 교도소를 학문적으로 연구하는 교정학에 대해서도 별 이해가 없다. 국내에서는 경기대학교에 교정학과가 처음으로 만들어졌고 몇 년 전에는 백석대학교에도 관련

학과가 생겼다. 관련 학회지도 몇 개 나오지만 학문적으로나 대중적으로나 다른 인접 학문에 비해 덜 알려져 있다. 그러다 보니 상식 수준에서 질문한다는 말이 나한테는 아주 유효할 수밖에 없다. 비전공자인 나는 어차피 상식 수준으로 물어볼 수밖에 없겠지만 이런 방식을 통해 '교양으로서의 교정학'이 만들어질 수 있을 것이다. 그리하여 어려운 학문 영역에 '이중으로' 갇힌 교도소를 이해하는 데 도움을 줄 것으로 본다.

우리 사회는 교도소의 필요성을 인정하면서도 한편으로는 부끄러운 부분을 숨기려는 것처럼 교도소를 사람들의 눈에 잘 띄지 않는 곳에 꽁꽁 숨겨 놓고 싶어 한다. 최근에는 이런 인식이 조금씩 바뀌고 있지만 얼마 전까지만 해도 어느 지자체 할 것 없이 자기네들 지역에 교도소가 들어서기를 반기지 않을 정도로 교도소 설립을 피하려고 했다. 교도소의 필요성은 인정하면서도 숨기고 싶은 통념이 지금 교도소의 현주소이다. 이로 인해 교도소를 제대로 대접(?)하지 못하는 결과가 생겨나며 급기야는 교도소를 정상적인 사회 기능 공간으로 적절하게 취급하지 못하거나 그 역할을 왜곡한다. 교도소는 부정적인 어떤 것이지만 다른 한편으로는 범죄를 처리하는 최종 공간으로 없어서는 안 되는 중요한 기능을 한다. 문제는 범죄를 처리하는 행위가 결코 만만치 않다는 데 있다. 그것은 복합적이고 다면적이어서 한 사회의 모든 물질적이고 정신적인 자원이 총체적으로 작용해야 소기의 성과를 거둘 수 있다. 이런 점에서 교도소를 마냥 부정적인 시각으로 대할 수 없다. 만약 어떤 사회가 교도소의 복합적 특성을 명확하게 인식하지 못하면 범죄를 처리함에 있어서도 혼란을 가져올 수밖에 없을 것이다.

이 대담집의 성격을 이해하기 위해 아시아교정포럼의 설립과 함께 창간된 전문 학회지인 《교정담론》 얘기를 잠시 하고자 한다. 《교정담론》의 목표는 교정학에 대한 인문학적 담론을 구성하는 것으로서, 사회과학의 한 분야로만 알려진 교정학의 정체성을 문학, 역사, 철학, 예술 등 인문학의 다양한 접근을 통해 폭넓게 풀어내는 것이다. 범죄학도 마찬가지이지만 사회과학의 하나인 교정학도 통계로 자주 환원되고는 한다. '계산적 합리성'이라는 말이 있듯이 요즘 사회과학은 수치로 설명되지 않으면 안 되는 학문이 되었다. 《교정담론》은 이런 통계학적 환원 방식에 의문을 제기하고 교정학에 인문학의 옷을 입히기 위한 취지로 시작되었다. 벤담의 《파놉티콘》, 체사레 베카리아의 《범죄와 형벌》, 또는 미셸 푸코의 《감시와 처벌》은 교정과 직접 관련된 책들이다. 니체의 《도덕의 계보학》, 어빙 고프만의 《수용소》, 도스토옙스키의 소설 《죄와 벌》도 교정학도들의 필독서가 되어야 한다. 셰익스피어의 비극 작품들이나 셸링의 《인간적 자유의 본질》도 교도소를 이해하는 중요한 인문학 서적이다. 그런데 감히 생각건대 대부분의 교정학자들은 이런 책들에 별로 관심을 두지 않는 것 같다. 교도소가 분명 죄의 구속과 신체 감금의 장소이며 개인의 자유가 박탈되는 곳인데 왜 그들은 이런 근본 문제들에 별로 관심을 가지지 않을까. 그리고 왜 그들은 '교정교화'라는 교도소 안의 질서 유지나 분류심사 아니면 교도소학이라는 작은 영역에 매몰되어 있을까.《교정담론》은 이렇게 제한된 교정학을 모든 사람들이 관심을 가질 수 있는 넓은 사회 공간으로 빼내 오기 위한 것이었고 이 대담집도 그런 의문의 연장선에서 구성되었다.

《교정담론》이 제호를 거듭하는 동안 인문학적 접근을 통해 국내 교정학 연구에 신선한 바람을 불러 일으켰고 많은 인문학자들의 관심을 교정학으로 이끌어 내는 데 기여했다고 본다. 초기에 인문학자들과 교정학자들이 융합 연구하는 형태였던 학술 모임이 활성화되는 데는 삼척 강원대학교의 전석환 교수와 경기대학교의 조극훈 교수가 결정적인 역할을 했다. '교정인문학', '교정철학', 그리고 '교정윤리'라는 새로운 개념이 교정학에 이식되었다. 이 대담집에서 질문자가 질문을 해나가는 방식도 이런 인문학적 관점이 교정학에 투사된 결과라고 할 수 있으며 대담집의 부제를 '철학자가 묻고 교정학자가 답하다'로 한 것도《교정담론》의 이런 취지를 살려내기 위한 것이다. 이 대담집에는 정약용의《흠흠신서欽欽新書》얘기도 나오지만, 질문자로서 정말 묻고 싶었던 것 중 하나는 왜 우리 사회에는 푸코의《감시와 처벌》같은 책이 나오지 않는가 하는 것이다. 한국 교도소의 역사가 짧은 것도 아니고 교도소가 사회에서 차지하는 역할이 작지 않음에도 이런 문제를 총체적으로 진단하는 본격적인 연구 서적이 없다는 점이 정말 아쉽다. 《흠흠신서》의 의미는 장대하지만 그 책이 당대의 감옥을 충분히 이해했거나 사회상을 교정의 눈으로 본 책이라고는 할 수 없다. 그래도 그만한 책이 지금 이 시대에 나올 만도 한데 그렇지 못하고 있다. 《흠흠신서》가 간행된 때가 정확히 200년 전인 1822년이다. 이 대담집이 그만한 역할은 못하지만 그 나름대로 작은 밑거름이 되어 우리 시대의 중요한 기관적 사회현상의 하나인 교도소를 다루는 책이 나오기를 기대해 본다.

우리는 이 대담집을 기획하면서 푸코를 생각했고 정약용을 떠올렸다. 교도소를 매개로 하여 푸코가 유럽 감옥의 역사를 돌아보고 정약용이 조선의 백성을 살펴보았듯이 이 시대의 교도소에 대한 온갖 이야기를 최대치로 풀어내고자 했다. 1장 '감옥의 탄생과 형벌'에서 시작하여 2장 '법과 범죄', 3장과 4장의 '교도소의 안과 밖', 5장 '사회복귀와 교정교화', 그리고 6장 '교도소가 없는 세상'에 이르기까지 물어볼 수 있는 것은 가능한 모두 질문했고 답하고자 했다. 최근의 연구인 회복적 사법, 피해자학을 통한 정의나 용서 문제 등을 다루기도 했다. 대담이 오가는 동안 교도소 문제를 처음 대하는 독자들을 위해 교도소에 대한 기본적인 지식도 담았지만 어디까지나 이야기의 중심된 흐름은 현재 한국 사회 교도소 현장의 이슈들이다. 즉 지금 우리 사회가 마주하고 있는 교도소의 모습이다. 이 대담집의 마지막 장면인 '교도소의 미래'도 그런 맥락에서 도출된 한국 사회 교도소의 미래라고 할 것이다.

　대담집을 준비하는 동안 생각지도 못했던 사소한 장애가 발생했다. 녹취를 위해 어느 정도 주제 선정과 장별 구성을 생각했지만 실제 녹취를 풀고 편집하는 과정에서 물음과 대답이 일치하지 않는 경우, 약간의 의견 차이가 나는 경우, 끝까지 논의를 풀어내지 못한 경우, 비슷한 내용이 반복되는 경우 등 예상하지 못했던 작은 문제들이 있었다. 그리고 물어볼 수 있는 한 모든 것을 물어보고 대답할 수 있는 한 최대한 대답한다고 했지만 기대한 만큼 만족스러운 결과를 만들지도 못했다고 생각한다. 예를 들어 요즘의 이슈이기도 한 재소자 인권 문제를 충분하게 다루지 못했다. 또한 이백철 교수가 중요 화두로 삼는 미래지향적인 '평화교정학'에 대해서도 많은 얘기를 할 수 없었다. 이런 부분은 다음을 기약할 수밖에 없다.

　코로나19로 인해 거의 모든 학회며 연구 모임이 약화되었지만 이 대담집이 본래의 기획 의도에 맞춰질 수 있도록 줌Zoom을 통해 관련 전공자들과 충분한 토론의 시간을 가졌다. 이 자리를 빌려 이 대담집의 문제점을 세심하게 지적해 주고 도움말을 준

신연희 교수, 이웅혁 교수, 한영선 교수, 조극훈 교수, 김병배 교수 등에게 다시 한번 감사의 말씀을 드린다. 이 책이 교정학자들, 교도소 종사자들, 교정학을 공부하는 학생들뿐만 아니라 우리 사회에서 교도소란 무엇인가라는 데 의문을 가졌음 직한 일반 독자들에게 인문사회적인 교양이 되어 교도소를 우리 사회의 현실 문제로 가져오는 데 일조했으면 한다. (박연규)

1장

감옥의 탄생과 형벌

신분제의
폐지

죄를 지으면 '감옥에 간다'는 말을 자주 합니다. 형벌의 역사는 감옥의 역사라 해도 될 정도로 형벌 하면 곧 감옥을 연상합니다. 이 교수님과 '감옥이란 무엇인가' 대담을 시작하면서 먼저 감옥의 탄생에 얽힌 얘기를 듣는 게 순서일 듯합니다. 형무소刑務所라고 불린 적도 있고 지금은 교도소라고도 하는 감옥은 인류 사회에 언제쯤 등장했습니까.

일반적으로 생각하는 것만큼 오래된 것은 아닙니다. 대체로 18세기 후반에 탄생하여 19세기 초반을 거쳐 완성되었다고 보니까 약 200여 년 전이군요.

예상 밖입니다. 소크라테스가 독배를 마신 곳도 감옥이고 중국 은殷나라 마지막 왕이었던 문왕文王이 주紂에 의해 반란죄로 감금 되었던 곳도 유리羑里라는 감옥이었습니다. 그렇다면 감옥의 탄생은 동서양 모두 기원전으로 거슬러 가야 하지 않을까요.

기원전에도 그 이후에도 물론 범죄인을 가두는 곳은 있었습니다. 그런데 오늘날의 교도소와는 차이가 있었지요. 당시에는 범죄인의 목숨을 끊거나 매질하거나 추방하거나 배상하게 하거나 강제노역을 하게 하거나 노예로 삼았지요. 범죄인을 시공간을 정해서 대규모 시설에 가두고 자유를 속박하는 형벌은 존재하지 않았습니다. 감금되는 경우는 예컨대 전쟁 포로나 정치범의 경우, 고문이나 재판을 받는 경우, 채무가 변제될 때까지 인질로 잡혀 있는 경우 등이었지요. 감금 자체가 일종의 수단이었지 형벌은 아니었습니다.

그렇군요. 감옥 얘기를 하니 자연스럽게 형벌 얘기가 나오지 않을 수 없습니다. 자유를 속박하는 형벌, 그러니까 자유형 혹은 구금형으로 알려진 형벌 이전에도 다양한 형벌이 존재했을 것입니다. 채찍질과 곤장과 같은 신체형이 주를 이루었을 것으로 생각됩니다.

그러니까 자유형은 자유를 속박하는 형벌이고, 교도소는 자유형을 집행하는 장소이지요. 여기에서 교도소의 탄생은 대규모 시설에 다수의 범죄인을 수용하여 시간 단위로 형벌의 양을 정해서 관리하는 제도의 탄생을 말합니다. 물론 그 목적은 응징이다, 범죄 억제다, 교정교화다 등 다양하게 설명되고 있지요. 그 이전에 주된 형벌은 신체형이었습니다. 적어도 서구 유럽에서는 1830~40년대에 신체형이 공식적으로 사라졌다고 합니다. 영국의 학교 현장에서 훈육 방식으로 매질하는 체벌이 사라진 것도 이 시기라는 점은 흥미롭지요.

현대로 가까워 오면서 신체형이 사라지고 구금형으로 바뀐 데는 그 이유가 있나요.

다양한 이유로 설명되고 있습니다. 어느 학자가 종합적으로 모든 이유를 밝힌 것은 아닙니다. 퍼즐을 맞추듯이 흩어진 조각을 모아 여러 관점에서 추정해 볼 수 있지요. 우선은 흔히 계몽주의와 함께 대두한 휴머니즘의 영향이라는 주장이 널리 받아들여졌지만, 오늘날 사실상 부정되고 있다는 말씀을 드리고 싶군요. 이 말은 자유를 박탈하여 가두는 것이 몸에 매질해서 고통을 주는 것보다 인도주의적이기 때문에 신체형이 사라지고 구금형이 탄생했다는 주장이 설득력을 잃었다는 뜻입니다.

인도주의적 영향으로 신체형이 사라지고 자유형이 도입되었다고 지금까지 알고 있었는데 그게 아니라고 하니 그 이유와 배경이 궁금해집니다. 형벌체계의 패러다임이 지금의 모습으로 변화된 이유는 무엇인가요.

무엇보다도 자유라는 개념과 함께 생각하고 싶습니다. 이 관점에서는 절대왕정의 붕괴와 신분제의 폐지라는 역사적 사건이 긴요한 계기를 제공한 것으로 볼 수 있지요. 사회구조적 변동이 형벌 패러다임 변화의 여지를 조성한 겁니다. 신분제 폐지로 사실상 자유를 박탈당한 상태에서 살아가던 계층이 자유를 획득하여 자유민이 되었지요. 실로 엄청난 변화였습니다. 그런데 아이러니하게도 이 변화가 곧 새로운 형벌 탄생의 전제조건을 만드는 결과를 초래했습니다. 그러니까 타고 날 때부터 자유가 제한된 노예와 같은 계층에게 자유의 속박은 형벌이 될 수 없었을 것입니다. '노예는 쉴 짬이 없다'라는 그리스 속담이 있는데 이는 노예에 대한 정의이기도 했다는 버나드 녹스Bernard Knox의 말처럼, 그들에게는 자유가 주어지지 않았던 것이지요. 가진 것은 신체밖에 없던 계층에게는 신체에 고통을 주는 것이 가장 효과적인 벌이었다고 볼 수 있지요. 그런데 갑자기 자유가 주어지니 자유를 속박하는 것이 형벌로 등장한 것입니다.

신분제 폐지가 자유형이 출현하는 여건을 마련한 것이군요. 그렇다면 신분제가 확실하게 지켜졌던 서양 중세 시대의 형벌에 대해 궁금해집니다. 자유형이 요구되지 않았던 이유를 말씀하셨지만, 그 외에도 형벌의 형태가 당시 사회상이나 경제적 요인과 관계가 있었을 것으로 생각됩니다.

네, 그렇습니다. 중세 봉건제도의 유럽은 농업 중심의 사회였습니다. 인구가 밀집된 도시 중심의 사회와는 거리가 멀었지요. 즉, 인구가 넓게 퍼져 분산되어 있었습니다. 따라서 범죄 유발 지역이나 범죄자 역시 집중적으로 분포될 수 없었던 구조로 되어 있었지요. 범죄인을 집중시켜 관리하는 형벌 행태인 구금형 제도는 농업사회의 성격과는 부합하지 않아 존재할 수가 없었습니다.

다음으로 중세의 봉건제도 아래서 살았던 노동자 계층을 생각해 보지요. 그들은 사실상 토지에 얽매여서 강제노역이 부과된 사실상 노예의 신분이었습니다. 당시 이들의 고된 삶의 여건을 고려해 보면 범죄자가 되었을 때 감수해야 할 어떤 상황도 그들의 현재 처한 상황보다 나쁘지 않았을 것입니다. 따라서 앞서 언급한 바와 같이 이미 자유를 속박당하고 있는 사람에게 자유를 빼앗는 것은 형벌이 될 수가 없었지요. 이 상황에서 체벌이 형벌의 일차적인 수단으로 된 것은 극히 자연스러운 현상이었다

감옥이란 무엇인가

고 볼 수 있습니다. 또한 사형, 추방과 같은 형벌 역시 노동력의 손실을 초래하기 때문에 주된 형벌로 사용될 수 없었습니다.

새로운 통제 수단

말씀을 들어 보니 당시 사회의 구조적 특징과 형벌 사이에 연관 관계가 분명해집니다. 그런데 신체형이 없는 오늘날에도 형벌의 작용에는 계층, 사회적 지위 등에 따른 불공정 문제가 여전히 존재합니다. 그렇다면 구금형이 탄생할 시기에 어떤 사회적 요인이 배경으로 작용했나요.

신분제도가 사라진 이후에는 기득권층이 구조적으로 누려 왔던 특권적 지위를 잃게 되지요. 따라서 기득권층에게는 새로운 사회통제 수단이 필요했는데 이것이 감옥 제도로 나타났다는 주장이 있습니다. 즉 그 이전의 사회에서는 엄격한 사회계급구조에 따라 신분과 사유재산권이 보장되어 기득권층은 그들의 사회적 지위와 재산을 자연스럽게 보호할 수 있었지요. 그런데 민주주의 이념의 확산과 함께 공식적인 계급구조가 소멸하자 다른 형태의 통제 방식이 필요해진 겁니다. 결과적으로 다른 형태의 계층구조가 형성되었다고 보는 것이지요. 즉 사회의 하위계층이 범하는 범죄에는 거의 구금형이 부과되지만 상위계층의 범죄에는 거의 부과되지 않는 형 집행의 이중적 현상이 나타나면서, 범죄행위나 전과 기록에 따른 새로운 형태의 사회계층이 형성된 것입니다. 이런 관점에서 보면 재범 행위나 전과자의 양산은 제도상의 모순된 측면의 결과라기보다는 처음부터 제도가 의도한 운영 결과라고 볼 수 있지요. 현 교도소 내에서 교정교화 활동이 성문화된 선언에도 불구하고 형식적인 수준에서 이루어지고 있는 불편한 진실을 이해하는 실마리가 된다고 봅니다.

우리나라에서도 '유전무죄, 무전유죄'라는 말이 한동안 세간에 오르내린 적이 있었습니다. 그렇다면 구금형 자체가 탄생 시부터 이런 사회적 모순을 안고 있었다고 생각하시나요.

실제로 구금형 제도에 대해서는 그것이 탄생하기 전부터 오늘날까지도 비판적 목소리가 끊이지 않고 있습니다. 구금형 제도가 안고 있는 수많은 폐단에도 불구하고 여전히 유지되고 성장해 온 이유의 일정 부분을 여기에서 찾을 수 있지요. 급진주의 학자들의 주장이지만 그들은 법 자체와 이를 적용하는 제도는 특정 계급의 이해에 봉사하는 것이라고 설명하기도 합니다. 이런 관점은 감옥을 범죄라는 사회 문제만으로 연결해서 생각하기보다는 더 큰 틀에서 그 목적과 기능을 살펴보게 합니다. 예컨대 당시 정치와 경제 상황을 포함한 사회 총체적인 틀에서 감옥을 생각해야 한다는 말이지요.

감옥을 형벌을 가하는 곳으로 간주해서 단순히 범죄 문제를 해결하기 위한 제도의 산물로 이해하지 말아야 한다는 뜻이군요. 그런데 감옥은 탄생하기 전부터 비판의 대상이었다고 하셨는데 어떤 점에서 그러했는지요. 구금형에 대해 좀 더 얘기를 듣겠습니다.

오늘날의 감옥 제도는 역사의 필연적인 진보나 박애 정신을 가진 개혁가들의 열정에 의해 하루아침에 이루어진 것이 아닙니다. 여러 측면에서 다양한 장애 요소가 있었습니다.[1]

첫째는 무엇보다도 형벌로서 구금형에 대한 착상은 시초부터 개혁자들의 명백한 비판의 대상이었다는 점입니다. 이들은 인간의 자유를 박탈하고 감시하는 것 자체가 전제군주의 부당한 권력 행사라는 인식을 강하게 갖고 있었지요. 당시 감옥에 대한 일반인의 인식도 군주 권력이 전횡되는 장소로 결부되어 있었습니다. 합법적인 재판보다는 초사법적인 투옥이 횡행했던 시절이었습니다. 감옥은 전제정치의 특권적 상징이자 권력 남용의 도구로 활용되었기 때문에 당시 개혁가들은 물론 일반인들도 배척

했던 대상이었어요. 구금형의 기능적인 측면에서도 구금형이 가벼운 형벌과 사형 사이에 존재하는 모든 처벌을 포괄한다는 것은 당시 개혁자들의 상상 밖의 영역이었던 것으로 보입니다.

둘째는 오늘날 교도소에 대한 비판적 견해와 거의 일치하는 주장들이 당시 개혁가들 사이에서도 지배적이었다는 점입니다. 효율성 측면에서 제기된 주장이지요. 구금형은 범죄의 개별적 특성에 대응할 수 없고, 비용적 측면에서 비경제적이며, 수형자의 나태와 악덕을 증가시킬 것이며, 형 집행상 통제가 어렵고 교도관의 전횡 가능성 또한 높다는 것 등이지요. 효과도 없고 무익하며 유해하기까지 하다고 주장한 것입니다.

셋째는 그간 학계에 소개되지 않았던 주장이고 미래의 형벌을 연구하는 데 중요한 내용입니다. 구금형이 범죄의 개별성에 대응할 수 없다는 본질적 속성을 비판하는 주장입니다. 당시 개혁가들은 범죄의 성격과 형벌 간에는 성격상 직접적인 대응 관계가 필요하다고 했습니다. 예컨대 절도에는 몰수형을, 명예훼손에는 공개 사과형을, 살인에는 사형을, 방화에는 화형을 부과해야 한다는 것이지요. 즉, 범행이 잔인한 자에는 신체형, 나태한 자에게는 중노동, 비열한 자에게는 명예형에 처함으로써 죄와 벌 사이에 상징적 대응 관계가 이루어져야 한다고 했습니다. 모든 범죄에 구금형을 부과한다는 것은 조국을 배반한 자와 성범죄자에게 똑같은 종류의 형을 부과한 것이 되며, 의사가 모든 환자에게 똑같은 처방을 하는 것과 같다고 비판한 것이지요. 이런 비판적 추세는 프랑스, 이탈리아, 오스트리아 등 여러 유럽 국가에서도 똑같이 발견됩니다. 형벌은 입법자의 독단적 자의에 따라서가 아닌 사건의 성격에 따라 규정되고 집행되어야 하며, 형벌이 범죄의 개별적 성격에 따라 부과된다는 것은 곧 시민적 자유의 승리라는 식의 주장이 제기되었습니다.

매우 흥미로운 분석입니다. 18세기 이전에도 어떤 형태로든 범죄인을 가두는 형벌의 형태가 존재했다는 말씀이지요.

네, 그렇습니다. 당시 구금형은 형벌체계에서 주변적이고 한정된 지위에 머물렀지요. 일정한 형태의 징역형이 지방 단위에서 관례나 관습법 형태로 존재했습니다. 대개는 범죄자의 신병을 확보하는 수단 정도의 기능만을 담당할 뿐이었지요. 한편 구금은 종종 대용 수단으로서 형벌의 역할을 하기도 했습니다. 예를 들면, 강제노역을 부과하는 갤리선 노예형[2]에 적합하지 않은 여성과 병약한 아이들의 경우에는 구금형이 대체 형벌로 사용되었습니다. 앞서 말씀드린 대로 구금형에 대한 강력하고 논리적인 비판이 제시되었지만, 구금형은 미셸 푸코Michel Foucault(1926~1984)의 말처럼 한 세기도 못 되는 기간에 인류 사회의 보편적인 형벌 제도로 정착하게 됩니다.

시간 개념의 변화와
형기의 정착

범죄는 그 성격에 따라 맞춤된 형벌이 주어져야 하는데, 결과적으로 짧은 기간에 자유형이라는 보편적인 형벌로 사실상 단일화된 것이군요. 그렇다면 자유를 제약하는 시간의 장단으로 형벌의 강약을 정한 데는 어떤 배경이 있다고 생각하시는지요?

자유형은 시간을 단위로 자유를 박탈하는 형벌입니다. 따라서 자유형의 탄생과 정착에는 시간의 개념이 시대에 따라 변해온 것과도 관련이 있습니다. 감옥이 만들어지던 17세기 이후의 유럽 사회는 농촌과 수도원이 중심이었던 봉건사회로부터 도시인과 상인이 중심이 되는 상업적 사회로 전이되는 시기였습니다. 느슨하게 기다리고 반복되는 시간 속의 삶에서 시간을 다투어서 돈을 주고 사야 하는 시대로 옮겨가고 있었습니다. 사람들은 농부와 수도사의 시간적 삶에서 도시인과 상인의 시간적 삶으로 살아가게 되었지요. 시간이 흘러가는 것을 곧 돈이 손가락 사이로 빠져나가는 것으로 체험하기 시작한 시기였지요.[3] 이 시점에서 시간을 뺏는 것이 곧 형벌이 되는 시대가 도래한 것입니다. 자유를 박탈하는 것은 시간을 박탈하는 것이고, 이것은 돈을 벌 기회의 박탈이었지요. 시간이 곧 응징의 수단이 된 것

감옥이란 무엇인가

입니다. 더구나 그 시간 동안 강제노역이 부과되어 수익성을 창출했다면 국가로서는 감옥의 탄생을 마다할 이유가 없었을 것입니다.

다른 한편으로 자연현상을 숫자 기호로 설명하고자 하는 과학의 시대의 특징을 반영한 결과라고 볼 수 있습니다. 당시의 과학자들은 자연현상을 설명하는 데 이를 단순화할 수 있는 수학적 이론을 선호했지요. 천체의 운동법칙, 낙하의 법칙, 지상의 운동법칙 등도 일원적인 법칙의 틀에서 설명하고자 한 예라고 할 수 있고요. 즉 다양한 운동현상을 시간이라는 변수에 대한 변화율로 본 것이라고 할 수 있지요. 예컨대 갈릴레이는 '왜?'라는 질문 대신 변수 간의 정량적인 관계만을 다루었습니다. 가령 낙하하는 물체가 왜 낙하하는가는 그에게 중요하지 않았으며, 다만 낙하하는 물체에서 시간과 거리의 양적인 관계만을 중시했습니다.[4] 수치가 다양성과 상대성을 극복하고 단일화할 수 있는 도구로서 절대적인 역할을 한 것입니다. 저는 이러한 추세들이 자유형의 탄생과 정착에 영향을 미쳤다고 봅니다. 자유형의 근간은 자유의 박탈이지만 그 강약은 곧 형기이고, 형기는 시간의 크기인 수치로 나타납니다. 범죄의 성격이나 원인에 따라 형벌을 달리했던 중세의 방식을 탈피하여, 형벌을 범죄의 유형에 개의치 않고 자유형으로 단순화하고 범죄의 엄중함만을 기준으로 형기의 수치를 조절하는 편리한 형태로 정착된 것이지요.

근대 이전의 서양에서의 형벌은 중세 시대의 죄악과 형벌을 잘 묘사한 단테의 〈신곡〉을 보면 알 수가 있습니다. 여기에서는 지옥을 림보, 음욕, 식탐, 탐욕, 분노, 이단, 폭력, 사기, 배신 등 9개 층으로 나누고 각 층의 다양한 죄악에 대해서 속성에 맞게 부과되는 다양한 형벌을 기술하고 있습니다. 즉 죄악을 지은 자들은 지옥에서 폭풍에 휩쓸리거나, 더럽고 차가운 비를 맞고 흙탕물에서 신음하거나, 무거운 짐을 지고 부딪치며 걷거나, 끓는 피의 강에서 고통 받거나, 머리가 뒤틀린 상태로 걷거나, 납으로 된 옷을 입고 걷거나, 얼음물 속에 갇혀 살아가는 등의 다양한 벌을 받는 것으로 묘사되어 있습니다.

이를 보면 그토록 다양한 형벌 유형이 자유의 박탈이라는 단일 유형으로 변한 이유를 당시에 대두된 과학문명의 속성에서 찾을 수 있습니다. 물론 이러한 변화가 인류의 형벌제도의 발전으로 볼 수 있는지는 논의가 필요합니다.

공리주의와 형벌

그간 학자들이 크게 관심을 갖지 않았던 형기의 탄생을 시간 개념의 변화와 연계하여 설명하고 있군요. 지금까지 없었던 새로

운 접근이라는 생각이 듭니다. **다음은 화제를 바꿔 우리나라에도 잘 알려진 18세기 대표적인 개혁가이며 공리주의자인 베카리아와 벤담의 형벌과 구금형에 대한 생각을 물어보겠습니다.**

벤담과 베카리아 두 사람 모두 형벌 개혁에 큰 영향을 미쳤습니다. 체사레 베카리아Cesare Beccaria(1735~1795)는 기능적인 측면에서 형벌의 효율성에 관심을 가졌습니다. 공리주의자로서 범죄행위에 대한 응징 자체보다는 처벌로 얻을 수 있는 사회적 이득을 중시했지요. 그는 형벌의 목적은 범죄자에게 고통을 가하는 데 있는 것이 아니라 사회를 보호하고 범죄를 예방하는 데 있다고 했습니다. 따라서 기존의 신체형이 과연 범죄를 억제하는 효과가 있는지에 의문을 가졌습니다. 또한 그는 형 집행인이 양심의 가책도 없이 살상행위를 관습적으로 자행하는 행태를 비판하고 사형제도의 폐지도 주장했습니다. 범죄 억제 효과는 집행 장소의 순간적이고 충격적인 경험에서 나오는 것이 아니라, 범행이 곧 처벌로 필연적으로 이어진다는 확실성이 억제 효과로 나타난다고 주장한 것이지요.

베카리아는 확실히 가혹한 형벌에 비판적 입장이었던 것 같습니다. 그런데 그는 형벌의 확실성 외에도 신속성과 공정성을 주장하지 않았습니까.

네. 베카리아는 과도한 형벌은 그것을 회피하기 위해 또 다른 범죄를 범하게 하는 경향이 있다고 했습니다. 따라서 형벌의 범죄억제 효과는 범죄자에게 가혹한 형벌을 부과하는 데서 오는 것이 아니고, 체포되어 확실하게 형벌을 받는다는 확실성과 누구에게나 공평하게 형벌이 부과된다는 공정성이 확보될 때 나타나는 것이라고 했습니다. 또한 죄가 발생한 후 판결과 형의 집행이 신속하게 진행되어야 한다고 했지요. 그래야만 범죄와 형벌이라는 두 관념이 자연스럽게 연계되어 범죄가 원인이고 형벌은 필연적인 결과라는 지각이 형성될 것이라고 한 겁니다. 즉 기존의 형벌체계는 집행만이 공개적이었지 재판까지 진행하는 일련의 과정은 공개적이지도 공정하지도 신속하지도 않았으며, 엄중하기만 했을 뿐 확실성도 담보하지 않았기 때문에 형벌 효과를 기대할 수 없다고 비판한 것입니다. 이런 그의 견해는 신체형의 잔혹성과 그 효과성을 비판한 것으로 이후 구금제도의 탄생을 위한 이론적 철학적 논거를 제시했다 할 수 있지요.

한국에서는 파놉티콘panopticon[5]의 영향 때문인지 베카리아보다는 벤담Jeremy Bentham(1748~1832)이 대중적으로 더 잘 알려져 있습니다. 그는 구금형의 탄생과 정착에 어떤 영향을 미쳤나요.

자본주의 경제체제의 등장과 함께 이에 부합하는 새로운 형

감옥이란 무엇인가

벌제도가 요구되는 시점에서 파놉티콘의 의미를 생각해 볼 수 있습니다. 자본주의가 정착되기 위해서는 그 속성상 창출된 부가 안전하게 보호되는 이념적 그리고 도덕적 장치가 절대적으로 요구됩니다. 새로운 권력의 등장과 이들이 만드는 경제체계에 적응하는 과도기적 상황에서 사회 구성원에게 새로운 형태의 도덕적 기준을 내면화할 장치가 필요해진 것입니다. 여기에서 법과 형벌은 개인의 행위를 통제하고 도덕성을 함양하는 기능을 담당한 것이지요.

새롭게 등장한 자본가 계층이 자본주의 경제체계로 정착하는 과정에서 이에 부응하는 도덕적 장치가 마련되었다고 할 수 있겠네요.

네, 그렇습니다. 18세기 후반 본격적으로 부르주아 계층이 등장하던 시기에 유럽 사회의 권력층은 사람들을 자본주의 사회에 적합한 도덕적 주체로 만드는 과제를 안고 있었지요. 이를 위해 권력층은 사람들의 도덕적 민감도를 높이기 위해 도덕적 주체와 범법자를 엄격히 분리하고자 했습니다. 그 결과로 범법자는 부유층뿐만 아니라 빈곤층을 포함한 모두에게 위험한 존재로 인식되는 현상이 나타났지요. 즉 빈곤층이 대다수를 차지하는 노동자 계층의 분화가 발생한 겁니다. 다수의 착한 노동자와 소수의 나쁜 노동자로 구분되었고, 전자는 공장으로 후자는 감옥으로 보내졌습니다. 그 결과 자본주의 체계에 순치되지 않은 범죄자 집단은 감옥 인구의 축척으로 나타났지요. 새로운 계층의 탄생으로 볼 수 있겠습니다.

즉 급격한 사회변동과 무질서, 인구증가로 근대의 권력은 효율적인 통치가 필요했고, 이를 위해 모든 사람의 생명, 안전, 빈곤, 복지 등의 문제에 관심을 가져야만 했지요. 이런 상황에서 법과 형벌은 권력의 생산적인 활동을 지탱하는 수단으로서 자본주의 사회의 경제발전과 생산력의 향상에 이바지한 것이지요.

지금까지 자본주의의 태동과 이에 맞는 윤리체계, 그리고 법과 형벌의 역할에 대해 말씀하셨습니다. 그렇다면 이런 요인과 관련해서 벤담의 파놉티콘을 어떻게 이해해야 할까요.

파놉티콘은 단순히 업그레이드된 감시 장치 이상이었습니다. 독특한 형태로 설계된 구금 장치였지요. 형벌 집행의 속성을 근본적으로 변화시킬 새로운 대안으로 제시된 것입니다. 이를 통해 노골적으로 드러내 놓고 인간의 신체를 가학하는 공개처형 방식에서 벗어나 은밀하면서도 경제적이고 효율적으로 범죄인의 행위를 감시하고 처벌하는 방식으로 변화시키고자 했지요. 각 개인을 순응하는 객체로 만들면서도 동시에 생산력을 효과적으로 증가시키는 기능을 수행하도록 고안된 것입니다. 이런 장치로 개인의 도덕성이 향상되고 높은 생산성이 기대된다면 권력자들은 이를 당연히 이용했을 것입니다. 신체형이 구금형으로 진화하여 정착한 것은 신체에 대한 가학적 행위가 없이도 이런 목적을 경제적으로 달성할 수 있는 효율적인 감시체계의 개념이 제시되었기 때문이라고 볼 수 있지요. 물론 벤담이 제시한 파놉티콘의 설계를 완벽하게 반영한 건축물은 어디에서도 찾아볼 수 없지만, 그가 제시한 경제적이고 효율적인 감시체계는 감옥 규율에 대한 새로운 패러다임을 넘어 사회통제의 원리에 대한 예리한 통찰력을 보여 준 것이지요.

경제적 동기와 수형자 노동

'감옥의 생산성'이라는 말이 흥미롭습니다. 감옥을 배경으로 하는 영화나 소설 등을 보면 수형자들이 자유를 빼앗긴 죄수로 묘사되기도 하지만, 한편으로 강제노역을 하는 노동자로 묘사되기도 합니다. 구체적으로 감옥과 강제노동은 어떤 관련성이 있나요.

범죄인에 대한 강제노동은 교정의 역사와 분리할 수 없을 만

큰 밀접하게 연관되어 있습니다. 이는 대체로 두 가지 측면에서 논의할 수 있어요. 첫째는 당시 사회가 범죄인을 바라보는 시각인데, 그들을 나태하고 게으른 부류로 인식하고 있었습니다. 따라서 범죄인에게 노동을 강제해서 근로정신을 배양해야 한다고 믿었지요. 둘째는 실질적으로 더 중요하게 작용한 원인으로 값싼 수형자 노동력을 활용하여 경제적 이익을 얻고자 한 것입니다. 노동을 통한 범죄인의 개선과 범죄인 노동을 통한 수익성의 확보라는 두 마리 토끼를 잡고자 한 것이지요. 교정시설의 수익성 생산활동은 값싼 수형자 노동력에 경쟁력을 잃은 외부 기업과 노동계가 교도소 산업을 반대하기 전까지, 더 근본적으로는 외부 사회의 산업이 고도화되어 수형자 노동력이 경쟁력을 상실하기 전까지 교도소의 핵심 기능으로 존재했습니다.

윤리적인 측면에서 잘못된 사람을 개선하거나 응징한다는 것보다는 오히려 경제적 측면이 더 작용한 것이라고 보는군요. 값싼 노동력을 착취해서 말이죠.

그렇습니다. 신체형은 국왕의 권위를 세우기 위해 수많은 군중을 모아 놓고 잔혹하게 인체를 가학하는 의식으로 연출되었지요. 그런데 이런 공개처형 방식의 신체형이 소멸하면서 범죄자의 신체는 국왕의 소유에서 사회의 소유로 변합니다. 이 시기부터 범죄자의 생명과 신체를 무자비하게 훼손하는 방식에서, 노동을 강제하여 국가와 사회에 봉사하게 하는 방식으로 변한 것입니다. 사형을 받을 만한 엄중한 범죄가 아니면 범죄자를 거리의 도로건설과 같은 공공토목공사 등에 투입했지요. 일반인에 대한 징벌의 가시적 효과도 거두고 노동의 결과로 사회 전체에도 이익이 될 수 있었던 것이지요. 즉, 개인적 차원에서는 근로정신의 함양, 경제적 차원에서는 노동생산성의 향상, 그리고 사회통제적 측면에서는 일반인에게 범죄의 억제 효과를 기대할 수 있었습니다.

그런 맥락에서 식민지 시대의 아메리카 대륙을 생각하지 않을 수 없군요. 미국의 건국 과정에서 노동수요가 엄청났을 것 같은데 노동력이 많이 필요하지 않았겠습니까.

맞습니다. 당시 아메리카 대륙의 사회적, 경제적 변동 상황과 감옥의 노동력 간에는 밀접한 관계가 있었습니다. 미국 건국 초기, 연방정부의 지원을 기대할 수 없었던 시기의 미국 교도소 제도는 자급자족을 원칙으로 운영되고 있었지요. 따라서 교도소 측에서는 수형자들의 자체 생산활동은 물론이고 민간 기업들에 노동력을 임대하는 계약제도의 활성화를 통해 재정을 확보했습니다. 민간기업 역시 값싼 노동력으로 수익성을 확보하고자 했기 때문에 상호이해가 일치된 것이지요. 이 상황은 남북전쟁 당시 미국 사회를 배경으로 한 〈바람과 함께 사라지다〉라는 영화의 한 장면에서 잘 묘사됩니다. 주인공이었던 스칼렛이 재혼한 남편과 경영하는 제재소에서 다투는 장면에서, 왜 불쌍한 수형자를 노동자로 사용하느냐는 남편의 물음에 당연하다는 듯 값이 싸서 사용한다고 퉁명스럽게 대답하지요. 수형자의 노동력은 교도소 제도의 대규모화와 정착을 촉진하는 요인이었습니다.

과학의 시대와 낙관주의

그런데 미국은 영국의 식민지인 탓으로 자연스럽게 영국의 영향을 많이 받았겠지만 본격적인 교도소 제도는 유럽보다는 미국에서 먼저 완성된 것으로 알고 있습니다. 프랑스의 저명한 정치학자인 토크빌Alexis de Tocqueville(1805~1859) 같은 학자가 미국의 교도소를 방문하고 남긴 기록도 있고요. 노동력의 수요와 같은 경제적인 요인 외에도 다양한 요인이 작용했겠지요.

당시 아메리카 대륙은 그야말로 생동하는 땅덩어리였지요. 꿈과 자유를 찾아 몰려온 수많은 이민자 덕분에 탐험과 개척의

감옥이란 무엇인가

시대가 열리고 있었습니다. 더구나 18세기는 과학의 시대로서 인간의 역량이 최대한 발현되고 고조되고 있던 시기였지요. 당시 건국을 이끌었던 주역들 역시 미국 사회에 낙관주의적 세계관을 갖고 있었습니다. 그들의 사회가 완전한 사회는 아니지만 적절한 수단과 조치를 통하여 더 완전하게 만들 수 있는 것으로 보았지요. 이런 세계관은 범죄의 원인을 보는 시각에서도 나타나지요. 그들은 범죄가 개인적 혹은 생물학적 결과물이라는 운명론적 견해를 부정하고, 환경적 산물로서 예측할 수 있고 해결할 수 있는 현상으로 보았습니다. 그러므로 범죄자도 노동과 종교를 활용하고 과학적 지식을 동원하면 생산적이고 도덕적인 주체로 변할 수 있다고 믿었지요. 즉, 산업사회로 전환됨에 따라 가족제도와 같은 전통적 사회기반이 흔들리는 상황 속에서 교도소 제도가 범죄라는 사회 문제를 해결할 수 있는 수단으로 기대되었던 것이지요. 범죄자를 교도소에 격리하여 잘 운영하면 교도소가 가족제도의 기능을 대신할 수 있으며 이에 따라 범죄 또한 억제될 수 있다고 본 것입니다.

결과는 어땠습니까. 교도소가 그런 범죄 문제를 효과적으로 해결했나요.

거대 교도소의 탄생은 그야말로 문명사적으로 거대한 실험이었다고 볼 수 있어요. 아마도 교도소가 어느 나라든 각 지역에서 가장 큰 건축물이었을 것입니다. 성채 같은 건물에 범죄자를 대거 가두고 시간을 단위로 형기를 정해 벌하고 동시에 선한 사람으로 변화시켜 사회로 복귀시켜 보겠다는 원대한 바람도 있었지요. 종합병원에 환자를 입원시켜 치료제를 투입하고 완쾌하면 퇴원시킨다는 논리였습니다. 누구라도 믿어 볼 만한 과학적 사고였지요. 그러나 그 실험의 결과는 참담했습니다.

'참담한 결과'라는 말씀은 초창기 미국의 교도소 제도의 실험이 실패했다는 뜻인가요.

1800년대 초반이었지요. 앞서 언급한 것처럼 미국 교도소를 방문한 토크빌의 관찰 기록에서도 알 수 있습니다. 교도소는 수형자를 교화하는 곳이라고 볼 수 없고 정신질환자만 양산할 뿐이며 죽음을 무릅쓴 탈옥도 많았다고 기록하고 있지요. 물론 여기에는 당시 교도소 제도의 구조적 결함이 크게 작용했습니다. 엄정한 독거제도로 좁은 독방에서 작업, 대소변, 운동 등을 모두 소화해야 했고 외부와 접촉이 철저히 차단되었습니다. 차후 주간에는 함께 공동으로 작업하는 방식으로 전환되었지만 완전 침묵과 체벌, 엄중한 규율이 강요되는 등 여전히 열악한 환경임에는 변함이 없었습니다.

탈옥이 일어나고 정신질환자가 수없이 양산되었다고 하셨어요. 그렇다면 교도소는 처음에는 원대한 시도였는지 몰라도 결국은 실패한 실험이 아닌가요.

반드시 그렇게 말할 수는 없습니다. 사람을 변화시키는 목적의 달성과는 거리가 있었지만, 자유형이라는 독특한 형벌과 이를 집행하는 장소로서 교도소를 인류 사회에 정착시켰다는 점에서는 성공한 실험이었다고 평가받을 수 있지요. 그러나 이런 교도소의 탄생이 인류 역사의 진보와 발전의 결과물이라는 주장에는 논란의 여지가 있습니다. 또한 개혁가들의 인도주의적 이상이 제도적으로 정착된 사례로 공식화하는 것 역시 무리가 있습니다. 감옥의 탄생을 학교, 공장, 병원 등의 탄생과 같은 반열에 놓고 거론하기도 하지만 그 성과를 역사적으로 따져 보면 분리해서 평가할 부분이 있습니다. 학교와 공장, 병원의 순기능과 역기능을 살펴보고 감옥과 비교해 보면 답이 쉽게 나옵니다. 예컨대 학교나 병원이 없었다면 인류 사회에 어떤 일이 벌어졌을까를 생각한다면, 그리고 감옥이 없었다면 어떤 일이 벌어졌을까를 상상해 보십시오. 감옥이 반드시 형벌제도의 정답이 아니었을 수도 있다는 생각이 들 겁니다.

역사는 답을 예정하고 진행되는 것이 아니니까요. 어찌 되었든

감옥이라는 장치는 누군가에 의해 구상되었고 빠른 속도로 실천되었습니다. 당대의 시대적 상황, 사상의 흐름 등도 한몫을 했을 것이고요.

그런 맥락에서는 18세기 서구 사회를 지배했던 과학주의와 합리주의 그리고 낙관주의적 세계관의 영향이라는 주장이 설득력이 있지요. 과학혁명의 시대라고 일컬어지는 17~18세기는 근대과학이 확립되었음은 물론 인간의 정신과 의식 세계에도 지대한 영향을 미친 시기였습니다. 인간은 자연을 정복하고 우주의 비밀을 탐구할 수 있다는 자신감으로 충만했고, 그들이 터득한 과학 지식으로 인간의 문제를 해결하고 인간 사회를 작동하는 원리를 찾을 수 있다는 낙관론적 합리주의가 태동하고 있었지요. 즉 극복할 수 있는 과학적 탐구의 대상으로 인간과 인간 사회가 탄생한 것입니다. 형벌 영역에서도 인간이 자신의 삶을 편리하게 만든 기계를 발명한 것처럼 인간의 마음과 행동을 변화시키는 기술을 개발하는 것도 역시 자연스러운 현상이 되었지요. 재판 과정에서도 범죄자의 행위가 아니라 범죄자의 정신을 심판하기 시작했습니다. 범죄의 사실을 확정하고 주범을 규명하여 법적 판단을 내리는 재판으로부터 범죄행위를 과학적 인식의 대상으로 간주하고 범죄자의 현재와 미래의 가능성까지를 재판하기 시작한 것입니다. 이 과정에서 범죄학과 감옥학 영역에

감옥이란 무엇인가

통계학, 심리학, 정신의학 부문 전문인들이 대거 개입되지요.

휴머니즘과
형벌론

과학혁명과 함께 서구 사회를 지배한 합리주의적, 낙관주의적 세계관의 영향으로 감옥 제도가 탄생할 수 있었고, 또 이런 제도를 통해 인간이 개조될 수 있기를 기대했다고 보는 것이군요. 그러면 똑같은 시대적 사조로 휴머니즘도 있었는데 그 영향은 어땠는지 궁금합니다. 앞서는 휴머니즘의 대두와 감옥 제도의 탄생의 인과관계에 대해서는 부정적인 견해를 밝히시지 않았습니까. 그런데 저는 여전히 가학적인 신체형이 사라지고 자유형이 탄생한 데는 휴머니즘의 영향이 컸을 것이라는 생각이 드는데 현실에서 많이 벗어난 생각인가요.

이미 말씀드렸지만 저는 휴머니즘의 확산과 집단감수성의 변화로 형벌이 완화되었고 곧 감옥의 탄생으로 이어졌다는 주장에 회의적인 시각을 갖고 있습니다. 공개적으로 집행된 가혹한 신체형이나 사형제도가 폐지되거나 약화한 것은 1800년대 전후로 서구 사회에 대두된 휴머니즘의 영향으로 보는 것이 일반적인 인식이었지요. 그러나 구금이 형벌의 형태로 정착된 것이 반드시 구금이 신체형보다 더 인도주의적이었기 때문이라고 단순화시키는 데는 논란의 여지가 있습니다. 당시 비인간적인 구금 환경을 고려해 보면, 장기적으로 구금되는 형벌이 일시적으로 당하는 체형보다 인도주의적일 것이라는 주장에 모두 동의하지는 않을 겁니다. 그리고 형벌이 완화되는 현상과 자유형의 정착은 구분해서 볼 필요가 있습니다. 잔혹한 신체형을 비판한 개혁가들이 모두 자유형을 지지한 것은 아니었으니까요. 이미 말씀드린 대로 감옥에 가두는 것은 곧 전제군주의 전횡을 연상시키는 것이었고, 자유를 장기간 속박하는 데 따른 부작용이 너무 명확하다는 것이 당시 개혁가들의 생각이었습니다. 또한 범죄행위는 다양한데 그에 따른 형벌을 자유형으로 단순화하는 것은 불합리하다는 점도 반대 측의 주장이었지요. 따라서 당시 개혁가들이 형법 개혁과 형벌 완화를 주장한 것은 맞지만 동시에 감옥 제도의 시행을 지지한 것은 아니라는 것입니다.

그렇다면 형법 개혁이나 사형 폐지를 주장한 개혁가들의 주장이 실질적으로 형벌 개혁에 미친 영향이 제한적이었고 그들이 자유형을 찬성한 것도 아니었다고 보는 것인가요.

18세기 계몽주의 시대에 인간의 자유가 대폭 신장되었다는 신화에 모든 사람이 동의하는 것은 아닙니다. 관용과 자유의 확대가 모든 계층에게 균등하게 적용된 것은 아니라는 것이지요. 다수에 대한 정치적, 경제적 자유는 확대되었지만 빈민층, 정신병자, 범죄인 등이 속하는 소수의 이탈자나 취약 집단에 대한 통제는 관용과는 거리가 멀었습니다.

앞서 말씀드린 대로 완화된 형벌과 혁신적인 사법 개혁의 원인을 도덕적 개혁가들의 인도주의적 이념에서 찾는 것이 보통 학자들의 전통적인 입장이었지요. 그런데 과연 형법 개혁은 베카리아, 벤담, 하워드[6], 그리고 퀘이커 교도들과 같은 인물들의 휴머니즘 때문에 이루어진 것일까요? 아니면 다른 어떤 요인들의 작용 때문이었을까요? 명백히 이런 개혁적 흐름이 부르주아 중산층의 등장과 휴머니즘의 확산과 어우러져 함께 나타난 것은 사실입니다. 새롭게 등장한 산업 세력은 범법행위에 대한 과도한 형벌은 도리어 범죄인이 형벌을 피해 도주하게 만들어 그들의 재산권을 지킬 수 없다고 했지요. 따라서 가혹한 처벌보다는 확실하고 신속한 처벌을 주장하기도 했습니다. 물론 이는 당시 형법 개혁가들의 도덕적 이념과 일치합니다. 그러나 그렇다고 해서 이들의 주장들이 당시 사회의 지배적 이념을 반영한 것이라는 의미는 아닙니다.

1700년대 영국의 구금인구 규모는 노동자에 대한 경제적 수요와 연계되어 있었습니다. 교도소 제도는 계몽주의자들에 의해 탄생한 휴머니즘의 결과물이 아니라 새로운 산업사회에 필요한 노동 인력을 충원하고 훈련하는 장치였다고 볼 수 있는 대목입니다. 한편으로 또 다른 관점으로 신체적 가학이 감소하고 형벌의 유연성이 확대된 것은 권력 기술적 관점에서 형벌이 지향하는 목표의 변경 때문이라는 주장도 있습니다. 즉 징벌 대상이 인간의 신체에서 인간의 정신으로 변한 결과이고 권력의 전략이 신체의 고통에서 자유의 속박으로 바뀐 결과일 뿐 형벌의 완화가 휴머니즘의 결과는 아니라는 주장이지요.

사회적 동요와
형벌 집행

형법 개혁의 원인이 경제활동이나 정치권력과 같은 사회 환경의 산물이란 것이 설득력이 있어 보입니다. 그렇다 해도 구금형에 대해서는 개혁가는 물론 일반인들도 강한 거부감을 보였을 것 같은데, 물론 전제군주의 무도한 횡포 때문이었겠지요. 그러나 공개적으로 시행되곤 했던 신체형의 경우도 그 가혹함을 생각하면 거부감이 구금형 못지않았을 것 같습니다.

미셸 푸코의 저서 《감시와 처벌》에서 묘사된 것처럼 당시의 공개 처형은 일종의 의식儀式으로 거행되었습니다. 수많은 군중을 모아 놓고 범죄인을 채찍질하거나 사지를 절단하고 장기를 불에 태우는 것과 같은 잔혹한 스펙터클을 연출하여 왕권의 권위를 세우고자 했지요. 물론 군중들이 범죄인에게 야유를 보내고 돌팔매질을 하는 등 국가의 형벌 집행에 동조하기도 했지만 어느 시점에 와서는 완전히 상황이 반전됩니다. 18세기 영국과 프랑스 같은 국가에서는 국가권력에 대한 일반인들의 불신이 비등해지고 사회통제가 어려워지면서 범죄인을 처형하는 공개적인 장소가 바로 범죄의 현장으로 돌변하는 현상이 나타났지요. 이 시기부터는 사형 집행인의 합법적인 폭력도 불명예스러운 행위로 바뀝니다. 처벌받는 것도 수치스럽지만 처벌하는 것도 명예롭지 못한 일로 변한 것이지요. 흥미롭게도 재판관의 입장도 변화하는 모습을 보입니다. 형벌 부과의 주안점이 잔인한 고통의 부과에서 감화, 교화, 그리고 치료로 선회한 것입니다. 죄인의 속죄와 교화 기술을 형벌의 기능에 포함함으로써 잔인한 형벌을 가한다는 혐오스러운 직무에서 해방되고자 한 것이지요. 이런 흐름에 따라 감옥 업무에 의료인과 심리학자를 위시한 관련 전문 직업군의 개입이 본격적으로 확대되기 시작합니다.

영화나 드라마에서 공개 처형의 장면이 등장할 때 두 가지 상반된 상황이 자주 연출되는 모습을 봅니다. 형벌의 공포에 떠는 군

중의 모습이 있는가 하면 반대로 집행인을 조롱하고 범죄인을 탈취하는 모습도 있습니다.

네, 그렇습니다. 형벌 집행의 장소에서 추악하고 잔혹한 장면이 연출되면서 일반인들은 국가에 대한 저항감이나 범죄자에 대한 동정심을 갖게 되었지요. 그들은 국가의 야만성이 범죄자의 야만성을 훨씬 능가한다고 느낀 겁니다. 잔혹한 점에서도 사형 집행인이나 재판관이 범죄자와 다르지 않다고 생각한 것이지요. 당연하게 형벌 집행 방식의 정당성이 훼손되고 이에 대해 비판적 시각이 고조되었습니다. 왕권의 권위가 강화되어야 할 공개 처형의 장소가 매춘, 절도, 소매치기 등과 같은 범죄의 다발 장소로, 그리고 범죄자에 대한 군중들의 동정심을 촉발하는 장소로 변해 버린 것이지요. 이런 사회적 동요에 따라 국가 형벌권 행사의 비공개화가 요구되었고 이는 곧 외부와 차단된 폐쇄적 형태인 감옥의 탄생으로 이어진 것으로 볼 수 있습니다. 즉 사회 동요에 대한 방지책으로 형벌 방식의 변화가 필요해졌고 이것이 감옥 제도의 탄생으로 연결되었다고 할 수 있지요.

말씀을 듣다 보니 감옥에 얽힌 얘기들이 일반 상식과는 다른 점들이 많다는 생각을 하게 됩니다. 자유형을 보는 시각도 분명 다양했을 것이고요. 복합적 요인이 있었다고 보면 되겠습니까.

감옥이란 무엇인가

다시 한번 말씀드리고 싶은 점은 교도소 제도가 뭇 인류 사회의 위대한 발명품처럼 역사발전 과정에서 등장한 필연적인 결과물인가에 대해서는 논의가 필요하다는 것입니다. 즉 중세의 야만적 행태의 형벌제도에서 인도주의적 형벌제도로 발전한 것은 필연적이었고 그 결과물이 교도소라는 식의 설명은 동의하기 어렵다는 것이지요. 그런 설명은 반쪽짜리 지식이 만든 형벌제도를 둘러싼 신화에 불가하다고 생각합니다. 일정한 시점에 나타난 다양한 사회적 요구가 점철된 결과였음에도 '인도주의'나 '역사의 진보'와 같은 거부할 수 없는 수사에 덧씌워진 것이라고 할 수 있겠지요.

유럽의 경우 1700~1800년대에 감옥이 등장했다고 하셨습니다. 감옥의 등장이나 전개 과정을 좀 더 구체적으로 말씀해 주시지요.

감옥은 18세기 말에 태동해서 19세기 초 중반에 자유형이 보편적인 형벌제도로 정착됩니다. 한국의 역사로 보면 영조와 정조 시대이지요. 우리의 경우는 갑오개혁 시기에 태동하여 일제강점기에 완전히 정착되었지요. 일제에 의해 서구의 행형 제도가 강제로 도입되어 단기간에 정착된 것입니다. 아직도 교정 현장에서 일제의 잔재가 발견되곤 하는데 교도소에서 수형자들이 사용하는 은어 중에 일본말도 적지 않습니다.

유럽의 초기 수용시설은 범죄자를 수용하여 처벌하고 교정하는 시설이 아니라 빈민층, 부랑자, 정신질환자, 매춘부, 경미 범죄자 등을 격리하여 관리하는 일종의 구빈원救貧院 같은 형태로 출발했습니다. 17세기 전후 영국, 네덜란드, 벨기에 등과 같은 국가에서 유사한 시설이 설립되기 시작했지요. 이후 우리에게 잘 알려진 인클로저 운동 등으로 농촌 인구가 도시로 대거 유입되면서 부랑 인구가 사회 질서의 불안 요인으로 등장함에 따라 해결방식이 절실해졌습니다. 이 시기에 설립된 수용시설이 전문적으로 분화되어 아동, 노인, 병자, 빈민, 범죄자 등을 위한 시설로 태어났습니다. 범죄자의 경우는 국가가 범죄 해결사로서 역할을 다할 수 없자 식민지로 유형流刑을 보내기도 합니다. 이후 유형 제도의 소멸로 남겨진 소위 '헐크hulks'라고 불리던 폐선을 수용시설로 사용하기도 했지요. 주로 아메리카 식민지로 보냈고 차후에는 호주 식민지로 보냈습니다. 흥미롭게도 이후 이 두 나라가 감옥 제도의 시발과 정착에 지대한 역할을 합니다.[7]

감옥이 산업화와 도시화 과정을 거치면서 범죄인뿐만 아니라 정신병자, 부랑아, 노숙인 등을 수용하는 시설로 출발했다가 서서히 분화 과정을 밟았다는 것이군요. 하기야 옛날 농촌사회에서는 말씀하신 '수용' 개념이 굳이 필요하지 않았을 것 같습니다. 우리나라도 조선 시대와 같은 농촌 공동체에서는 교도소와 같은 대규모 수용 개념이 없었다고 봐야겠지요. 한국이 서양보다 감옥의 탄생이 늦어진 원인에는 이런 사회경제적 상황이 관련이 있겠군요.

그렇습니다. 교도소의 탄생과 제도로서의 정착은 당시의 경제 상황과 밀접한 관계가 있습니다. 보다 구체적으로 말하면 산업화와 도시화, 그리고 노동의 수요와 공급과도 맞물려 있지요. 즉 산업화에 따라 농촌 인구가 대거 도시로 이동하면서 사회 질서가 문란해지고 부랑 인구가 증가하는 현상이 발생합니다. 이를 통제하기 위한 장치로 수용시설이 설치되었습니다. 이 시기에 범죄 인구 또한 증가했고요. 산업 현장에서 노동의 수요와 공급, 임금, 그리고 수형자의 노동 간에는 상호연관 관계가 있습니다. 일반적으로 경제가 활성화되어 노동수요가 공급을 초과하여 임금이 상승하면 값싼 노동력을 찾게 되는데 교도소가 그 공급처가 된 것이지요. 예컨대 네덜란드 경우 경제의 활성화로 임금이 상승하자 염료 생산이나 염색 작업과 같은 기피 업종에서 수형자를 대거 고용하여 착취하는 현상이 나타났습니다. 그런데 아이러니하게도 교도소 내 생산활동이 값싼 노동력으로 왕성했던 탓에 교도소 생산활동이 금지되는 일이 발생했습니다.

저임금을 기반으로 생산된 교도소 상품 때문에 사회 내 일반 기업들이 경쟁력을 잃은 겁니다. 이에 맞서 기업가와 노동조합이 함께 수형자의 노동 착취와 인권 유린이라는 명분으로 교도소 내 생산을 금지하는 법안을 통과시키기 위해 로비활동을 벌이기도 했지요. 기업가와 노조가 이해를 같이하는 흔치 않은 사례라고 봅니다.

더욱더 흥미로운 사실은 교도소 내 생산이 중단됨에 따라 교도소의 존립 목적과 업무의 성격이 근본적으로 바뀌는 현상이 발생합니다. 공장형 혹은 산업형 교도소로 불리던 당시에는 수형자들의 일과는 작업에 맞추어져 있었고 교도소는 그 작업을 통해 수익을 창출하는 데 목표를 두고 있었습니다. 그런데 갑자기 생산활동이 금지되자 할 일 없는 수형자들을 어떻게 관리할 것인가 하는 문제에 봉착합니다. 이 시점부터 소위 교정교화 프로그램이니 직업훈련 프로그램 등이 들어설 여지가 생겼다고 볼 수 있습니다. 물론 이 과정에서 교도소의 작업은 무의미한 '노동을 위한 노동' 또는 '작업을 위한 작업'으로 변질되기도 했지요. 예컨대 벽돌을 여기저기로 장소만 바꿔 옮기는 것을 반복시키는 작업이지요. 특히 노동수요가 부족한 유럽 국가들에서 사용된 트레드 밀treadmill[8] 밟기는 일종의 끝없는 계단 밟기로 악명 높은 노동으로 알려져 있습니다.

지금까지 서구의 감옥의 탄생과 형벌의 역사, 그리고 신체형과 구금형을 살펴보았습니다. 결국 감옥과 형벌을 이해하려면 당대의 사회경제적 조건이나 변화에 유의해야 한다는 것을 알 수 있었습니다. 다음에는 법과 범죄에 대해 알아보도록 하겠습니다.

2장

법과 범죄

우리나라의
옛 감옥

지금까지 서구 유럽에서 감옥의 탄생, 그리고 형벌과 관련된 배경과 전개 과정에 대해 흥미롭게 들을 수 있었습니다. 이런 얘기를 듣자니 자연스럽게 우리나라의 감옥이나 형벌과 비교하게 됩니다. 정약용은 그의 《흠흠신서》에서 살인사건을 많이 다루고 있습니다. 한편으로는 자신이 오랜 세월 유배 생활을 해서 그런지 감옥과 관련된 부분도 부분적으로 기록했고요. 그럼에도 그렇게 인상적이라 할 만한 감옥 기록은 없었던 것으로 기억합니다. 우리나라의 감옥은 어떤 형태였습니까.

조선 시대에도 감옥은 존재했습니다. 그러나 유럽의 경우와도 마찬가지로 오늘날과는 그 기능과 규모 면에서 큰 차이가 있습니다. 먼저 조선 시대의 형벌제도를 잠시 살펴보는 것이 좋겠습니다. 조선 시대의 형벌은 5형刑으로 태형, 장형, 도형, 유배, 사형이 있었습니다. 태형과 장형은 일종의 체형體刑이었고, 도형과 유배는 오늘날의 자유형에 해당하지요. 태형笞刑은 매로, 장형杖刑은 곤장으로 치는 형이었는데, 장형은 도형과 함께 병과되는 것이 일반적인 관례였지요. 도형徒刑은 단기 1년에서 3년까지로 정해져 있었는데, 중국의 경우 대명률에서 5년까지로 되어있어서 조선이 명나라보다 죄인에게 더 관대했던 것으로 평가되기도 합니다. 그러나 실제로 도형으로 옥살이를 한 수형자는 극히 일부이고 대개는 태형이나 장형이 가해졌고 심한 경우는 이후 유배를 보냈습니다.

옛날에 비해 기능과 규모 면에서 큰 차이가 있다고 하셨는데 먼저 기능이 궁금합니다. 이어서 조선 시대 감옥의 전반적 상황이 어땠는지도 말씀해 주시겠습니까.

기능 면에서 보면 방금 말씀드린 바와 같이 오늘날 자유형에 해당하는 도형이 있었습니다. 고려 시대부터 내려온 5형 중의 하나였지요. 그러나 실제로는 형기 동안 복역한 것이 아니라 심문을 받거나 재판을 받는 동안 혹은 다른 형을 집행하기 위해 일시적으로 감금하는 형태가 대부분이었습니다. 오늘날의 구치소

기능에 해당합니다. 그런데 지방 관리들의 농단과 적폐로 그 기간이 수년이 넘어가는 경우도 많았습니다. 예를 들어 춘향전에서 춘향이가 옥에 갇힌 이유를 보면 추정이 되지요. 수청을 들지 않은 죄로 정해진 형기 동안 감옥에 갇힌 것이 아니고 수청을 들 때까지 가두어 둔 것이어서, 수청을 들면 바로 풀려날 수 있었겠지요. 이런 사례는 1800년대 영국을 포함한 서구 유럽 국가에서도 찾아볼 수 있습니다. '채무자 감옥'debtor's prison이라고 빚을 갚지 못하는 채무자를 돈을 갚을 때까지 가두어 두는 특수한 감옥이 존재했습니다. 빚을 모두 변상할 때까지 노역에 처하기도 했지요. 당시 영국의 대문호였던 찰스 디킨스Charles Dickens(1812~1876)도 부친의 채무로 악명 높은 채무자 감옥에 갇힌 적이 있었지요. 조모의 유산을 받아 갚고서야 풀려난 사실이 있는데, 이 경험이 차후 그의 저술세계에 큰 영향을 미친 것으로 알려져 있습니다.

역사 자료를 보면 조선 시대 감옥의 규모가 크지는 않았던 것 같습니다. 태형과 장형이 주된 형벌이었을 것이니 수형자들도 결과적으로 소수였을 것이고요.

수용 규모를 보면 100명이 넘지 않도록 했다는 기록이 있습니다. 물론 당시 전체 인구도 범죄 인구도 훨씬 적었겠지만요. 중앙에는 한양의 전옥서典獄署(오늘날 서린동에 위치)라는 대표적인 감옥이 있었고 지방의 각 관아에 소규모의 옥 시설이 부설되어 있었습니다.

모든 죄인을 장기간 구금시키는 것은 국가로서도 경제적, 관리적 측면에서 부담이 되었을 것입니다. 시설 건축비용, 인적 · 물적 관리비용 등을 국가가 부담해야 할 이유가 없었겠지요. 잦은 자연재해, 질병, 전쟁 등으로 나라 살림이 항시 풍부하지 않았기 때문에 매질이나 곤장과 같이 일시적으로 끝나는 형벌이 적절했다고 볼 수 있지요. 유배되어 귀양살이를 한 사람들의 식비도 유배지역 백성의 몫이었지요. 동네 사람들이 조를 짜서 마련하거나 한꺼번에 거둔 일종의 기금으로 충당하기도 했습니다. 지역의 백성들에게 경제적으로 부담을 주고 민폐가 되었습니다. 그래서 조선 시대에는 한 지역에 유배를 열 사람 이상 보내지 않는 관례가 있기도 했습니다.

한국사를 보면서도 조선 시대의 형벌제도나 감옥에 대해서는 제대로 읽은 기억이 없습니다. 그 시대에 감옥이나 형벌이 어떻게 묘사되고 있는지 좀 더 얘기를 해 주시겠습니까.

오늘날 자유형에 해당하는 도형은 거의 부과되지 않았습니다. 최종적으로 장형이나 유배형을 받기까지 정해진 기한이 없이 구금되는 형태를 일종의 도형이라고 할 수 있었겠지요. 문제는 체옥滯獄이라 해서 지방 수령들의 무능이나 중간관리인 아전 등의 농단으로 백성들이 억울하게 장기간 구금되는 사례가 빈번했습니다. 정약용의 《흠흠신서》에는 수령은 기생이나 아전의 말에 따라 판결하지 말 것을 경고하는 기록이 있을 정도였습니다. 옥살이와 관련된 고통은 이루 말할 수 없을 정도라 하고 가장 큰 고통 다섯 가지를 옥중오고獄中五苦로 표현했지요. 즉 형틀의 고통, 토색질, 질병의 고통, 춥고 배고픈 고통, 오래 갇혀 있는 고통이었습니다.[9]

지방 관리들의 극심한 농단이 있었음에도 중앙정부 차원에서는 다양한 인도주의적 법제와 조치가 마련되어 있었습니다. 주목할 것은 속전贖錢 제도예요. 금전 납부로 형을 대신하는 제도입니다. 모반, 대역, 불효 등을 제외한 대개의 범죄에 적용되었다고 합니다. 돈으로 죄를 면제받을 수 있었기 때문에 관리들의 부패가 끊이지 않았다고 합니다만 태형, 장형, 도형 등을 대신한 대체 형벌의 적용이 일반화되었다는 점은 사법행정의 탄력성을 보여 준 것으로 봅니다. 이는 확실히 실용적인 접근 사례이지요. 주로 신분, 숙련기술자, 부녀자, 질병인, 상喪을 당한 자, 부모 공양 등에 해당이 되는 경우에 속전 제도의 혜택을 받았다고 합니다. 이 점은 신분질서와 효를 중시한 유교문화의 영향으로 볼 수 있습니다.

사법행정의 탄력성과 실용적 측면에서 속전 제도는 오늘날의 금전적 배상 제도와 다름이 없어 보입니다.

여기에서 말하는 속전 제도는 음주운전에 대한 벌금형과는 성격이 다릅니다. 절도나 폭력범죄와 같은 형사범죄에 대해서도 장형이나 도형을 부과하는 대신 금전으로 배상하게 한 것을 말합니다. 즉 구금형을 받을 범죄를 벌금형으로 대체한 셈이라고 볼 수 있지요. 형사범을 민사범으로 전환한 것입니다. 오늘날 형벌 이념으로 말하자면 배상주의restitution입니다. 지금은 받아들이기 어려운 제도입니다만 조선 시대에는 이미 보편적으로 시행되고 있었습니다. 대규모 구금시설이 보편화되지 않았던 시절에는 구금의 과밀화를 막는 방안으로도 활용되었을 것으로 보입니다.

오늘날에도 시행이 어려운 제도를 조선 시대에 이미 시행하고 있었군요. 형벌정책에서는 실용적인 측면도 보이고요. 그런데 조선 시대는 민본위민民本爲民의 덕치德治와 인정仁政을 실현할 왕도정치를 표방했지 않았습니까. 주역周易 여괘旅卦에 이런 말이 있습니다. 명신용형이불유옥明愼用刑而不留獄, 즉 "형벌을 사용하면서 밝게 하고 삼가며 옥사를 머물게 하지 않는다."라고 해서 형벌의 신중함과 감옥에 오래 가두는 일을 삼가라는 말이 있습니

다. 이런 사회정치적 윤리가 조선 시대의 형벌이나 행형에 실제로 영향을 미쳤다고 보시나요.

실제 현장에서 얼마만큼 적절하게 작동했는지는 알 수 없으나 제도적으로나 사상적으로는 주목할 만한 부분이 있습니다. 조선 시대의 공옥空獄 사상을 예를 들 수 있습니다. 죄인이 없도록 옥을 비운다는 뜻이지요. 오늘날의 사고로는 전적으로 설득되는 사상은 아니지만 인간의 통제할 수 없는 영역에 대한 외경畏敬을 백성의 삶을 이롭게 하는 정책의 근간으로 삼았다는 점에서 관심을 끕니다. 가뭄과 홍수와 같은 자연재해의 피해가 극심하거나 전염병이 창궐하여 백성의 삶이 피폐해지고, 이로 인해 반인륜적 범죄가 빈번하게 발생하는 시기에는 전국의 죄수들을 사면하거나 형벌을 감경하는 조치를 시행했다고 합니다. 즉, 감옥을 비운 것이지요. 이는 통치자가 백성의 고통을 진정으로 살펴야 한다는 천견天譴 사상과 옥에 갇힌 죄수의 억울한 기운이 천지의 화기和氣를 손상한다는 믿음에 기인했다고 합니다.

혹한, 혹서, 기근, 전염병 등으로 백성의 삶이 곤경에 빠질 때는 감옥의 사정을 살펴 인도적인 조치를 시행했다는 것이군요. 죄수가 사회의 안녕을 해치는 악의 세력으로 치부되어 무조건 단죄되는 지금의 세태와는 큰 차이가 있어 보입니다.

과거에도 오늘날 시행되고 있는 일반사면, 특별사면, 형집행정지, 그리고 귀휴 등과 유사한 제도가 있었지요. 당시에는 상사常赦, 대사大赦, 소방疏放, 소결疏決, 보방保放[10] 같은 이름으로 시행되었지요. 공옥, 즉 감옥을 비움으로써 유교 이념을 형정刑政에 구현하고자 한 것입니다. 죄와 죄인을 왕이 인정仁政을 베풀 대상으로 여긴 것이지요. 죄인의 죄를 사하여 사회에 복귀시키는 것이 사회의 화평을 이루고 하늘의 뜻을 헤아리는 길이라는 믿음이 있었다고 봅니다. 그런 연유에서 기인했다고 볼 수 있는데, 선정의 징표로서 억울하게 갇히는 자가 없도록 하고 형을 가볍게 하며 죄수를 보호하는 휼형恤刑 제도도 시행되었습니다.

같은 맥락에서 한 가지 더 말씀드리면, 앞서 언급한 바와 같이 오늘날 서울 종로구 서린동에 전옥서라고 유일한 중앙구금시설이 있었다고 하는데 이곳은 풍수지리학적으로 길지였다고 합니다. 그 위치로 정한 이유가 죄인들이 병들어 죽는 불행한 일을 방지하기 위한 것이라고 알려져 있습니다. 인본주의적 행형의 단면으로 볼 수 있는 대목이지요.

하늘의 뜻과 유교적 이념과 백성의 삶을 담은 이상적 형정 제도와 사상이 극심한 자연재해 등 국가의 총체적 난국을 극복하는 데 일정 부분 유용하게 작용했을 것으로 보입니다. 그러나 임진왜란과 병자호란으로 인한 왕권의 약화와 말기 세도정치의 영향 등으로 국정이 문란해진 결과로 실제 형정의 실상은 극도의 부패로 얼룩졌던 것으로 알려져 있습니다. 조선 헌종 1845년부터 22년간 포교하다 순교한 프랑스인 주교 마리 다블뤼Marie Nicolas Antoine Daveluy는 그의 서신에서 조선인 양반들이 평민에게 지독한 폭정을 가하며 평민을 착취, 약탈, 불법 감금하는데 아무도 제지하지 못한다는 기록을 남기기도 했지요.

행형 제도를 운용할 때는 분명 좋은 의도가 있었겠지만 현실에서는 관료나 아전 등의 농단이 심했을 것 같아요. 조선 시대의 옥살이는 어땠습니까. 〈춘향전〉을 보면 옥졸들과 얘기가 잘되면 안 되는 면회도 가능한 것으로 나오던데요. 물론 창작의 한 대목이고 실제는 그랬는지는 모르지만 말입니다.

조선 시대에는 범죄사건을 옥사獄事라고 불렀습니다. 갇혀 있는 동안 목에 칼을 걸고 수갑처럼 오른손을 칼에 채웠다고 합니다. 대단히 참기 어려운 고통이었겠지요. 이런 고통 때문에 옥 관리들에게 뇌물을 주고 편의를 받을 수밖에 없었다고 합니다. 이런 형태가 관리들의 분탕질로 정착되어 있었지요. 때로는 선임 죄수들과 관리들이 모의해서 신입 죄수를 괴롭혀 뇌물을 받기도 했습니다. 도형을 받으면 강제노역을 해야 했는데, 주로 소금을 굽거나 쇠를 불리는 작업을 했지요. 유배의 경우는 주로 정치범에게 부과되었지만 그 외에도 중한 범죄를 저지른 자들도 유배를 보냈지요. 오늘날과 같이 규격화된 시설에 가두어 시공간의 자유를 속박하는 개념이 아니었고 거주지와 멀리 떨어진 지역으로 보내서 기약 없이 고된 삶을 살도록 한 것으로 이해할 수 있습니다.

1790년대 미국의 초기 수용시설에서도 비슷한 현상이 있었습니다. 당시는 수용관리인이 민간인이었고 수용관리비용을 자급자족하는 형태였기 때문에 갖은 수단으로 수입을 올려야 했습니다. 신입 죄수는 입던 옷을 뺏기기도 하고 같은 건물의 선술집에서 술을 사야 했습니다. 유럽의 경우에도 수용시설은 대개 수형자들의 작업에서 나오는 수익으로 운용했습니다. 중앙정부 차원의 관리보다는 지역의 각 수용시설이 경제적으로 자급자족을 하는 형태였습니다. 이 점에서는 수용시설 유지를 위해 생산활동이 필요했는지 아니면 수익성을 위해 수용시설이 필요했는지 논쟁거리가 될 수 있지요. 그런데 둘 다 맞는 말입니다. 수형자의 강제노동을 통해 시설 유지비용을 충당했음은 물론 대규모 시설의 경우는 수익금 일부를 중앙정부로 이전하기도 했습니다.

서양에서 인신 구속은 산업구조의 변화와 관련이 깊다는 것을 알 수 있겠군요. 그렇다면 조선 시대에도 그런 변화가 형벌제도에 영향을 미쳤을 것 같습니다. 그런데 한 가지 궁금한 점이 있습

니다. 우리나라의 감옥의 성격이나 제도는 조선을 거쳐 구한말이나 현대까지 자생적으로 이어져 왔나요, 아니면 전통과는 관련 없이 어떤 시점에 갑자기 외국에서 수입되었나요.

최초의 도입 시기는 20세기 말 갑오개혁 정도로 보지만 실제로 정착된 것은 일제 강점기라고 해야겠지요. 그 이전에는 명나라의 영향을 받았고요. 서구의 형벌제도가 일제에 의해 단기간에 수입되어 정착되었습니다.

그렇게 수입된 교도소를 받아들이는 상황은 어떠했습니까. 외국 형벌제도 도입에 갈등이나 저항은 없었나요. 어떻게 보면 조선 시대의 관행을 따라 곤장 몇 대 맞고 끝날 일이었는데 갑작스럽게 감옥살이로 바뀐 것 아닌가요.

그런 일은 벌어지지 않았습니다. 앞서 말씀드린 대로 이미 인신을 구속하는 형벌은 있었습니다. 다만 감옥은 최종 형이 정해질 때까지 구속되는 오늘날의 구치소 기능을 했을 뿐이지요. 그런데 체옥이라고 해서 관리들의 무능과 농단으로 옥사가 지연되어 10년 넘게 구금된 억울한 사례가 있을 정도로 폐해가 심했다는 기록이 있습니다. 사실상 미결수로 구속된 시점부터 소위 옥살이하는 형벌이 시작된 것이었다고 봐야겠지요. 일제 강점기에도 단발령에 대한 저항의 기록은 있지만 곤장이나 유배가 좋아서 옥살이를 반대했다는 기록은 확인된 바가 없습니다. 공식적으로는 갑오개혁 이후 장형이 폐지되었고 도형이 징역으로 그리고 감옥의 명칭도 전옥서에서 감옥서監獄署로 바뀌었지요.

그렇군요. 그런데 앞에서 조선 시대의 속전 제도를 말씀하시면서 배상주의에 대해 잠시 언급했습니다. 매우 흥미롭게 들었는데 이는 요즘 범죄학에서 논쟁이 되는 가해자 중심이 아닌 피해자 중심의 피해자학으로 전환해야 한다는 주제와도 관련될 것으로 생각됩니다.

앞서 소개한 형벌 이념도 모두 가해자 중심의 이념입니다. 가해자를 대상으로 응징하거나 치료하는 등의 조치를 통해 목적을 달성하고자 하지요. 반면에 배상주의는 가해자 중심의 형벌 체계에서 피해자 중심의 체계로 전환됨을 의미합니다. 범죄행위는 가해자와 피해자 간에 발생하는데 당사자인 피해자가 제외되고 국가가 가해자를 단죄하는 형태에 대해 비판적인 시각에서 등장한 것으로 볼 수 있습니다. 가해자에게 엄벌을 가한다 한들 피해 당사자에게 실질적인 이득은 없다는 점을 지적한 것입니다. 극단적인 사례로 살인범에게 사형 집행을 해도 죽은 피해자가 살아나는 것은 아니지요. 이런 관점에서 볼 때 조선 시대의 속전 제도는 가해자의 입장을 고려하여 금전으로 형벌을 면하게 한 측면이 있지만, 결과적으로 피해자에게도 배상이 되었다는 점에서 그 의미가 상당하다고 볼 수 있습니다.

범죄인의 교정교화정책을 지지하는 진보주의자 입장에서도 치료나 교육의 대상은 역시 가해자이지요. 또한 공리주의적 입장에서 주장하는 예방적 형벌도 마찬가지입니다. 사회 내에 잠재해 있는 미래의 범죄를 억제하는 것을 목적으로 하지요. 이 경우 역시 대상은 가해자입니다. 어느 경우도 피해 당사자는 제외되어 있습니다.

배상주의는 어떤 형태로든 피해자가 입은 피해에 대해 실질적으로 배상할 수 있는 길을 찾는 이론입니다. 이는 국가의 개입을 가능한 최소화하고 자유시장의 역할을 중시하는 작은 정부이론과 맥을 같이 합니다. 형사범죄라 할지라도 시장경제 원리에 따라 민사적으로 처리할 수 있다고 보지요. 자동차 정비사가 실수로 고객에게 상처를 입힌 경우와 폭력으로 상처를 입힌 형사 사건의 경우를 다르게 처리하는 방식에 의문을 제기하는 것이지요. 위법 행위에 대한 도덕적 평가보다는 피해자에게 끼친 손실의 정도에 대한 시장가치의 평가를 중시한다고 볼 수 있습니다. 모든 고통과 손실이 적절히 보상된다면 고통과 손실을 포함한 해악 자체가 소멸한다고 보는 것입니다. 확대해서 해석하면 부유한 사람은 타인에게 해를 끼칠 수 있는 권리를 살 수도 있다는 논리도 성립되지요. 이런 맥락에서 보면 화재보험과 같이 범죄 피해자보험의 실용화를 주장할 만하지요.

법치인가, 덕치인가

범죄와 형벌을 얘기하기 전에 아주 원론적인 질문 하나를 하겠습니다. 사람들에게는 법 이전에 일종의 도덕이나 윤리 같은 게 있을 수 있잖아요. 그런 면에서 덕치로 운영되는 사회는 더 이상 불가능할까요. 요즘 세태를 보면 온갖 사소한 일도 법으로 하자는 식이 되어 세상이 점점 더 팍팍해진다는 느낌을 받습니다.

우리나라는 이미 윤리나 상식보다는 법에 의존하는 국가로 들어섰다고 봅니다. 예컨대 고소, 고발 건의 양은 가까운 나라인 일본과 비교해도 이미 수 배가 많습니다. 정당끼리 합의로 타협되어야 하는 정치적 문제마저 법적 판단에 의존하는 세상이 되어 가고 있습니다.

돌이켜보면 조선 시대에는 국가 통치수단의 근본을 덕치와 인정仁政에 두었고 형벌은 보조수단에 지나지 않았지요. 예치禮治의 이상을 현실정치에 반영하고자 했습니다. 살인사건을 판결할 때도 법전만 참고하는 것이 아니었지요. 유교 경전이 법률 서적보다 더 중요한 역할을 했습니다. 도덕이 주가 되고 법이 보조로 작용한 셈입니다. 사건을 판결할 때 법률 이외에 인정人情과 천리天理를 살펴 그 조화를 강조했다고 합니다. 물론 법치보다 예치를 중시했으며 판결 시 인정과 하늘의 뜻을 살폈다는 것을 마냥 긍정적으로만 볼 수는 없지요. 아마도 주관적 판단이나 이해관계로 형벌권이 남용될 여지가 있었을 겁니다. 예치는 허울로 남겨졌을 뿐, 법치로 간 이유는 공권력이 왜곡되고 남용되는 속성이 역사적으로 확인되었기 때문이라는 점도 기억해야 합니다. 공정한 공권력과 시민들의 성숙한 윤리의식이 바로 선 고품격 사회는 우리 모두의 바람이지요.

우리가 고소, 고발 건이 일본보다 많다는 것은 한국 사회가 그만큼 더 복잡해지고 있다는 것을 보여 주는 지표라 하겠습니다. 그럼에도 한편으로는 법적 잣대가 아닌 윤리와 상식으로 작동하는 사회 영역이 많아져야 하지 않을까 하는 바람을 가져 봅니다. 법치와 덕치의 맥락에서 지금의 사법체계 현황을 말씀해 주시죠.

국민의 행위는 공식적인 사법기관에서 통제하는 부분이 있고, 가정, 이웃, 학교, 종교 및 시민단체와 같은 비사법적 부문

감옥이란 무엇인가

에서 통제되는 부분이 있지요. 원론적으로 말하면 가정, 학교, 종교단체 등이 그 기능을 충분히 담당한다면 국가의 사법기관이 적극적으로 국민의 삶에 개입할 여지가 없어질 것입니다. 그러나 오늘의 현실은 부부관계, 부모와 자녀 관계, 교사와 학생 관계, 종교지도자와 신도 관계, 기업가와 노조원 관계 등 모두에서 과거에 경험하지 못한 불협화음이 노출되고, 이 갈등이 사법적 대상으로 급속히 전이되는 양상입니다. 법치의 과다 현상이지요. 공동체로서 민간 부문이 자율적으로 갈등을 해결할 능력을 잃어버린 것이지요.

문제는 사법기관의 개입 역시 순기능이 있는 반면 역기능 또한 노출되고 있다는 겁니다. 역기능으로는 사법기관의 정치화, '유전무죄, 무전유죄'가 상징하는 불공정, 과도한 사법비용, 누범자를 양산하는 낙인효과 등을 들 수 있는데, 이런 문제는 우리나라 사법기관의 태생적 속성에서 기인한 바도 있고 또한 운영상의 부적절한 행태가 작용한 바도 있겠지요. 과거 전제군주 시절의 덕치는 사실상 과대 포장되어 기록된 측면이 있고 이상적 희망 사항으로 존재했다고 봅니다. 오늘날 우리 사회에서 하향식 덕치가 가능하다면 고매한 인격을 가진 정치 지도자가 출현하거나 국민의 복된 삶을 약속하는 입법 활동으로 나타나야겠지만, 우리 역사가 이를 허용할지 지켜봐야겠지요. 저는 디지털 Z세대가 중추세력이 될 미래의 대한민국은 법치나 덕치의 차원을

초월하여 새로운 사법적 패러다임을 탄생시킬 것으로 기대하고
있습니다.

역시 쉽게 답을 얻을 수 있는 주제는 아닌 것 같습니다. 덕치라고
하면 수사적 언어 같기도 하고 구시대 유물처럼 느껴지기도 합
니다. 하지만 덕치의 본질은 정치에 윤리를 가미하고자 하는 것
아니겠습니까. 이런 맥락에서 저는 범죄와 죄를 구분해 보고 싶
습니다. 즉 범죄crime는 법에 위반되는 것이고 죄sin는 윤리에 근
거하는 것으로 말입니다. 예를 들어 어떤 사람은 자신의 잘못이
드러나도 법적으로는 문제가 없다는 식으로 '범죄'의 굴레를 피
해 갑니다. 그러나 도덕이나 윤리의 관점에서 보면 죄가 될 수 있
습니다. 우리 사회도 어느새 '범죄가 되느냐, 되지 않느냐'는 식
의 법리적 놀이에 익숙해지고 있는 것 같아요.

시간을 거슬러 올라가서 중세 시대를 생각해 보지요. 그 시
대에는 종교적 신념에 어긋나는 행위들이 주로 처벌의 대상이었
지요. 물건을 훔치고 불효하는 행위도 신과의 약속을 저버린 것
으로 간주하여 신의 이름으로 단죄했습니다. 비윤리적인 행위
와 위법 행위의 구분은 신의 섭리에서는 의미가 없었지요. 조선
시대에도 범죄 사건을 다룰 때 법전보다는 유교 경전을 중시했
지요. 즉 법적 기준보다는 도덕적 판단이 우선시되었다는 얘기

감옥이란 무엇인가

입니다. 도덕적 기준이 사회통제의 중요한 역할을 했던 것입니다. 물론 역사는 이런 전통이 악용되어 법치를 왜곡하는 불공정한 결과를 낳았다는 사실 또한 보여 주고 있지만요. 원론적으로만 보면 공동체의 긍정적 기능이 살아 있다면 불공정한 사법적 판단을 막을 수 있겠지요. 그러나 오늘날 세계는 공동체가 단일하지 않고 이해관계를 달리하는 다양한 집단이 혼재되어 있으며 집단이기주의가 극단적으로 팽배해 있어서 그것이 순기능으로 발휘되기 어려운 구조로 되어 있습니다.

사회가 고도화되고 복잡해지니 다양한 사회의 제반 문제들을 윤리나 도덕의 잣대로 판단할 수는 없겠습니다. 그렇지만 법 규정을 몰라 피해를 보는 경우도 자주 일어납니다. 법 이전에 상식이라는 게 있지 않습니까. 상식이라는 말의 기준이 모호하긴 합니다만 적어도 상식은 사회의 도덕에 근거해 있다는 것을 전제로 해서 드리는 말씀입니다.

사회통제에는 공식적 통제제도와 비공식적 통제제도가 있어요. 그런데 공식적 통제제도가 신뢰를 받지 못하고 비공식적 통제 장치가 무력화되면 윤리적 압력이 영향력을 잃고, 힘이 있거나 목소리 큰 세력이 법망을 피해 갈 뿐만 아니라 그들의 이해를 역으로 정당화할 여지가 커집니다. 오늘날과 같이 이해득실이 첨예하게 대립하는 갈등 사회에서는 비공식적 통제 방식이 그 순기능을 발휘하지 못하지요. 이런 사회는 스스로 정화하는 능력을 상실해 버리고 공동체의 여론이 분열되고 조작되는 등 도리어 법치를 왜곡하는 역할을 할 수도 있는 겁니다. 법적 판단에 과도하게 의존하는 사회는 보편적인 윤리의식을 근간으로 하는 상식이 공동체에서 통용되거나 작동되지 않습니다. 즉 비공식적 통제 장치가 자율적으로 공동체를 정화하는 기능을 잃고 있는 것이지요.

사회통제에 신뢰가 보장된다면 이 문제를 해결할 여지가 있겠네요. 그런데도 어떤 범죄자는 자신은 죄가 없는데 교도소에 들어왔다는 말을 합니다. 불공정한 사회에 희생되었다든가 아니면 오히려 자신이 피해자라고 하면서요. 이런 말을 들으면 혼란스럽기도 하지만 한편으로는 그럴 수도 있지 않을까 하는 생각도 해 봅니다. 예를 들어 옳은 일도 공권력에 저항하면 범죄가 될 수 있으니까요.

공권력의 과도한 횡포와 무절제한 시민 의식이 모두 문제가 되지요. 지금은 지방자치제의 정착에 따라 공권력의 남용이 점차 약해지고 시민들의 의식은 점차 제고되어 그 나름대로 균형을 이루어 가는 과도기라고 볼 수 있지요. 요즘은 경찰관이나

119 구급대원이 시민들에게 봉변을 당하는 사례도 종종 접하게 되고, 교도관에 대한 수형자의 폭력 역시 적지 않게 발생하고 있다고 알려져 있습니다. 물론 공권력의 관행적이고 오만한 행태가 모두 사라졌다는 것은 아니고요.

빅터 프랭클Viktor E. Frankl의 《죽음의 수용소에서》라는 저서 중에 오래도록 기억에 남았던 일화가 생각이 납니다.[11] 이 책은 나치의 포로수용소에서 갇혀 온갖 갖은 고초를 다 당하고 살아남은 유대인 작가의 기록입니다. 나치들이 철수한 텅 빈 수용소에서 지내던 어느 날, 근처에서 수용소로 돌아오는 길에 농작물이 자라는 밭을 맞닥뜨리게 됩니다. 작가는 돌아서 가자고 하지만 작가의 동료는 한사코 밭을 가로질러 가자고 하지요. 농작물을 짓밟지 말자고 만류하자 동료는 화난 얼굴로 소리쳤습니다. "그런 말 하지 말게. 그만큼 빼앗겼으면 충분한 것 아니야? 내 아내와 아이는 가스실에서 죽었어. 그것으로 더 할 말이 필요 없는 것 아니야? 그런데도 자네는 내가 귀리 몇 포기 밟는다고 뭐라고 하다니!" 작가는 얘기합니다. 다른 사람이 자신에게 옳지 못한 짓을 했다 하더라도 자기가 그들에게 옳지 못한 짓을 할 권리는 없다고, 그리고 그것이 평범한 진리라고, 억울하고 속상해서 한 행위라도 옳지 못한 일이 정당화되지는 않는다고 말입니다.

물론 세속적인 재판에서도 억울하거나 불가피한 경우에 대해서 정상참작이라는 절차가 있지요. 형법에는 범죄의 정상에 참작할 만한 사유가 있을 때는 작량하여 그 형을 감경할 수 있다고 되어 있어요. 폭력이든 살인이든 법조문 그대로 판결하지는 않는다는 말이지요.

말씀을 듣다 보니 법 감정을 균형 있게 지켜낸다는 것이 쉽지 않겠다는 생각이 듭니다. 좀 다른 얘기지만 집단이나 지역이기주의로 발생하는 법 감정은 어떻게 보시나요.

우리 사회의 집단이기주의는 그 폐해가 심각한 단계에 이르렀다고 생각합니다. 군 시설, 소각장, 장례 시설은 물론 교도소, 보호관찰소, 심지어는 장애인 시설까지도 반대에 부딪히고 있습니다. 교정 분야에서도 지역 주민과 지자체와 합의를 이루지 못해 수년 동안 이전이나 신축 문제가 표류하고 있는 지역이 여러 곳이지요. 대법원의 판결로 허가가 난 경우에도 효력을 발휘하지 못하는 사례까지 발생하고 있을 정도입니다. 지역 주민과 지자체의 과도한 지역이기주의, 정치권의 기회주의적 처신 등이 정당한 공적 요구를 무력화하고 있는 것입니다. 풀뿌리 민주주의를 구성하는 다양한 영역의 품격 있는 자세가 아쉽지요. 절대군주의 불의에 맞서 백 명 중 아흔 아홉 사람이 저항하는 것은 정당한 권리로 보장받지요. 그러나 아흔 아홉 사람의 요구라고 해서 그 요구가 항시 정당하고 정의로운 것은 아니라는 점 또한 사실이지요.

사람들은 대부분 법과 규정을 지키려고 노력합니다. 문제는 항상 법과 규정을 지키지 않는 소수의 사람들 때문입니다. 새로운 법은 이런 사람들 때문에 생기고 그 결과로 평소 법을 잘 지키던 사람들에겐 불필요한 부담으로 작용하는 것을 자주 봅니다. 최근의 '민식이법'과 관련해 말씀을 드려 볼게요. 일반적으로 운전자들은 학교 앞에서는 속도를 늦춥니다. 도로로 뛰어드는 애들이 있으면 조심하라고 타이르기도 하고요. 그런데 개인적으로도 이 법이 만들어진 후부터는 학교 앞을 지날 때는 전에 없던 긴장을 합니다. 이렇게 말하면 어떨지 모르지만 어린이보다는 혹시나 법에 위반되지 않는가 해서 속도계를 먼저 보게 됩니다. 평소 지녔던 윤리의식은 사라지고 법의식이 새로 나타난 것입니다.

사회적인 문제가 발생할 때마다 등장하는 것이 이를 규제할 법안 만들기이지요. 법으로 다스리는 것이 가장 손쉬운 접근 방식이니까요. 국민의 행위를 범죄화하는 것입니다. 공익적 목적으로 개인의 자유나 권리를 제한하는 것에 원론적으로 이의를 달 사람은 없지요. 그러나 적어도 국민의 기호나 풍속에 대한 규제는 자칫 개인의 기본권을 침해할 소지가 있어 가능한 최소화해야 합니다. 사거리나 오거리에서 신호등의 정해진 표시에 따라 수동적으로 운전을 하는 것과 신호등이 없는 원형 로터리에서 운전자가 자율로 운전하는 것의 차이로 비유할 수 있습니다. 시민들의 윤리적, 지적 성숙도는 물론 하루아침에 길러지는 것은 아닙니다. 그러나 일정 기간 시행착오를 거치더라도 시민들의 잠재력을 믿고 인내하는 문화를 쌓아 가야 합니다. 이는 곧 그 사회가 인간으로서 한 개인의 존엄성과 잠재력을 얼마나 중시하고 있느냐의 지표라고 할 수 있지요.

물론 정치권은 언론매체의 보도나 여론에 민감하게 대처해야 하는 불가피한 측면이 있지요. 하지만 지나치게 성급한 대처는 보편적 상식과 질서를 벗어나 장기적인 관점에서는 폐해로 작용할 수 있습니다. 물론 '민식이법'의 경우는 어린이의 생명과 직결되는 문제라 과한 대처라고 할 수 없지만, 국민의 풀뿌리 삶의 현장에 국가가 지나치게 세세히 개입하는 것은 더구나 법률 만능주의에 치우쳐 강경한 대처로 일관하면 그 부작용 또한 적지 않을 것입니다.

중세의 역사는 말해 줍니다. 당시 국가는 사람들의 범죄는 물론 윤리적인 죄에 대해서도 온갖 가학적인 형벌을 동원하여 신 혹은 왕의 이름으로 공개적으로 집행했지요. 일정 기간 사람들은 이에 열광하여 죄인에게 야유하고 돌팔매질을 하며 국가의 행위에 적극적으로 호응했습니다. 그러나 가학의 정도가 갈수

감옥이란 무엇인가

록 심해지자 죄인의 범죄 행위보다 더 가학적인 국가의 행위에 두려움과 염증을 느끼고 국가에 저항하기 시작하고 이는 전제군주제의 소멸로 이어지는 요인이 되었습니다. 사람에게 인격이 있듯이 국가에도 국격이 있지요. 품격 있는 형벌의 입안과 집행이 곧 국가의 격으로 나타날 것입니다.

법의식과
죄의식

과도한 규제나 법은 최소화하고 신중하게 결정해야 한다는 뜻으로 이해하겠습니다. 다시 좀 전에 제가 드렸던 질문으로 돌아가겠습니다. 교도소에 있는 사람들의 불만 중 하나가 자신은 법을 위반한 범법행위로 들어왔지만 자신은 죄인은 아니라고 주장하는 것인데 이런 심리 상태는 어떻게 설명할 수 있을까요.

두 가지 측면에서 얘기할 수 있습니다. 첫째는 자신의 잘못을 인정하지 않는 수형자가 많다는 것입니다. 대개 수형자들은 운이 없었다거나, 사회가 불평등하다든가, 피해자의 탓이라든가, 형이 과도하게 무겁다든가 등 수많은 이유로 자신을 정당화합니다. 범죄이론 중 '중화 이론'techniques of neutralization theory이 이를 잘 설명해 줍니다. 범죄자들은 책임을 부정하고, 가해를 부정하고, 피해자를 부정하고, 비난자를 부정하고, 그리고 상위 가치에 호소함으로써 자신을 정당화한다는 이론이지요. 내 잘못이 아니고 사회가 불평등한 탓이라든가, 위법이지만 피해자가 없다든가, 피해자가 당할 짓을 했다든가, 누가 누구를 비난할 수 있느냐라든가, 나의 범죄는 조직이나 국가에 대한 충성심의 발로였다든가 등의 이유로 자신의 죄의식을 중화하거나 잘못을 정당화한다는 것입니다.

다음으로는 잘못을 인정한 경우라 할지라도 국가가 정해준 형기를 마치면 그것으로 책임을 다한다고 생각하는 것이지요. 이는 범죄는 피해를 준 가해자와 피해를 받은 피해자 간에 발생하는데, 정작 해결은 피해자를 대신해서 국가가 가해자를 처벌하는 방식으로 이루어지기 때문입니다. 가해자로서는 형기를 다함으로써 피해자에게 갚아야 할 빚이 합법적으로 사라진 것이지요. 사법적인 요구가 충족되니 윤리적인 요구는 저절로 면제받은 셈입니다.

사람들은 실제로 무언가가 부족하고 절실해서 범죄를 저지르기도 하지만 현상을 유지하고 싶거나 더 갖고 싶어 저지르기도 하지요. 욕망은 끝이 없지만 자원은 언제나 한정된 것이 우리가 사는 세상입니다. 욕망과 자원 간의 괴리는 자연의 섭리이기도 하지만, 오늘날 우리 사회에서 그 괴리는 갈수록 절대적인 결핍보다는 상대적인 박탈감에서 발생하는 경향이 있습니다. 물질만능주의의 세태 속에서 고도사회로 진입하는 오늘날 잘 적응한 계층과 그렇지 못한 계층 간에 갈등의 골이 커진 탓이지요.

'중화 이론'에는 법의식과 윤리의식, 즉 범죄의식과 죄의식이 섞여 있는 것 같습니다. 다른 맥락에서 보면 '조두순 사건'에도 이런 갈등이 잠재해 있는 것 같아요. 그가 형기를 마치고 퇴소하면서 국민들은 그의 형량이 지나치게 가볍다든가, 과연 그가 반성하긴 한 것인가, 유사한 범죄를 또 저지르지 않는다는 보장이 있겠는가 등의 염려와 불만의 목소리로 가득 차 있습니다. 감옥살이로 죗값을 치르면 그가 저지른 일이 용서되는가에 대한 불만 아니겠습니까. 범죄행위에 대한 법적 조치는 끝났지만 윤리적 문제는 여전히 남아 있는 것으로 봐야겠습니다.

조두순 개인적 입장에서는 억울한 측면이 있을 것입니다. 옥살이로 죗값을 이미 치렀는데도 비판적 여론이 들끓고 일거수일투족이 감시의 대상이 되는 등 사생활이 심대하게 침해받고 있다고 느낄 것입니다. 과거의 행위로 인해 미래의 괴물로 사회적 판정을 받은 것이지요. 사법제도의 맹점에서 오는 책임 문제를 개인에게 전가하는 형국이거든요. 논리적으로 생각하면 애초에 사형이나 무기징역을 선고했거나 아니면 복역한 12년 동안에 확실한 교화 활동을 해야 했습니다. 그런데 문제는 감금해서 범죄인의 자유는 박탈할 수 있지만 그의 정신세계까지 개조하는 데는 한계가 있다는 것이지요. 한 인간을 변화시키는 작업은 법적 강제력을 통해 달성할 수 있는 것이 아닙니다. 반성하고 속죄하는 행위는 윤리적 영역에 속하는 것으로 기존의 사법체계의 틀에서 작동하기에는 한계가 있습니다.

기독교에는 원죄라는 개념이 있잖아요. 동양의 유교나 불교 문화권에도 유사한 원죄의식 같은 것이 있고요. 예컨대 자식이 부모 섬기기를 제대로 하지 못했는데 부모님이 돌아가시면 일종의 죄의식 같은 것을 느낍니다. 물론 당연히 이 때문에 교도소에 가지는 않지만 마음으로 더 힘들어할 수도 있어요. 그런데 만약에 원죄든 유사 원죄든 이런 측면을 강화시킬 수 있다면 범죄가 좀 억제되지 않을까요. 한편 연로하신 부모를 학대하면 법적으로 처벌받습니다. 요즘 부모를 학대하는 행위는 유사 원죄의 차원이 아니라 범죄 차원에서 다루어집니다. 즉 그것을 부끄러움으로 생각하지 않고 범죄로 인식하게 된 것입니다. 이렇게 되면 부모 공경이라는 말은 뒷자리로 물러나고 그저 학대만 하지 않으면 된다는 식이 될 수 있습니다. 원죄가 범죄라는 영역으로 모두 환원되어 버렸다고나 할까요.

감옥이란 무엇인가

부끄러움이나 체면이 담당했던 사회통제기능이 점차 약화되고 있습니다. 국가의 사법 기능에 의존하는 사회로 급격히 이동한 겁니다. 심지어는 부자관계나 부부관계에도 사법적 개입이 일반화되고 있지요. 공동체의 끈끈함이 해체되고 출세와 물질이 지배하는 척박한 세태에서는 부끄러움이나 체면이 작동하기보다는 법조문과 사실관계에 의존하는 사법기관의 역할이 커질 수밖에 없습니다. 풀뿌리 삶 속의 정겨웠던 정의체계는 점차 약화되고 있지요.

방금 말씀하신 기독교의 원죄 역시 죄의식과 연관해서 삶의 통제 방식의 한 방편으로 생각해 볼 수 있습니다. 물론 오늘날 이와 같은 종교의 사회통제적 기능마저 급속히 약화하고 있다는 우려의 목소리가 커지고 있지요. 그러나 부모 공경이나 연장자 존중과 같은 전통적 가치이든 종교적으로 규율된 원죄 의식이든 그 효력이나 생명력이 약화하는 현상을 되돌리긴 어렵다고 봅니다. 도리어 이런 가치와 규율의 대상과 범위를 더 보편적으로 확대해서 지향해야 할 방향을 찾아야 한다고 생각합니다. 노인, 부모, 여성, 장애인에 대한 배려를 강조하기보다는 한 개체로서 각 인간의 생명과 삶 자체가 모두 소중하고 평등하게 존중받아야 한다는 의식을 고취함으로써 각론적 문제를 풀어 나가야 한다는 것이지요. 남녀, 노소, 인종, 계층 등의 갈등은 각각 독립된 문제가 아니고 결국은 전체의 갈등으로 확산된다는 것을 인식해야 합니다. 따라서 사회구성원 각자의 풀뿌리 단계에서부터 상대의 존재와 삶에 대한 상호인정과 존중을 내면화하는 훈련과 학습이 필요하겠지요.

이와 관련 적절한 예가 될지 모르겠지만 일본 방문 때의 경험을 소개하지요. 건널목 앞에 정차해 있던 차 안에서 목격한 얘기입니다. 초등학생 여자 어린이가 손을 들고 횡단보도를 건너고 있었습니다. 문제는 길을 다 건넌 다음 그 어린이의 태도입니다. 뒤로 돌아서더니 우리 운전석을 향해 고개 숙여 목례를 하는 것입니다. 그러고는 다시 돌아서 제 갈 길을 가는 것이었습니다. 일종의 충격이었습니다. 일본도 다양한 사회 문제를 안고 있는 나라이지만, 서구 선진국가들에 비해 현저히 낮은 범죄율을 유지하는 이유를 여기에서 찾을 수 있겠다는 생각을 하게 되었지요.

동의합니다. 안타깝게도 일본 어린이 사례는 우리 사회의 모습과 자꾸 비교하게 하는군요. 한국 사람들도 태생적으로 남을 배려하는 유교적인 덕목과 함께 살아왔는데 언젠가부터 범죄만 아니면 된다는 식으로 변해 버린 것 같습니다. 오늘날에는 자기 스스로 통제할 수 있는 죄의식보다는 법적 기준에 의존하는 범죄의식이 더 작용하고 있다는 느낌이 들어요. 이렇게 바뀌는 것이 바람직한 것은 아니지 않습니까. 모든 문제 해결을 법에 의존

하는 현실이 정상은 아닌 것 같아요.

법적인 판단 이전에 죄의식, 상식, 보편적 윤리가 개인적 차원에서는 물론 공동체 내에서 제대로 작동하는 유토피아적 사회는 모두의 꿈이지요. 좀 더 현실적인 사례를 들어 보지요. 최근에 미국에서 벌어진 흑인에 대한 경찰관의 폭력적 대처와 이에 대한 흑인들의 대응을 들 수 있습니다. 경찰관들이 총기를 난사하는 등 과도한 공권력을 행사하는 이유가 있겠지만 시민의 생명을 해칠 정도로 과도한 대처에는 동의할 수 없다고 봅니다. 따라서 이를 공권력의 도를 넘는 탄압으로 보고 항의하는 데는 정당성을 부여할 수 있지요. 그런데 문제는 이런 시위가 공권력과 무관한 일반 시민들의 재산을 약탈하고 파괴하는 행동으로 이어진다는 점입니다. 매번 시위 뒤에는 명품 매장과 슈퍼마켓들에서 무차별하게 약탈사태가 발생했지요. 이로 인해 동정을 받을 저항의 정당성이 훼손되고 도리어 비난과 두려움과 통제의 대상으로 변해 버리는 악순환이 반복되고 있습니다. 남녀노소, 인종과 관계없이 지켜져야 할 근본적인 윤리, 좀 더 구체적으로는 준법 문화의 기본이 내면화되지 못한 결과이지요.

누구나 고급 명품을 갖고 싶지만 대체로 사람들은 이를 갖기 위해 위법적 행동을 선뜻 저지르진 않습니다. 그런데 왜 명품을 훔칠까요. 누구는 당장 명품을 훔치고, 다른 누군가는 돈을 모을 때까지 1년을 기다리는가를 설명하는 이론이 있지요. 이 이론은 '왜 명품을 훔치는가'가 아니라 '왜 명품을 훔치지 않는가'에 초점을 두고 개발되었습니다. 답은 통제였습니다. 이들은 가정, 학교, 직장, 이웃, 교회 등 제도권과 밀접한 애착 관계를 맺고 있고, 그 관계 속에서 통제를 받으며 그 통제 속에서 자신의 시간과 에너지를 투자하고, 이 투자의 결과로 얻은 성과를 지키고자 하며 그 성과가 무위로 될 위험을 무릅쓰지 않는다는 겁니다. 성직자나 사회 저명인사가 불법을 저지르지 않는 무수한 이유 중 하나는 잃을 것이 너무 많기 때문이겠지요. 반대의 경우로 딱히 잃을 것이 없다면 그 사람은 욕망대로 행동할 가능성이 크겠지요. 특히 취약지역의 가정과 학교의 재건과 정상화가 중시되어야 하는 이유입니다. 건전한 소양과 윤리의식, 가치관이 배양될 시간이 주어지고 그런 경험을 축적할 제도적 장치가 보편적으로 작동해야 할 것입니다.

회복적 정의 또는 회복적 사법

앞서 언급하신 신체형에서 자유형으로 전환되는 과정 얘기를 잠시 좀 더 듣고자 합니다. 〈춘향전〉에서 변 사또가 춘향에게

"말을 안 들으면 옥에 가둔다."라고 할 때 옥에 가두는 것으로 신체를 처벌하겠다는 뜻이 이미 들어가 있지 않나요. 신체형이 사라지고 자유형이 등장했다고 하지만 교도소에 갇히는 것 자체가 또 하나의 신체형이 아닌가 합니다. 자유형이나 구금형도 신체를 속박하기 때문에 신체형의 연장선으로 봐야 한다는 것이지요. 자유형을 시작으로 형벌의 대상이 신체에서 정신으로 옮겨 갔다고 하지만 제가 방문해서 본 교도소 안의 모습은 정신을 속박한다는 느낌보다는 신체를 속박한다는 느낌이 강했습니다. 수많은 규율이 곧 신체적 고통과 직결되고 있다는 생각도 들었어요.

물론 자유형에도 신체를 속박하는 속성이 있지요. 다만 시각적으로 유혈을 일으키는 고통을 주는 것은 아니지요. 앞서 말씀드린 대로 과거 노예나 농노는 물론 평민들도 제도적으로 자유가 아예 없거나 매우 제한되어 있었습니다. 따라서 이들에게는 자유의 속박이 형벌의 조건이 될 수 없었지요. 이들의 대부분은 자유도 토지도 진정한 자신의 소유가 아니었고 실제로 소유한 것이라고는 오직 신체밖에 없었지요. 그러니 이들에게는 체형이 형벌이 될 수밖에 없었습니다. 그런데 근세에 들어서면서 신분제가 소멸하고 시민 의식이 싹트면서 상황은 변하기 시작합니다. 모든 계층에게 자유가 평등하게 주어짐에 따라 자유의 속박이 형벌로서 등장할 여지가 만들어진 것이지요. 저의 취지는 이런 과정에서 형벌의 목표가 죄인의 신체에 고통을 부과하여 응징하는 것에서 죄인의 정신을 변화시켜 체제에 순응하는 사람으로 변화시키는 것으로 바뀌었다는 점이었지요.

그렇습니다. 물론 자유형 역시 인간의 몸을 속박하는 형벌이지요. 그러나 다른 관점에서 설명도 가능해요. 몸의 속박을 신체에 고통을 가하는 것으로 이해할 수도 있지만, 질서를 유지하고 관리의 효율성을 높이기 위한 모종의 기술이 개발된 형태라고 볼 수도 있지요. 군대와 수도원과 같은 시설에서도 자유가 속박되는데 이때 신체에 고통을 가한다고 표현하지는 않습니다. 군인과 성직자로 만들기 위해 시간, 장소, 언어, 행위 등을 세세하게 규율함으로써 순응하는 존재로 만드는 과정으로 이해하지요. 즉 신체를 속박하는 계획된 규율이 사람의 정신을 변화시키는 기술로 작동한다는 점을 말하는 것입니다. 교도소에서도 그 체제에 순응하는 사람으로 만드는 기술로서 행위, 언어, 동작 등을 규율하는 수단으로 이해될 수 있지요.

신체를 속박하는 목적이 고통의 부과에 있는 것이 아니라 순응하는 사람으로 만들기 위한 기술적 표현으로 이해할 수 있다는 말씀이군요. 잘 알겠습니다. 신체형과 자유형에 대한 얘기는 이정도로 하고 회복적 사법과 관련해 질문을 드리겠습니다. 늘 궁

금했는데 가해자가 처벌로 감옥살이를 한다고 하더라도 피해자의 손해나 고통을 해결할 수는 없지 않겠습니까. 가해자가 아무리 자신이 지은 죗값을 치르더라도 피해자 입장에서는 회복이 안 되니 정의가 실현되었다는 느낌이 들지 않을 것 같아요.

범죄로 발생한 불의不義가 회복되기 위해서는 무엇보다 가해자가 범죄를 인정하고 피해자가 입은 고통과 피해에 대해 사과하고 용서를 구하는 것이 순서이겠지요. 그런데 국가가 공권력을 독점하여 피해자를 대신하여 가해자를 처벌한 시대에 이르러서는 이런 과정이 불필요해졌습니다. 가해자가 응징을 받는다 하더라도 피해자에게는 실질적으로 어떤 조치도 취해지지 않는 구조로 굳어진 것이지요. 이는 반쪽 정의 체계일 뿐입니다. 물론 자신의 범행에 대한 죄의식과 부끄러움으로 스스로 자해하거나 자살까지 한 사례도 종종 있지요. 이는 국가의 형벌체계와는 상관없는 개인적 차원의 결단이 낳은 결과입니다.

실화를 배경으로 제작된 영화 〈교수와 광인〉은 죄의식, 속죄, 용서를 감동적으로 보여 준 사례로 숀 펜과 멜 깁슨이 열연했습니다. 살인범이 진정한 속죄를 통해 용서를 받고 사랑까지도 얻는 것을 보여 준 실화이지요. 정신 병력이 있는 퇴역 장교가 착각으로 무고한 사람을 살해합니다. 그는 죗값으로 복역하는 중에 피해자의 미망인에게 자신의 연금을 양도하는 등 진정으로 속죄하고 용서를 구하지요. 그런데 미망인과 교류하는 과정에서 일시적으로 성적 욕망을 느낀 데 대한 죄책감으로 자신의 성기를 절단하는 극단적인 자해행위를 범합니다. 이 영화는 미망인은 용서할 수 없는 것을 용서한 '진정한 용서'를, 퇴역 장교는 속죄를 위해 스스로 고통을 자원하는 모습을 보여 준 것이지요.

우리나라 영화 〈밀양〉 또한 용서에 관한 불편한 모습을 잘 조명했습니다. 자식의 살해범을 용서해야 하는 어머니의 역을 맡은 배우 전도연의 연기가 단연 돋보인 영화였지요. 절대로 용서할 수 없는 것을 용서하도록 강요받는 데서 겪는 피해자 어머니의 심적 번민을, 그리고 피해자와는 아무런 교감이 없이도 종교를 통해 용서를 받고 마음의 평화를 찾았다는 살해범의 모습을 그리고 있습니다. 살인이라는 범죄행위는 형벌이라는 절차를 통해 사법적 행위로 결말이 나지만, 이후에도 메워지지 않은 공간은 당사자인 가해자뿐만 아니라 피해자에게도 여전히 남아 있다는 것을 알 수 있지요.

그렇죠. 저도 영화 〈밀양〉의 마지막 장면을 보면서 가슴이 참 답답해지는 느낌을 받았습니다. 물론 가해자가 진정으로 피해자에게 자기 잘못에 대해 속죄하고 그런 속죄의 감정이 피해자에게 직접 와 닿을 수 있다면 가해자와 피해자의 관계는 새로운 차

감옥이란 무엇인가

원으로 접어들 수 있겠지요.

최근 학문적으로도 실무적으로도 큰 관심을 받는 소위 '회복적 정의'restorative justice가 탄생한 배경이 바로 피해 당사자의 지위를 제대로 회복하자는 데 있지요. 속죄와 용서의 틀 속에서 가해자와 피해자를 화해시키고 관계의 평화를 이루는 것이 핵심입니다. 그런데 말하기는 쉽지만 실천 단계에 들어가면 가해자와 피해자를 한자리에 앉히는 시작부터가 어려운 것이 현실이지요. 프랑스 철학자 자크 데리다Jacque Derrida는《용서에 관하여》라는 글에서 말합니다.[12] 진정한 용서란 용서할 수 없는 것을 용서하는 것이라 하고, 동시에 용서할 수 없는 것을 용서하는 것이 가능한 것인가를 자문합니다. 그리고 만약 용서가 용서할 수 있는 것만을 용서하는 것이라면 용서라는 개념 자체는 의미를 잃는 것이라고 말하지요. 속죄도 용서도 고통일 것이지만 이것을 극복할 때 진정한 평화를 찾을 수 있다는 것이 회복적 정의의 취지이겠지요.

중대한 범죄일수록 양측 모두에게 얽혀 있는 증오, 불신, 두려움, 죄책감 등을 극복할 종교적인 힘이 요구된다고 합니다. 그간의 성공적인 사례는 오랜 시간과 인내하는 과정이 필요하며, 주로 신성한 영적 분위기 속에서 상호 공감대가 이루어진다는 것을 보여 주고 있습니다. 사실 효율적인 행정을 추구하는 오늘날 사법조직에 어울리는 과업은 아닙니다. 회복적 정의 또는 회복적 사법은 원주민 사회에서 예전부터 전해온 분쟁 해결방식에서 기원한 것이지요. 캐나다, 호주, 그리고 뉴질랜드와 같은 국가에는 법무부에 회복적 사법을 담당하는 부서가 따로 존재하기도 합니다. 하지만 통계적으로 제시할 만한 뚜렷한 성과는 나타나지 않고 있습니다.

통계를 보니 미국이든 우리나라든 재범률이 상당히 높더라고요. 시간이 걸리겠지만 '회복적 사법'이 잘 정착되면 재범률을 감소시킬 수 있을 것 같기도 합니다. 재범 문제를 접할 때마다 드는 생각은 교도소가 구금의 수준을 넘어 더 능동적으로 그 역할을 해야 한다는 것입니다. 비현실적으로 들릴지 모르지만 재소자들이 교도소에서 복역하는 동안 자신의 잘못에 대해 부끄러움이나 미안함을 배울 수 있다면 좋겠습니다. 지금의 교도소가 그런 일까지는 못한다고 봐야겠지요.

현재 교도소의 기능으로는 기대하기 어렵습니다. 긍정적으로 예측했을 때 약물중독치료를 받거나 직업훈련과정을 이수해서 먹고 살 수단 정도를 연마할 가능성은 있다고 봅니다. 그러나 공식적인 교화 프로그램을 통해서 과거 행위에 대해 수치심을 느끼고 개선 의지가 앙양되는 것까지는 기대하기는 어렵다고 봅니다. 그럼에도 교정시설에서 당장 눈에 들어오는 효과 여부를 떠나 회복적 사법과 유관된 프로그램을 계속 시도해야 할 가치는 있지요.

좀 전에 영화 〈밀양〉 얘기를 하셨어요. 마지막 면회 장면에서 아이를 살인한 수형자가 피해자의 엄마에게 "이제 하나님이 자신을 용서했다."라고 합니다. 용서할 수 있는 주체인 피해자의 어머니로서는 정말 화가 치밀어 오를 것 같아요. 용서할 사람은 어떤 누구도 아닌 아이 엄마 아닐까요.

가해자에게는 물론 하느님에 대해서도 배신감을 느꼈을 수도 있겠지요. 그런데 용서를 누가 하는가의 문제는 그리 단순하지 않은 것 같습니다. 예컨대, 아이의 엄마가 용서한다고 모두가 용서하는 것은 아니기도 하고요. 엄마가 가장 고통당하는 피해자인 것은 맞겠지만 용서의 주체에 대해서는 많은 생각이 필요하다고 보입니다.

수형자가 교도소 복역으로 자신의 죗값을 치렀다는 것, 거기에 더해 자신의 죄의식조차 하나님이 다 해결해 버렸다면 피해자로서는 참 허탈할 것 같습니다.

하느님이 용서하신 것인지 자신이 그렇게 생각하는 것인지는 알 수 없지요. 그는 하느님만을 상대했지만 용서의 주체가 그렇게 단순화될 수는 없을 것입니다. 자신도 자신의 진정한 모습을 용서할 수 있어야겠지요. 당연히 상대로부터 용서를 받아야 하고요. 그리고 사회공동체와 이웃으로부터도 받아들여져야 할 것입니다.

제가 좀 전에 가슴이 답답했다고 했지만 이런 식이라면 참 편리하다고나 할까요. 범죄를 저지르면 교도소에 가면 되고 죄의식은 하나님이 용서해 주실 거고. 결과적으로 가해자는 자신의 범죄의식도 약화시키고 죄의식도 없앨 수 있습니다. 이건 뭔가 이상합니다. 이 문제가 워낙 중요하니 나중에 또 얘기하더라도 여기서는 용서에 대해 좀 더 얘기해 주시겠습니까.

회복적 사법의 과업은 이상적이고 도덕적 정의를 추구하는 실험적 성격이 강한 프로그램에 가깝습니다. 척박한 사법적 절차에서 선한 미를 창출하는 과정으로도 묘사될 수 있을 것입니다. 가해자와 피해자 양측 모두에게 어둡고 불편했던 과거를 마감하고 제2의 삶을 만들어 가는 과정이지요. 백 번의 실패가 예측되는데도 한 번의 성공을 위해 집중해야 하는 이유가 있습니다. 가해자와 피해자 간의 화해 시도라는 그 자체도 가치 있는

감옥이란 무엇인가

일이지만, 이는 양측의 문제를 넘어 이웃과 세상에 포용과 사랑과 평화의 메시지를 전달할 수 있기 때문입니다. 예컨대 연쇄살인범을 사형에 처했다는 뉴스는 당할 사람이 당연한 벌을 받았다는 정도로 흘려듣고 기억에서 곧 사라질 겁니다. 그러나 영화 〈교수와 광인〉에서처럼 가해자가 속죄의 표시로 자신의 신체를 훼손할 정도의 진정성이 알려진다면 그리고 범죄 피해자의 가족이 살해범을 진정으로 용서하고 포용한다면, 이해관계에 얽매여 세상을 척박하게 살아가는 현대인들에게 울림은 적지 않을 것입니다.

우리나라도 감당할 수 없는 고통 속에서 증오와 복수를 뛰어넘은 감동적인 사례가 있습니다. 연쇄살인범 유영철에게 노모, 아내, 4대 독자 아들을 처참하게 잃은 고정원 옹의 용서이지요. 고정원 옹의 이야기는 TV에서도 방영하는 등 우리 사회에 큰 반향을 일으키기도 했습니다. 이 분은 가톨릭에 귀의하면서 복수는 죽은 자를 위한 것이고 용서는 산 자를 위한 것이라는 믿음을 갖게 되었고, 마침내 유영철에게 용서하겠다는 서신을 보내고 그의 두 아들을 양아들로 삼겠다고 제안했지요. 그에게 영치금을 보냈음은 물론 사형만은 면하게 해 달라는 탄원서를 재판부에 제출하기도 했습니다. 생명에 대한 또 다른 깨달음으로 본인의 장기 기증을 서약했지요. 보통 사람들의 보편적 정서를 초월한 삶의 모습을 보여준 것입니다.

이 경우는 회복적 사법의 긍정적 기능을 넘어 인간 승리라는 말로 표현하고 싶군요. 회복적 사법이 제대로 정착되면 국가가 개입하는 영역이 줄어들 수 있을 것 같습니다. 자유민주주의 사회에서 법이 가장 우선되지만 한편으로 법만으로 문제를 해결하려는 부작용도 적지 않아 보입니다. 국가 주도의 형벌 방식에 변화가 있어야 회복적 사법이 제대로 정착되지 않을까요.

대통령이 누구인지에도 관심이 없고 국가가 무슨 일을 하는지 모르는데도 사람들이 큰 불만 없이 살아간다면 분명히 좋은 세상에 사는 것이지요. 오늘날 관점에서는 큰 정부와 작은 정부로 얘기할 수 있겠지요. 큰 정부로 갈수록 국가가 개인에 미치는 영향이 커집니다. 작은 정부의 경우에는 외교나 전쟁과 같은 중대한 일만 책임지고 나머지는 자유 시장과 같은 민간 부문의 자율적 기능에 맡기지요. 그런데 오늘날 우리의 문제는 집권한 정부가 지향하는 바의 성격도 중요하게 작용하지만, 애덤 스미스 Adam Smith가 말한 소위 '보이지 않는 손'에 맡기기에는 국민의 구성과 그 구성원의 이해관계가 너무 다양하다는 점에 있습니다.

전통적으로 우리나라는 일제 강점기, 6.25 전쟁, 남북대치 상황을 거치면서 조국을 지키고 발전시켜야 한다는 이데올로기가 강하게 지배하여 국민이 국가에 순응하는 정서가 오래 존속되었지요. 그러나 상황은 경제발전과 민주화로 급변했습니다.

감옥이란 무엇인가

민주화의 물결과 함께 권위주의의 타파, 개인의 인권과 권익의 신장, 경제발전에 따른 물질 소유 욕구의 확산 등에 따라 국가 전체 혹은 소속 공동체를 배려한 대의보다는 개인 혹은 소속된 이익집단의 이익에 더 충실한 사회로 급선회한 것이지요. 공동체 내의 갈등에서 자율적 해결 능력이 급격히 저하되고 있습니다. 민간인이 고소하고 고발하고 소송하는 건수가 이를 증명하고 있어요. 앞서 잠시 언급한 대로 일본보다 인구대비 고소, 고발 건수가 수십 배가 많다는 사실은 사전에 화해하고 조정하고 타협하는 공동체 문화가 크게 부족하다고 봐야겠지요. 사람들이 동의할지 모르겠지만 저는 일본 사람들과의 차이를 이렇게 보고 싶어요. 그들도 하고 싶고 갖고 싶은 것이 있지만 상대를 의식해서 조금씩 서로 절제하다 보니 조정되어 고소, 고발 건수가 낮은 반면, 우리나라 사람은 조금씩 양보하여 해결하는 것이 아니라 더 차지하려고 싸우다 보니 고소, 고발 건수가 높은 것이 아닌가 하고요. "당신들은 더 했잖아요? 왜 내가 못합니까?"라는 식이지요. 정치권은 물론 풀뿌리 사회도 차이가 없습니다.

우리나라의 법도 양적으로 급속히 증가했고 내용 면에서도 다양화되는 추세에 있다고 봐야겠지요. 범죄의 증가가 국가의 개입 때문이라는 말도 있고 '낙인 이론'을 지적하기도 합니다. 여기에 대해 말씀해 주시겠습니까.

민간 부문에서 분쟁과 갈등을 법 제정이나 법적 방식에 의존하는 것은 공동체 내에서 스스로 자정하는 능력을 상실했기 때문이지요. 문제는 고유한 옛 문화가 사라진다는 정서적 아쉬움을 넘어 사회적 폐해를 낳는 것입니다. 금전적으로 나타나는 사법적 비용도 문제이지만 사법적 절차에 일단 개입되면 가해자도 피해자도 스스로의 일상적 삶이 정상성을 잃고 피폐해지는 지경에까지 가지요. '낙인 이론'이라는 범죄 이론에서도 사법적 개입의 부정적 기능을 적시하고 있어요. 이 이론은 범죄의 원인을 개개인의 잘잘못에서 찾는 것이 아니라 범죄행위에 대한 사회적, 국가적 대응의 결과에서 찾지요. 예컨대 국가의 사법적 대응으로 빚어진 전과자라는 신분으로 인하여 제2, 제3의 범죄를 유발한다는 이론입니다.

국가가 법을 제정하고 집행하는 이유는 범죄자를 처벌하기 위한 것이기도 하지만 동시에 범죄를 억제하고 예방하기 위한 것이지요. 그런데 낙인 이론의 주장은 국가가 범죄 문제의 해결사가 아니라 범죄를 양산하는 기능을 한다는 것입니다. 규제를 위해 수많은 법을 제정하는 일은 곧 그만큼 범죄를 양산하는 것이지요. 공동체 내에서 자율적으로 해소될 수 있는 역량을 인내심을 갖고 키워야 하고 적어도 개인의 인권, 취향, 프라이버시에 관련된 행위에 대해서는 국가의 개입을 신중하게 판단해야 합니다. 최근 코로나19 위기 상황에서 국민의 일상사에 대한 국가의 제한이 정당화되고 있는데, 이 상황이 국가가 더 넓은 영역까지 개입하는 일을 정당화하는 계기로 오용된다면 민주주의의 근간이 심각하게 침식되는 결과를 낳을 수 있습니다.

대중매체도 한몫을 하고 있잖습니까. 범죄 영화나 CSI와 같은 TV 프로그램도 관객이나 시청자를 확보하는 인기 있는 콘텐츠로 정착되었으니까요. 사람들이 범죄에 자꾸 익숙해지는 것 같아요.

범죄를 다루는 영화나 TV 프로그램의 범람 현상은 미국 사회가 주범이지요. 범죄를 미화하는 3류급 저질 오락물에서부터 과학적 전문지식이 동원된 첨단 수사극까지 관객과 시청자를 확실히 담보하는 장르로 정착했습니다. 이런 현상이 바람직한가를 논하기 전에 어찌하여 범죄 관련 영상물이 일반인의 오락물로 주목받게 되었는지 살펴볼 필요가 있어요. 미국인들은 어느 시점부터 그들의 일상적 삶의 한 부분으로, 즉 범죄 문제를 생활 속의 오락이나 여가활동 등과 같은 반열에서 인식하게 되었습니다. 빈곤과 같은 사회 환경이 범죄를 유발하기도 하지만, 동시에 범죄가 또한 자신들의 삶을 변화시키는 상황에서 살아가고 있다는 사실을 무의식중에 깨달은 것이지요. 자기 비용을 들여 방범 설비를 설치한다든가, 밤에는 외출을 삼간다든가, 호신용 무기를 휴대한다든가 말이죠. 사회 환경이 범죄를 잉태하지만 또한 범죄가 일상적 문화를 바꾸기도 한다는 점을 알게 된 것입니다. 마리화나 소지로 체포되는 도시가 있는가 하면 인근에는 마리화나 소지를 합법화한 도시도 있지요. 총기를 무차별 난사하여 인명을 살상하는 범죄도 수시로 발생하지만, 또한 경찰관의 무절제한 총기 사용과 폭력적 제압도 다반사로 보도되는 사회에서 살아가고 있습니다. 즉 허구적 영상물과 이웃에서 벌어지는 실상 간에 차이가 없는 삶 속에서 범죄 영상물을 자연스럽게 받아들이게 된 것입니다. 더구나 영화나 TV 프로그램은 자극적이고 선정적인 장면으로 극화함으로써 상업적 효과를 극대화합니다.

범죄 유형도 시대에 따라 바뀐다고 하는데 지금 우리 사회도 눈에 띄는 변화가 있습니까.

전 세계적으로 일정한 수준에 있는 국가들에서는 노상범죄와 같은 일상적 범죄는 큰 폭으로 감소하는 현상이 나타나고 있습니다. 절도, 폭력, 강도, 방화, 살인 등을 포함하지요. 잘 알려진 범죄 중에서 유독 성범죄만은 대폭 증가하고 있어요. 첨단 기술의 급속한 확산에 따른 자연스러운 현상이겠지만 전자상거래 등 인터넷과 관련된 신종 범죄는 지속적인 증가세를 보이고 있습니다. 양적으로는 범죄의 감소가 일반적인 추세로 가고 있고 우리나라도 유사한 추세입니다.

그런데 그 이유에 대해 하버드대학 교수인 스티븐 레빗Steven Levitt 등의 저서 《괴짜 경제학》에서 흥미 있는 주장을 소개합니다.[13] 저자들은 1990년대 미국에서 범죄가 급격히 감소한 이유로 전문가들이 흔히 거론하는 경제의 호황, 복지 프로그램, 엄벌주의, 효율적인 경찰 활동 등의 요인을 들지 않습니다. 전혀 예상치 못했던 요인으로 낙태법의 통과를 듭니다. 1980년대에 낙태가 허용됨에 따라 1990년대에 범죄 유발 연령층인 청년 인구가 감소해 범죄율이 낮아졌다는 분석입니다. 육아를 제대로 책임질 수 없는 저학력, 빈곤층 소녀들이 합법적으로 낙태가 가능해짐에 따라 잠재적 범죄 유발 인구가 태어나지 않아 범죄가 감소했다고 보는 것이지요. 이는 빅데이터를 이용한 분석의 결과입니다. 물론 낙태가 허용된 모든 국가나 지역에서 범죄율이 낮아진다는 것이 통계로 확인된 것은 아닙니다만.

교도소의
역할

경찰이 범죄자를 체포 수사하고 검찰이 기소하고 법원이 구금을 판결하면 교도소가 그 형을 집행하는 것이 현행 사법체계입니다. 당연히 교도소는 형을 집행하는 곳이니 범죄인을 가두는 업무를 합니다. 그러나 사회는 교도소에 대해 그 이상을 기대하고 있습니다. 감옥에 갔다 오면 죗값을 치렀다는 의미도 있지만 갱생, 즉 범죄를 저지르지 않는 사람으로 변해야 한다는 생각도 자연스럽게 합니다. 교도소는 과연 무엇입니까.

교정矯正이나 교도소矯導所라는 단어는 바르게 바꾼다는 것을 뜻하지요. 그러나 업무의 실상을 들여다보면 사고 방지, 질서 유지를 최우선으로 한 수용자 관리가 주를 이룹니다. 적은 직원으로 다수의 수용자를 상대하다 보니 그 틀을 벗어나기 어렵겠지요. 사실 죄인을 변화시켜 선인善人으로 만드는 사례는 종종 역사물에서 일종의 기적으로 묘사되곤 하지요. 성경이나 불경의 어느 부분에서 읽혀야 어울릴 내용일 수 있습니다. 실무에서 현실적으로 효과가 당장 나타나지도 않는 교화 업무는 뒷전으로 밀릴 수밖에 없을 것입니다. 그렇다고 그런 상태의 교도소가 무용하다는 얘기는 아닙니다. 교도소는 존재 자체로서 그 기능을 발휘하기 때문이니까요.

교도소는 범죄 억제와 정의 실현이라는 사법기관의 목표를 달성하는 데 가장 손쉬운 수단입니다. 교도소는 이미 존재하니 범죄인을 가두고 형량만 강화하면 응보적 정의가 실현되는 것이고, 그 자체로서 일반인에 대한 범죄의 억제 효과도 담보할 수 있다는 인식이 지배적이지요. 그래서 교도소는 범죄 문제의 해

감옥이란 무엇인가

결을 위한 최후의 수단으로 사용되는 것이 아니라 최우선적인 방책으로서 역할을 한다는 비난을 받기도 합니다.

교도소가 범죄자를 감금함으로써 '응보적 정의'를 실현하고 이를 통해 범죄 유발을 억제하는 기능도 발휘한다는 시각을 말씀하신 것으로 이해합니다. 그런데 교도소가 '최우선의 방책' 역할을 한다는 것은 어떤 의미인가요.

그런 맥락에서는 먼저 현 교도소 제도에 대한 근본적인 물음이 필요합니다. 교도소는 어떤 사람들이 가는 곳인가. 교도소는 범법자의 격리 외에 어떤 기능을 수행할 수 있을까. 범법자를 영원히 격리할 수 없다면 교도소에서 출소한 사람은 우리의 이웃이 되어야 하는가. 아니면 경계해야 할 터부의 대상이 되어야 하는가. 만약 출소자들이 더 위험한 사람으로 변해서 사회로 돌아온다면 그 비용은 누가 감내해야 할 것인가. 또한 교도소, 가해자, 피해자, 그리고 우리 자신에 대한 기존의 사고체계에 대해 성찰적 물음이 필요하기도 하지요.

교도소 밖의 우리는 진정 모두 좋은 사람인가. 교도소 안의 수형자는 모두 나쁜 사람인가. 나도 범죄자가 될 수 있으며 동시에 범죄의 피해자가 될 수 있지 않을까. 내 가족은 어떠하며 나의 이웃 어떤가. 나는 과연 이웃의 범죄에 대해 어떤 책임도 없는가. 이런 성찰적 물음을 통해 우리도 범죄자가 될 수 있고, 또한 피해자도 될 수 있다는 사실을 인식할 수 있지요. 그렇게 되면 나도 가해자가 될 수 있으므로 일종의 '공범의식'을 가지게 되고, 동시에 나도 피해자가 될 수 있으므로 일종의 '나눔의식'을 가질 수 있다고 봅니다. 이런 과정에서 공동체적 책임의식을 내면화하고 이웃의 불운한 처지에 스스로 함께 서는 타자 중심의 사고체계를 포용하는 단계로 나아갈 수 있을 것입니다. 공범의식과 나눔의식에 대해서는 제가 오랫동안 주장해 온 '평화교정학'을 논의하면서 다시 말씀드리겠습니다.

사실 교정교화를 지지하는 사람들도 실질적으로 물적, 인적 자원을 구체적으로 어떻게 투자해야 하는가에 대해서는 알지 못합니다. 따라서 정서적으로나 논리적으로 기존의 사고체계를 넘어서는 담론 개발이 요구되지요. 특히 범죄와 교정 분야의 전문가 집단은 주변과 세상을 향해 사회구성원 모두에게 진지한 자아성찰의 자세가 필요하다는 메시지를 지속적으로 전달해야 합니다. 사법적 질서에 인문학적 언어가 공유되도록 끊임없는 설득 작업이 있어야겠지요. 언론과 사회활동에 적극적으로 참여해서 자아성찰의 필요성을, 그리고 우리 사회가 지향해야 할 이상을 알려야 한다고 봅니다. 우리나라에는 아직 용어 자체가 생소한 '뉴스창출 범죄학' news-making criminology은 앞서 언급한 범죄학자들의 진지한 역할을 제안하고 있지요.

감옥이란 무엇인가

이 교수님은 가해자와 관련해서는 공범의식을, 그리고 피해자에 대해서는 나눔의식을 가져야 한다는 명제를 핵심으로 한 '평화교정학'을 제안하셨지요. 교도소를 이해하는 미래지향적인 발상인 것 같습니다. 그렇다면 교정은 결국 제도적 접근이 아닌 인간을 중심으로 놓는 인문학적 접근으로 해결해야 한다고 봐도 되겠습니까. '교정인문학'이라는 새로운 개념도 같은 맥락에서 이해하면 될까요.

물론 어떤 사람들은 이런 방향에 대해서 냉소적 반응을 보일지도 모르겠습니다. 그런데 얼 쇼리스Earl Shorris는 그의 저서《희망의 인문학》[14]에서 가난한 이에게도 수형자들에게도 자기를 진지하게 성찰할 수 있는 능력이 필요하며 이는 인문학적 소양을 연마함으로써 얻을 수 있다고 말합니다.

작가는 미국 뉴욕시 인근에 위치하는 중구금 교도소에서 8년여를 복역한 어느 여자 죄수를 만났습니다. 고교를 중퇴하고 뉴욕시 할렘가와 마약 치료센터 등을 전전했으며 당시에는 에이즈로 고통 받고 있던 여성이었지요. 하루는 작가가 물었습니다. 가난한 사람들이 왜 가난한 것 같은가라는 물음이었지요. 그 여자 죄수에게서 뜻밖의 대답을 듣습니다. 가난한 집 아이들에게는 시내 중심가 사람들이 갖춘 정신적 삶이 결핍되어 있다는 것이며, 이를 가르치는 방법은 간단한데 연극, 박물관, 음악회, 강연회 등에 데리고 다녀 주라는 것이었습니다. 그렇게 되면 그 애들은 결코 가난하지 않을 것이라며 일자리나 돈에 대해서는 한 마디도 꺼내지 않았다고 작가는 전합니다. 이를 계기로 소외계층에 대한 인문학 교육의 중요성을 깨달았다고 했지요.

얼 쇼리스는 소외 계층을 위한 인문학 교육과정인 클레멘트 코스의 창립자로 알려져 있습니다. 인문학적 소양을 통해 자신을 스스로 성찰하는 법과 자신이 얼마나 온전한 존재인가를 자각하는 법을 배워야 한다는 점을 일관되게 주장하는데 얼 쇼리스에 대해 좀 더 얘기를 해 주시지요.

얼 쇼리스는 말합니다. 부자들은 큰돈 내서 자식들을 사립학교나 등록금 비싼 대학에 보내고 자식들은 거기서 인문학을 배운다고 말입니다. 그리고 인문학은 세상과 잘 지내기 위해서, 그리고 제대로 생각할 수 있는 능력을 키우는 데 필요하다고 합니다. 또한 외부에서 어떤 무력적인 힘이 닥쳐올 때 대책 없이 반응하지 않고 심사숙고해서 잘 대처해 나갈 방법을 배우는 데 필요한 공부라고 말입니다. 그래서 열등감과 소외감에 찌들어 스스로 영혼을 파괴하는 일은 없을 것이라고 보는 것이지요.

그는 부자들을 증오할 것이 아니라 그들이 갖추고 있지만 자신은 갖추지 못한 것을 채우라고 말합니다. 부자들은 무력을 사용하지 않고 협상하는 방법을 알고 있고, 이 사회에서 잘 먹고 잘사는 데 필요한 효과적인 방법을 더 잘 알고 있으며, 진정한 힘과 합법적인 힘을 갖고 있다고 말합니다. 그리고 이를 이루는 데 인문학이 도움이 된다고 했지요. 저 역시 이것이 교정시설의 수형자들에게도 똑같이 적용될 수 있는 얘기라고 생각합니다. 물론 인문학의 중요성은 누구나 주장할 수 있지만 인문학적 소양과 지식을 어떻게 효과적으로 전달하는가는 참으로 어려운 과제이지요.

사람들은 교도소가 자신과 상관없는 딴 나라 세상이라고 생각하며 살아가지만 그렇다고 해서 마냥 동떨어진 세계만은 아닐 수 있다는 생각을 해 봅니다. 우리 모두는 한순간 가해자도 될 수 있고 피해자도 될 수 있으니까요. 평화교정학의 공범의식과 나눔의식을 이런 관점에서 이해하면 되겠습니까. 그게 교정에 대한 인문학적 접근과도 맥을 같이 할 테고요.

저는 사형수 미사에 참석하기 위해 정기적으로 교정시설을 방문합니다. 그 시간쯤이면 종종 출소하시는 분들이 정문을 나서는 모습을 보게 됩니다. 동시에 저쪽 한 편에서는 이른 아침부터 줄 서서 면회를 기다리는 방문객들 또한 볼 수 있지요. 당연히 그들 모두는 주변 어디에서나 흔히 마주치는 우리 이웃의 모습을 하고 있습니다. 전임 대통령, 기업 총수, 정치인, 사회 저명인사, 연예인에 이르기까지 교정시설에서 마주친 분들의 모습이 새삼스럽게 떠오릅니다.

교정시설의 물리적 환경만을 얘기해도 그렇습니다. 물론 교정시설이 인간주의적 환경으로 조성되어야 하는 이유는 사회 저명인사들이 갇히는 곳이어서가 아닙니다. 방금 말씀하신 대로 누구도 가해와 피해에서 완전히 자유로울 수 없습니다. 성찰하는 자세로 자신과 주변을 바라보면 범죄인에 대해 상대적인 도덕적 우월감을 느낄 수도 있겠지만, 척박한 운명에 내던져지지 않은 행운에 감사하기도 하지요. 본인이 가해자가 아니며 또한 피해자도 아니라는 다행함에 감사한 마음을 가질 수 있다면 세상의 뭇 상대에게 더 관대해질 수 있고 인간주의적 형벌체계로 진일보하는 첫걸음을 떼는 계기가 될 수 있겠지요.

교정의 인문학적 접근을 낭만적 혹은 냉소적으로 보는 사람들도 있겠지만 이를 통해 교정의 수준이 업그레이드 되고 질적인 도약으로 이어지는 기회도 될 수 있다고 봅니다. 이에 대해서는 나중에 좀 더 얘기를 듣겠습니다. 얼마 전 구치소를 몇 차례 방문한 적이 있었는데, 정문에서부터 적어도 다섯 군데 이상의 문을 통과해야 그들을 만날 수 있었습니다. 그때 든 생각이 과연 이렇게 많은 문이 필요할까 하는 것이었어요. 중범죄자는 예외이겠

감옥이란 무엇인가

지만 대부분 재소자에게 굳이 이렇게 강한 질서 유지가 필요한가요.

교정시설의 물리적 환경은 물론 수용자의 관리 형태를 포함해서 '교정시설의 안과 밖'을 유사하게 만들어야 한다는 개념은 매우 중요합니다. 언젠가는 사회로 복귀할 사람이므로 원활한 재적응을 위해서는 안과 밖의 괴리를 최소화해야 한다는 의미이지요. 죗값에 대한 응보는 자유를 박탈하는 것으로 갈음하고 수용 생활은 출소 후 삶을 준비하는 기간으로 간주해야 한다는 전제에서 가능하겠지요. 물론 이는 사회 내에 팽배한 '열등 처우의 원칙'과는 배치되는 개념입니다. 열등 처우의 원칙은 수형자들의 삶과 생활수준이 열악한 환경에서 살아가는 일반 노동자 계층의 생활수준보다 높지 않아야 한다는 원칙을 말합니다. 죄인이 마땅히 고통을 받고 살아야 한다는 것은 응보적 대처로서 윤리적인 판단이지요. 실제로 대다수 사람들은 이에 동의하고 있습니다. 여기에는 주기적으로 발생하는 반인륜적인 사건들의 영향도 큽니다. 언론의 영향력은 말할 것도 없고요. 동시에 철학적 소양이 부족한 전문가들의 발언이나 주장 또한 냉정하게 평가해 볼 필요가 있지요.

범죄학자를 자처하는 전문가들은 여론과 언론에 장단 맞추는 뉴스를 만드는 일을 지양해야 합니다. 언론에 적극적으로 참여하되 경험적인 근거를 도외시한 그리고 일시적인 국민 정서에 편승한 성급한 정책에 대해서는 차분하게 비판할 수 있어야겠지요. 그리고 포용과 평화, 그리고 인간 존엄성이 살아 있는 보다 품격 있는 대안적 담론을 창출하기 위해 고민하는 시간을 가져야 합니다. 이것이 앞서 언급한 '뉴스 창출 범죄학'이 소위 전문가 집단에 보내는 메시지입니다.

이 교수님은 평소 교정시설의 소규모화, 수용인원의 적정화, 그리고 교정시설의 안과 밖을 최대한 유사하게 만들어야 한다는 주장을 해 오셨습니다. 이 대담이 진행될수록 그 필요성이 좀 더 분명해지리라 생각합니다.

감옥이란 무엇인가

3장

교
도
소
의
안

교도소는
격리 공간인가

"조두순이 돌아온다"라는 언론매체의 제목에서 보다시피 그의 출소와 관련하여 위험인물이니 더 오랫동안 격리해야 한다는 의견이 있습니다. 새로운 격리법을 만들어야 한다는 요구와 함께 교도소의 역할에 대해 비판적 의견이 제시된 것으로 봅니다. 이 사건을 어떻게 보시는지요.

조두순 사건은 음주 상태에서 8세 아동을 상대로 저지른 극악한 성범죄입니다. 속칭 화학적 거세, 즉 성 충동 약물치료의 실마리를 제공한 사건으로 우리 사회에 큰 반향을 일으켰지요. 아동을 상대로 한 성범죄에 엄중한 형벌을 부과하자는 것, 범행 시 주취 사실이 형량의 감형 사유가 되지 말아야 한다는 것, 그

감옥이란 무엇인가

리고 형기 만료 후 고위험 범죄자에 보호수용을 적용해야 한다는 주장 등을 들 수 있습니다. 조두순이 받은 12년형은 지나치게 가벼운 형이라는 것이고, 더구나 주취 상태였다는 것이 형의 감형 사유로 작용했다는 점에 비판이 컸습니다. 우리 사회가 전통적으로 남성의 술 문화에 관대한 경향이 있었지요. 주취 범죄는 조선 시대에도 종종 발생한 모양입니다. 《흠흠신서》에서도 정조는 주취 범죄사건에 관대한 의견을 제시했지만, 이와 달리 정약용은 마땅한 형벌을 내려 책임을 물어야 한다고 주장했다는 일화가 소개되어 있습니다.[15]

보호수용제도라는 게 있습니다. 이 제도는 형기 만료 이후에도 재범 위험성이 있으면 일정 기간 수용해야 한다는 것을 내용으로 합니다. 물론 아직 실현되지 않는 미래의 행위에 대한 처벌이라는 점에서 위헌적 요소가 있지만, 사회의 안전을 위해서 불가피하다는 주장도 있지요. 2005년에 이미 폐지된 5공시대의 악법인 '사회보호법'을 다시 재현한다는 염려도 존재하고요. 더 강력한 새로운 법을 제정하는 것도 방법이지만, 그 이전에 현행법 아래에서 재범 방지를 위해 어떤 노력과 조치를 취했는지 진솔하게 검토하는 일이 선행되어야 한다는 의견도 많습니다. 최근에는 전자발찌를 훼손하고 두 여성을 살해하는 등의 흉악범죄들이 발생해서 다시 주목받고 있는데, 기왕 다시 보호수용을 허용해야 한다면 지나치게 외국 사례 등에 의존하지 말고 섬세하고 창의적인 안을 만들어야 할 것입니다.

예외 없이 반인륜적 범죄가 발생하고 이에 대한 일반인들의 분노가 높아지면 사회 분위기가 보수화되어 엄벌주의가 팽배해지죠. 그러나 과도한 엄벌주의가 범죄와 형벌 간의 비례의 원칙을 위배할 가능성이 있어 균형감각을 견지하는 노력 또한 필요합니다. 어느 나라에서도 범죄가 엄중하다고 범죄인 모두에게 사형을 선고할 수는 없습니다. 실제로 사형을 집행하지 않는 사실상 사형폐지국가로 분류되는 우리나라의 경우는 더욱 그렇습니다. 이 기회에 장기수, 무기수, 그리고 사형수와 같은 엄중한 범죄인에 대한 교정시설 내 처우에 대해 진지하게 관심을 가져야 할 것입니다.

사람들은 대체로 교도소를 가두는 공간으로 보고 있습니다. 위험한 사람은 더 오래 가둬 놔야 한다는 것이지요. 또한 조두순의 재구금이 법적으로 가능하지 않다는 것을 알면서도 추가 격리를 주장합니다. 보호수용제도에 대해 좀 더 설명해 주시지요.

보호수용제도의 주장에는 위험한 사람을 더 오랫동안 격리해야 한다는 정서가 깔려 있습니다. 교도소는 사회를 보호하기 위해 시민을 대신해서 범죄인을 격리하는 장소로 인식되고 있는 것이고요. 일반인들은 교도소의 교정기능에 대해 필요성은 인정하지만, 실질적 효과와 과정에 대해서는 아는 바가 거의 없고 큰 관심의 대상도 아닙니다. 미국 형벌의 역사를 보면, 1960년대에 형벌 이념이 응보 중심에서 사회복귀 중심으로 전환하는 획기적인 시기도 있었지만, 1970~1980년대를 거치면서 다시 법과 질서를 강조하는 응보주의로 회귀하는 경향을 보였습니다. 물론 미국이라고 모든 교정 현장이 처벌 위주로 운영되는 것은 아니고, 범죄의 엄중함과 시설의 경비등급에 따라 차이가 있습니다. 여론조사도 이율배반적인 양상을 보입니다. 미국 사람의 대다수는 수형자들에 대한 교정교화 활동의 필요성을 지지하면서, 동시에 엄벌정책도 지지하는 모순된 모습을 보여 주고 있지요. 행복의 도시 오멜라스의 시민들이 연상되는군요.

마이클 샌델의 《정의란 무엇인가》에서 읽은 기억이 납니다.

어슐러 르귄의 〈오멜라스를 떠나는 사람들〉이라는 글을 잠시 생각해 보지요.[16] 왕도 노예도 없고 원자폭탄도 없는 모든 시민이 축복받고 사는 행복한 도시 오멜라스 얘기입니다. 그런데 이 도시에는 행복의 조건이 있었지요. 대궐 같은 한 저택의 다락방에 가여운 어린아이 하나가 홀로 갇혀 있습니다. 지능도 낮고 영양상태도 나쁜 이 아이는 그대로 방치된 채로 하루하루를 겨우 연명해 가고 있지요. 모든 시민들은 이 아이의 고통에 대해 잘 알고 있지만, 이 도시의 행복의 조건 또한 잘 알고 있지요. 이 불쌍한 아이를 구해 주면 그 순간 그들이 누리는 행복이 모두 사라진다는 것을 말입니다. 대개는 애써 외면하지만 이를 감내하지 못하는 소수는 이 도시를 떠난다는 얘기지요.

우리의 일상적 삶에서 교도소는 안전과 정의를 지키는 장치로 존재하고 있지요. 교도소가 없으면 안전도 정의도 지킬 수 없다는 생각이 지배적일 것입니다. 죄지은 사람은 나쁜 사람이고 나쁜 사람을 감옥에 가두면, 정의도 서고 사회의 안전도 지킬 수 있다는 생각이 일반화되어 있다는 얘기지요. 그런데 이런 주장을 얼마만큼 사실로 받아들여야 할까요. 정말 사람을 많이 가둔 만큼 우리의 삶은 안전해지고 그만큼 행복해질까요? 실제로 교도소에는 극형을 처해야 마땅한 죄인도 있지만, 왜 이런 사람들까지 가두어야 하는지 모를 죄인도 많이 있습니다. 더 중요하게는 그들은 영원히 갇히는 것이 아니고 대부분은 우리 이웃으로 다시 돌아온다는 것도 사실이고요. 참으로 많은 생각을 하게 합니다.

응보와 사회복귀라는 두 가지 모순된 이념이 작용하고 있다는 뜻이군요. 그러나 범죄인에 대해서 일률적인 옥살이 형태의 응보적 대응 방식보다 사회복귀를 위한 교정교화에 좀 더 치중해야 하지 않나요.

이성적으로는 교정교화의 필요성을 인정하지만 실제로는 응보 감정이 앞서고 있는 겁니다. 범죄인은 나쁜 사람들이고 위험한 사람들이기 때문에 엄한 벌을 받아야 한다는 윤리적인 판단이 우세한 것이지요. 수형자들이 출소한 이후 더 위험한 사람으로 변하면 더 큰 사회적 대가를 치를 것이기 때문에 교정이 필요하다는 주장도 지지받고 있는데 이는 현실에 입각한 실용주의적 판단입니다. 다소 급진적인 주장이지만 한편에서는 교도소 폐지론이 대두되기도 하지요. 이런 주장에도 충분한 이유가 있다고 봅니다. 그러나 동시에 교도소가 존재해야 할 이유 역시 충분히 존재하지요. 교도소의 존재 때문에 범죄가 억제되고 예방된다는 사실 역시 부정하기는 어렵습니다. 물론 이것을 통계 수치로 증명하기는 어렵겠지만요. 요새와 같은 거대한 건축물에 사람을 가득 채운 채 자유를 속박하는 원시적 형태의 방식이 언제까지 실효적일 것인가를 묻고, 더 효율적이며 인간적인 방식을 찾아야 한다는 주장은 오랜 담론으로 여전히 존재하고 있습니다.

구금이냐 교화냐 하는 문제가 간단하지 않군요. 어느 게 더 옳은지는 어떻게 보면 교도소가 없어져 봐야 알 수 있는 것 같기도 하고요.

구금형의 효과는 교도소 폐지 후에 전후 관계를 비교하거나 교도소 수용인구의 변화에 따른 범죄율의 결과를 봐야겠지요. 사형제도의 존폐 논란이 부분적인 해답을 줍니다. 사형제도가 폐지되면 강력한 살인 범죄가 증가해야 하고, 사형제도가 부활하면 그런 범죄가 감소해야겠지요. 그런데 어느 경우에도 그런 현상은 일관되게 나타나지 않았습니다. 극악 범죄는 사형제도와 상관없이 발생한다고 이해할 수 있겠지요. 여기에서 범죄의 증가와 형벌의 강화 현상 혹은 구금인구의 확대 현상에 대해 생각해 봅니다. 역사적으로 형벌의 탄생과 적용은 반드시 범죄 발생의 과다와 인과관계에 있는 것이 아니라는 점은 자명해 보입니다. 당시의 정치 경제적 여건을 포함한 그 사회 총체적인 상황과 함께 고려되어야 한다는 뜻입니다.

1980년대 미국에서는 교정시설이 과도하게 증가해서 국가의 자원 배분이 왜곡되고 있다는 주장까지 나왔습니다. 학교와 복지시설 등에 투입될 예산이 교도소 건축비용으로 사용되었다는 주장이었습니다. 실제로 1980년대 캘리포니아 주에서 대학이 1개 설립되는 동안 교정시설은 20여 개소가 설립되기도 했지요. 여기에는 범죄율이 감소하지 않은 것이 충분히 구금하지 않았기 때문이니 더 많은 범죄인을 가둬야 한다는 논리가 작용한 것입니다. 구금을 강화하지 않으면서 범죄를 감소시킬 방안을 찾아야 한다는 주장은 전혀 힘을 얻지 못한 것이지요. 사회 저변의 열악한 환경을 개선하여 범죄 유발 요인을 제거하는 정책보다는 교도소를 짓거나 경찰력을 강화하는 데 자원이 사용된 것입니다. 이런 현상에 대해 진보적 인사들은 국가가 폭력적 범죄에 더 폭력적 방식으로 대응하는 것은 효과적이지도 않고 국가의 품격을 손상하는 행위라고 비판했습니다. 예컨대, 엘리엇 커리Elliott Currie는 그의 저서 《미국의 범죄와 형벌》에서 문명사회의 범죄정책은 오직 범죄를 감소시키는 것만을 목적으로 할 수는 없으며, 그 목적을 어떻게 이룰 것인가의 과정도 중요하다고 주장했지요. 그리고 우리가 얼마나 진지하고 정직하게 그리고 어떤 사회적 목표와 가치관을 가지고 어떤 형벌정책을 선택할 것인가는 국가의 품격과 능력을 가늠하는 시험대가 될 것이라고 주장했습니다.[17]

사형제도가 있다고 해서 범죄가 줄어드는 것도 아니고 형벌과 구금인구 증대의 상관성도 크게 없어 보입니다. 오히려 과도한 구금정책이 사회의 자원 배분을 왜곡시킬 정도라고 하니 참 흥미롭습니다. 범죄도 그렇고 교도소 문제도 사회인식과 관련이 깊다는 생각이 드네요. 말이 나온 김에 현재 미국의 범죄 상황에 대해 말씀해 주시죠.

미국에서 1980년대 급증하던 범죄율이 1990년대 이후 특히 폭력범죄까지 포함해서 크게 하락했습니다. 이는 어느 학자들도 예상하지 못했던 현상이었지요. 대개 학자들이 청소년 범죄를 포함하여 향후 범죄의 심각성에 대해 크게 우려하는 목소리를 내 왔으니까요.

예상치 못한 범죄율 하락의 원인에 대해서 몇 가지 주장이 거론되었습니다. 1990년대 초반부터 시작된 경기호황으로 실업률이 줄었고, 고질적이었던 크랙 코카인의 확산 추세가 감소했으며, 잠재적 범죄 연령층 인구, 특히 흑인 젊은 층 사이에 형성된 각성과 문화적 정서의 변화, 그리고 풀뿌리 사회에 존재해 온 다양한 범죄예방 프로그램들의 누적된 효과 등이 포함되었습니다. 한편 주로 대도시의 빈민 지역 얘기이지만, 가해자든 피해자든 폭력에 개입될 수 있는 위험 계층의 절대적 인구수가 사망, 질병, 불구 등으로 감소했기 때문이라는 다소 참담한 주장도 있었습니다. 살인, 에이즈, 마약, 기타 질병으로 15~24세 흑인 남성의 사망률이 크게 높아져 범죄 유발 인구 자체가 사라져 버렸다는 것이지요. 세계 일등 국가의 현실치고는 믿기 어려운 측면이 있습니다.

국가마다 사정은 다르지만 범죄 문제는 공권력과 형벌을 강화해서 해결하는 노선과 빈곤, 열악한 교육환경, 불평등한 사회구조 등의 개선을 통해 해결책을 모색하는 노선을 상정할 수 있습니다. 두 가지 중 하나를 택일할 사안이 아니라 동시에 균형 있게 추진해야 할 과제라고 봅니다. 그러나 정부나 정당은 빈곤 문제와 사회구조의 개선은 단기간에 성과를 기대할 수 없으므로 당장 눈에 보이는 정책으로 경찰관 증원, 형량 강화 등을 선호하지요. 여기에 언론의 즉흥적이고 선정적인 보도 역시 이런 추세에 한 역할을 하고요.

문제 해결이 단순하지 않네요. 그런데 교도소에는 다양한 교화 교육이 시행되고 있는데 이는 교정이 사회복귀정책에 초점을 두고 있다는 뜻이 아닌가요.

우리나라에도 물론 교도소에 다양한 교화 프로그램이 운영되고 있습니다. 다만 대개는 백화점식으로 나열되어 있고 형식적으로 운영되고 있다는 것입니다. 설사 열정과 재원을 갖춘 프로그램이라 할지라도 그 효과를 얻는 데는 구조적인 문제가 있습니다. 일반 공립학교의 예를 들어 보지요. 물론 일반 공립학교에도 우수한 학생이 존재합니다. 그러나 대개는 중간쯤이거나 지체된 학생이 대부분이지요. 통제도 되지 않고 학업을 아예 포기한 학생도 흔히 볼 수 있습니다. 자유로운 환경에서 전문성을 갖춘 교사가 충분히 있는데도 그 결과는 드러내고 싶지 않은 불편한 진실에 속하지요.

교도소는 어떤가요? 대부분은 사회에서 막판까지 끌다가 해결하지 못한 문제를 안고서 강제적으로 구속된 사람들입니다. 더구나 낯설고 불편한 사람들과 엮여서 적어도 몇 달, 길게는 생을 마감할 때까지 좁은 공간에서 온갖 제약을 다 받으며 살아가야 하는 사람들이지요. 이들의 대부분은 아무것도 원하지 않고 조용히 지내다가 빨리 출소하고 싶어 하지요. 이런 부류 수용자들은 거의 재범을 저지르지 않습니다. 문제는 통계적으로 재범 위험성이 있는 4명 중 1명 정도에 해당하는 사람들이지요.[18] 이들을 걸러내고 이들의 특성과 필요를 찾아내어 맞춤형 프로그램을 시행해야 하는데 이 과정이 제대로 이루어지지 않고 있는 것입니다.

재범과
교도소의 역할

교화교육 프로그램은 다시 논의할 기회가 있겠습니다. 그런데 교화가 잘못되어 재범률이 높아진다고 교도소를 비판하는데, 과연 이 모든 책임을 교도소에만 물을 수 있을까요. 이런 문제를 교도소에 과도하게 책임을 묻는 것은 부당하다는 생각이 듭니다.

범죄의 원인은 그야말로 온갖 다양한 요인으로 설명할 수 있습니다. 유전인자와 같은 생물학적 요인에서부터 심리학적 요인, 사회환경적 요인은 물론 그 외에도 알려지지 않은 요인도 얼마든지 있을 것입니다. 따라서 재범의 책임을 교도소의 탓으로 돌리는 것은 당연히 부당한 처사이지요. 그런데 교도소가 범죄 학교니 범죄공장이니 라고까지 과도하게 비난받는 이유는 교도소에 모든 책임이 있기 때문이 아닙니다. 범죄 문제의 해결사로서 역할을 해야 할 국가기관인 교도소가 범죄의 온상이 되고 있다는 사실에 대한 비난이라고 봐야겠지요.

앞서 언급한 대로 교도소의 탄생과 정착 배경에서 알 수 있듯이 최초의 교도소 모습은 결코 사람을 변화시킬 수 있는 환경을 갖추고 있지 않았지요. 200여 년이 지난 이 시점에서도 기본적인 골격에서는 큰 차이가 없습니다. 북유럽의 일부 국가를 제외하고는 격리와 자유 박탈, 폐쇄적 건축양식, 획일화된 규율, 수형자에 대한 배타적 인식 등이 여전히 존재하지요. 이런 여건이 바뀌지 않는 한 사회 부적응자는 양산될 수밖에 없습니다. 외부 세계와의 단절은 날로 급변하는 세상에서 수형자들을 더욱 지체하게 만들고 지체된 자들의 상당 부분은 삶의 수단으로 범죄를 택하겠지요. 좀 과장되게 표현하면 구금 기간이 길어질수록 교도소는 범죄의 인큐베이터 역할을 한다고 봐야겠지요. 물리적인 격리로 만들어진 사회와의 불가피한 괴리는 정신, 경제,

가족, 건강 등 살아가는 데 필수적인 요인들에 악영향을 미칠 것입니다.

앞서 교도소에 기대하는 상반된 시각이 있다는 말씀을 하셨어요. 죄지은 사람을 교도소에 격리하지만 동시에 복역하는 동안 죄인이 긍정적으로 변화하리라는 기대도 합니다. 적어도 그렇게 해야 할 것 같고요. 응보를 통한 정의의 실현 못지않게 포용을 통해 제2의 기회를 마련해 주자는 사회적 요구도 있다는 뜻이 아닐까요. 교도소를 개선의 공간이나 치유의 공간으로 만들 수 있다는 것은 비현실적인 기대입니까.

우리나라의 경우, 출소자 4명 중 1명이 3년 이내에 재수감됩니다. 높은 재복역률이지만 한편으로 3명은 죄를 저지르지 않거나 경미한 범죄를 저지른다는 뜻이지요. 사람에 따라서는 구금 자체로서 스스로 억제기능을 발휘하기 때문에 무엇보다 교도소 안의 환경과 삶을 최대한 외부 세상과 유사하게 만들도록 노력하는 것이 중요합니다. 그 자체가 바로 최고의 교정교화 프로그램일 것이고 교정 사고는 현저히 감소할 것입니다. 교도소에서 소수의 고위험군 수형자 시설을 제외한 나머지 시설까지도 격리 자체를 목적으로 운영하는 것은 부적절합니다. 얻는 것보다 잃는 것이 더 많을 것이라는 생각입니다. 교도소가 개선의 공간,

치유의 공간, 제2의 인생을 준비하기 위한 공간이 되려면 입소 시부터 복역 기간까지를 가석방을 위한 준비 단계로 봐야 합니다. 그렇게 되면 교도소에서 시행하는 프로그램 자체가 저절로 달라질 것입니다.

교도소에 사람이 너무 많다

얼마 전까지만 해도 지자체들이 교도소를 혐오시설로 간주해서 자기 지역에 교도소 설립을 반대했습니다. 그런데 최근에 들어와 일부 지자체에서 교정시설을 적극적으로 유치하려는 모습이 나타나고 있는데 이 변화를 어떻게 생각하시나요.

교도소 신설과 개축 등과 관련된 분쟁은 우리 사회가 얼마나 포용적 사회인지 알아보는 지표로 볼 수 있겠지요. 이 문제를 생각하면 새삼 우리 사회가 집단이기주의로 매몰되어 이해관계를 합리적으로 조정할 자정 능력을 상실해 가고 있다는 생각이 듭니다. 양보와 협치는 사라지고 대립과 쟁취로 갈등 구조가 정착된 것은 아닌지 걱정스럽습니다. 단순한 님비현상을 넘어 장애인 시설마저도 들어설 장소를 찾지 못하는 지경에 이르렀지요.

안양교도소와 성남보호관찰소의 경우는 주민들의 반대로 이전 문제가 몇 년째 원점에서 맴돌고 있습니다. 우리 사회에는 범죄인을 처벌할 시설이 필요하고, 성범죄자를 교육할 시설이 필요하며, 장애인을 보살필 시설도 필요하지요. 나도 내 가족도 범죄의 피해자가 될 수 있고, 또한 어느 순간에 나와 내 가족 중 누군가도 장애인이 될 수 있다는 사실을 애써 외면하는 것이지요.

여기에서 존 롤스J. Rawls의 저서 《사회 정의론》에서 제시한 개념, '무지의 장막'veil of ignorance 에 대해서 생각해 봅니다.[19] 모든 사람이 공정하게 서로 공생할 수 있는 제도와 규칙을 만들기 위한 가설적 개념이지요. 특정한 대안을 선택해야 하는 상황에서 당사자들이 그들의 능력, 재능, 직업, 신분, 경제적 지위 등을 모르게 하고, 대안을 선택하게 하는 가상적 장치이지요. 자신이 대기업 회장이 될 수도 있지만 일용직 노동자가 될 수도 있으며, 만능 스포츠맨일 수도 있지만 병든 환자가 될 수도 있는 상황이라면 누구나 특정한 이해관계의 입장에서 편향된 선택은 하지 않을 것이라고 보는 것이지요. 즉, 대기업 회장이나 만능 스포츠맨에게만 유리한 선택을 하지 않을 것이라는 겁니다. 그런데 장애인 시설의 설치를 반대하거나 교도소 이전을 반대하는 이해 당사자들이 특별한 사람들이 아닌 사실상 우리 자신이고 우리 이웃이라는 점에서 우리 모두에게 롤스의 정의론은 많은 생각을 하게 합니다.

다행히 교도소의 경우 일부 지역에서는 지자체장이 유치 의사를 밝히고 있습니다. 물론 경제적 요인이 크지요. 인구가 줄어드는 지방에 인구 유입을 늘리고 경제를 활성화하자는 취지로 일종의 상생을 위한 협력 사례라고 봅니다.

말씀대로 어느 한쪽에 일방적인 희생을 강요하는 시대는 이미 지났다고 봐야지요. 이해관계의 갈등에서 벗어나 상생과 협치로 나가는 여건을 만들어 가야 할 것 같습니다. 한편 요즘 추세로 봐서 젊은 연령층 인구가 급속히 감소해 범죄 인구가 줄면 교도소 신축의 필요성도 자연스럽게 해결되지 않을까요.

저출산율과 같은 외생변수가 범죄 감소의 원인으로 작용하는 시기가 올 것이라는 예측은 설득력이 있습니다. 물론 양적으로는 줄겠지요. 그러나 성격이 다른 새로운 유형의 범죄가 대거 출현하겠지요. 디지털 기기나 온라인 매체를 이용한 불법 상거래, 성 관련 범죄, 보이스피싱, 해킹 등은 이미 언론을 통해 널리 알려진 유형이지만, 이 외에도 끊임없이 신종 범죄들이 출현할 것입니다. 범죄는 날로 새로워지는데 형벌적 대처는 여전히 구금형으로 사실상 단일화되어 있는 것도 문제입니다.

오늘날에는 가벼운 범죄마저도 사법기관이 개입하고 최종적으

로는 교도소 같은 공적인 구금시설에서 마무리되고 있습니다. 사회적으로 공분을 일으키는 흉악범죄도 있지만 판결 전에 이 해관계를 조정함으로써 해결할 수 있는 범죄도 상당할 것입니다. 물론 어떤 범죄도 완전히 변호될 수 없지만 적어도 그 해결 방식은 변화해야 하지 않을까요. 범죄 하면 곧 교도소가 연상되는 사회에서는 교도소가 만원이 되는 것이 전혀 이상하지 않은 것 같습니다.

농촌사회에서 산업사회로 전이되고 도시화로 급격한 인구과밀 현상이 확산하면서 사회통제 역할이 가족이나 이웃 공동체에서 사법기관과 같은 공식적인 국가기관이나 공적 시설로 옮겨갔지요. 노인, 장애인, 광인, 범죄인 등의 집단이 수용되어 관리되는 형태로 변해 온 것입니다. 이런 과정에서 교정과 관련해서도 불필요하게 많은 사람이 구금되고 있는 것이 아닌가 하는 의문은 오랜 기간 논의의 중심에 있었지요. 구금은 최후의 수단이어야 하는데 우선적인 대응 수단이 되고 있다는 우려의 목소리가 크지요. 이런 문제를 해결하기 위해 출현한 제도 중 하나가 앞서 얘기가 나왔던 회복적 사법이라고 할 수 있겠지요.

현 체제에서 현실적으로 이를 해소하기 위한 첫 시작은 수용 인구를 최소화하는 것입니다. 법원 단계에서 구금형이 아닌 시대 조류에 맞는 대체 형벌을 창의적으로 개발해야 합니다. 큰 틀

감옥이란 무엇인가

에서 보면 일단 입소 단계에서 수용을 최소화하고 출소 단계에서 배출 인구를 최대화하면 되지요. 이를 위해서는 구금을 대체할 형벌을 적극적으로 개발하여 적용해야 하고 수용 후에는 정교한 분류심사체계를 개발해야 합니다. 신입 때부터 형기만료가 아닌 가석방을 목표로 개별 필요를 파악하여 맞춤형 프로그램과 연계하여 실시해야 합니다. 당연히 이를 담당할 교도관의 전문화가 동시에 이루어져야 하겠지요. 물론 교도관의 전문적 역량도 중요하지만 더 중요한 임무는 외부 전문 인력을 적극적으로 유치하여 내적 자원화하기 위한 노력입니다. 즉 중개자의 역할이지요. 교도관이 중개자 역할을 활발히 진행하면 자연스럽게 지역사회의 주요 인물로 자리를 잡을 수도 있지요. 의도하지 않은 결과라 할지라도 이는 교도관의 은퇴 후 사회적 참여에도 도움이 되리라고 봅니다. 예컨대 시민단체나 지역 선출직으로 진출할 기회도 얻을 수 있겠지요.

교도소의 건축물

교도소 구금인구를 줄이는 다양한 방법이 있을 수 있겠지만, 얼마나 적극적으로 실천하느냐가 문제이겠지요. 이제 교도소 건

축양식에 대해 묻겠습니다. 우리나라는 교도소 건축물 양식에 대한 논의가 많이 없는 것 같습니다만.

교정시설의 건축양식은 매우 중요합니다. 그 나라의 문화 수준을 알려면 교도소를 가 보라는 말이 있지요. 저는 시범적으로 삼성 반도체 수준의 세계적인 교도소를 건축하는 것을 제안하고 싶습니다. 우리나라의 경제력이면 이 정도는 충분히 감당할 수 있다고 보지요. 수용자와 근무하는 직원은 물론 인근 주민을 포함 전 국민에게 주는 영향력은 적지 않을 것입니다. 국내외에 설계 공모를 하여 인권을 중시한 친환경적 최첨단 교도소를 시범적으로 건축한다면 장기적으로는 수용자, 교도관, 지역사회, 전 국민에게 큰 호응을 얻을 것입니다. 수용자에게는 존중받는 인격체로서 자긍심을, 교도관에게는 직업인으로서 자긍심을, 지역사회는 지역경제 활성화는 물론 특이한 이정표로서 명성을 얻고, 국가 전체에는 포용적인 국가로서 이미지를 얻어 국격이 제고될 것이라고 봅니다.

예컨대 오스트리아의 레오벤 교도소의 경우, 외관은 미술관이나 5성급 호텔 수준일 뿐 아니라 헬스장, 체육관, 개별 부엌에 프라이버시를 위해 방음시설까지 갖추고 있지요. 노르웨이의 바스토이섬 교도소도 해안 산책과 일광욕을 즐길 수 있는 휴양지 같은 환경을 갖추고 있고 사우나, 영화관, 테니스 코트까지

감옥이란 무엇인가

자유롭게 이용할 수 있다고 합니다. 이들 교도소의 공통점은 인간적인 대우를 받아야 교화될 수 있다는 운영철학을 갖고 있다는 점입니다. 인간의 존엄성을 중시하는 국가라는 품격을 인정하지 않을 수 없지요.

그런데 우리나라의 경우 소망교도소가 최초이자 유일한 민영교도소인데도 건축물을 독특한 형식으로 짓지 못한 것은 아쉬움으로 남습니다. 더구나 종교재단의 영향이 상당했음에도 건축양식에는 종교적인 색채가 거의 반영되지 않았어요. 소프트웨어 측면에서는 그 나름대로 성과는 있었다고 볼 수 있지요. 무엇보다 다양한 교화 프로그램이 체계적으로 실시되고 있다는 점, 식사를 거실이 아닌 공용 식당에서 한다는 점, 교육받을 때 호칭을 수형 번호 대신 이름을 사용하는 점 등을 들 수 있지만 놀랄 만큼 혁신적인 모습은 보여 주지 못하고 있지요.

북유럽은 어떤 식으로 사회적 합의가 이루어졌기에 교도소의 시설과 운영 방식이 그렇게 바뀔 수 있었나요. 그런 사회적 합의가 이루어진 배경이 궁금합니다.

북유럽 국가들에서 범죄자들에게 그토록 관대한 이유가 무엇일까요? 그 나라 국민이 범죄인에게만 관대한 것은 아닙니다. 장애인, 노년층, 학생 등 모든 계층이 포용적 복지혜택을 받고 있지요. 누구나 대학을 무상으로 다니고 누구든지 장애인이 되거나 노년층이 되었을 때 당연히 국가로부터 혜택을 받을 수 있다는 믿음이 있는 것이지요. 더 중요한 것은 어떤 신분이든 인간이기 때문에 존중받아야 한다는 인간의 존엄성에 대한 국민 간의 합의가 두텁다고 볼 수 있습니다. 범죄인이기 이전에 국민이고 시민이며 인간으로서 기본적인 권리를 보장받아야 한다는 생각이 자연스럽게 받아들여졌다고 봐야지요. 범죄인의 경우는 또 다른 측면이 고려된 결과라고 생각합니다. 만약 출소 후 더 위험한 사람으로 변하여 이웃으로 돌아온다면 그 고비용을 누가 감당해야 하는지는 매우 현실적인 문제입니다. 나쁜 사람으로 판정하고 배제하는 정책보다는 포용적으로 인간적 대우를 함으로써 고비용을 감당하지 않겠다는 실용적인 정책을 택한 것이지요.

수용자
처우

북유럽 국가가 부럽네요. 하지만 우리도 언젠가는 그렇게 될 날이 오지 않겠습니까. 그런데 국민소득이 높아지고 복지가 향상되면 범죄인에 대한 관대한 처우를 허용하는 일종의 '사회적 합의'가 이루어질 것이라고 하셨는데 마냥 기다릴 수만은 없지 않

감옥이란 무엇인가

겠습니까. 이제는 교도소가 사회에 대해서 뭔가를 말해야 할 때가 되지 않았나 해요. 다소 역설적이긴 하지만 사회가 바뀌길 기다리지 말고 교도소가 먼저 바뀌는 것입니다. 교도소를 방문할 때마다 폐쇄적 분위기, 과도한 질서 의식과 엄숙함을 느끼곤 합니다. 재소자들이 주눅이 들어 눈치만 살피는 것이 체질화된 것 같아요. 교도소가 사회와의 관계 단절을 심화시키는 것 같습니다. 이런 분위기에서는 사회에 나와도 적응하기가 쉽지 않을 것 같아요.

제가 주장하는 '평화교정학'에서도 관계의 평화를 강조합니다. 결과에 대한 응징으로 문제가 근본적으로 해결되지 않으니 문제를 찾아 해결하자는 것입니다. 이는 곧 당사자 간의 뒤틀린 관계를 회복하여 관계의 평화를 이루자는 것이지요. 국민소득이 높아지고 복지혜택이 향상되면 당연히 범죄 유발 인구층이 감소합니다. 이는 풍요롭고 여유가 있는 인구층이 대다수를 차지한다는 것이고 극히 소수만이 범죄를 유발하는 인구층으로 남기 때문에 소수에 대한 혜택이 커지더라도 사회 전체적으로 큰 분란의 여지는 발생하지 않게 되지요. 북유럽 국가는 노인, 병자, 장애인은 물론 범죄인에게까지도 누구든 인간의 존엄성이 존중받아야 한다는 합의가 사회적으로 맺어진 단계에 있다고 봅니다.

교도소의 능동적인 사회적 기능을 말씀하셨는데 일반인은 선뜻 이해하기 어려울지도 모르겠습니다. 아마도 교도소는 사회의 부산물인 범죄를 최종적으로 받아서 처리하는 곳으로 인식하고 있기 때문일 겁니다. 그러나 돌이켜보면 1800년대 초반 미국의 개혁가들은 교도소에 대해 오늘날과 다른 낙관적이고 긍정적인 기대를 하고 있었다는 것을 알 수 있지요. 그들은 급증하는 이민인구와 도시화 등의 현상으로 기초적인 사회통제 시스템으로 작용하던 가족, 이웃, 종교 등의 기능이 무너지는 상황에서 이를 대신할 수 있는 제도로 교도소를 구상했습니다. 범죄자의 악습이 사회로 전달되는 것을 막는 것이 아니라, 반대로 타락한 사회의 병폐로부터 범죄자를 보호하여 개선하는 장소로 교도소를 정착시키고자 했지요.[20] 교도소와 같은 수용소가 빈곤, 범죄, 정신질환 등의 이유로 발생하는 문제를 해결하고 치유하는 방책으로 등장한 것입니다. 기초적인 사회통제 시스템의 붕괴로 드러난 범죄 문제에 대해 제2의 가정, 제2의 이웃 공동체 역할을 교도소 제도가 담당할 수 있기를 기대한 것입니다. 더 나아가 범죄자를 변화시키는 제도를 넘어 새로운 사회를 건설하는 데 디딤돌이 되는 기초조직으로 발전시킬 꿈을 펼쳤던 것이지요. 그야말로 능동적인 교도소의 사회적 역할을 설계하고 있었던 것입니다.

물론 개혁가들의 의도대로 되진 않았겠습니다. 어떻게 일이 전 개되었나요.

개혁가의 이상적인 의도와 현장에서 실무가들이 부딪히는 실상 사이에는 큰 괴리가 있었을 것으로 보입니다. 이미 널리 알려진 바대로, 미국에서 1700년대 말부터 초기 교도소 형태로서 펜실베이니아제도와 오번제도[21]가 등장하여 단기간에 정착되었지요. 양 제도의 장단점에 대한 뜨거운 논쟁이 장기간 지속되기도 했지만, 머지않아 그 실상은 교도소가 사람을 변화시키는 제도로는 부적합하다는 것이 판명되었지요. 그런데도 교도소 제도가 전 세계적으로 확산하고 성장했던 이유는, 교도소가 범죄문제의 해결 장치로만 기능한 것이 아니라 정치 경제적 여건을 포함하여 국가와 사회의 총체적인 요구를 충족했기 때문이었지요. 사회의 안전과 경제적 질서를 위협하는 범법자들을 수용하여 관리하고자 하는 관리들과 사회적 병폐에 취약한 범법자를 수용하여 보호하고 개선하고자 한 개혁가들 사이에는 공유하는 부분과 그렇지 않은 부분이 있었다고 봅니다. 공유하는 부분은 그들을 수용하는 것이고, 공통되지 않은 부분은 수용 후 범법자를 어떻게 관리하고 처우할 것인가의 방식에 있었겠지요. 개혁가들의 이상적 이념과 박애 정신이 교도소 제도의 정착과 확산에 영향을 미친 것은 분명한 사실이지만, 교도소의 역할과 기능을 그들의 의도대로 정립하는 데는 한계가 있었다고 봅니다. 결국 교도소는 사람을 개선하고 변화시키는 교정기관이라기보다는 사람을 격리하여 관리하는 수용기관으로 정착되었다고 할 수 있습니다.

개혁가들의 정신이 살아 움직일 수 있도록 교도소가 교화 기능 위주로 탈바꿈할 가능성은 없었을까요.

지금은 교도소를 잘못을 저지른 사람들을 가두고 고통을 주고 대가를 치르는 곳 정도로 인식하고 있지요. 물론 이런 이유로 교도소가 범죄억제 효과를 발휘하고 있고요. 그렇지만 동시에 또 다른 모습으로 시민들에게 다가갈 수는 없는지를 생각해 봅니다.

예컨대 교도소와 같이 전체주의적 시설로 간주하는 군대와 수도원의 경우를 생각해 볼 수 있어요. 사실 군 생활에서도 격리되어 획일적인 생활을 강요받고 때로는 목숨까지도 잃을 수 있는 훈련이나 작전이 수행되기도 하지만, 군 조직이 상징하는 대의를 위한 희생정신, 규율과 질서의 생활화, 효율적인 상하 지휘구조, 일사불란한 업무처리 등이 일반 사회에서 직간접적으로 작용하는 영향은 상당하다고 아니할 수 없지요. 수도원도 역시 인간사를 벗어난 고독한 삶을 규율하고 신에 대한 순종을

감옥이란 무엇인가

내면화하는 순탄치만은 않은 과정이 진행되는 곳이지만, 뭇 사람들에게 위로를 주는 경애敬愛의 대상으로 우리 곁을 지키고 있습니다.

불편한 진실이지만 우리는 고소, 고발, 투서, 시위가 남발하는 척박한 세상에서 살고 있습니다. 그렇지만 한편으로 우리 사회에는 뭔가 관대하게 포용하며 자초해서 손해를 자초하는 감동적인 모습이 발현되기를 갈망하는 공간도 존재합니다. 진흙탕에서 피어나는 의연한 연꽃처럼 말이죠. 세상의 온갖 질곡이 다 담긴 교도소에서 가해자가 자신의 잘못을 진정으로 회개하고 속죄하며 용서를 구하고, 또한 피해자가 도저히 용서할 수 없는 사람을 용서하는 거룩한 용기를 발현한다면 어떤 일이 일어날까요. 인생의 종착역이 아니라 제2의 인생을 설계하는 산실로서 교도소가 역할을 할 수 있다면 말이죠. 그리고 적지 않은 탕아들이 젊은 날의 방탕한 과거를 이겨 내고 거룩한 성인으로 거듭나는 경이로운 역사가 교도소에서 재현되는 장면을 상상해 보곤 합니다. 층간 소음이나 주차 공간의 시비로 전쟁이 아닌 전쟁 상태로 살아가는 우리 이웃들에게 자신에 대한 성찰의 기회를, 그리고 그 성찰 속에서 타인의 입장을 존중하는 계기를 만들어 주지 않겠습니까.

피해 배상

말씀대로 그렇게 된다면 정말 좋겠습니다. 구금을 줄이는 것도 중요하고 구금 상태에서 어떤 식으로 교화를 하느냐 하는 것도 중요하다는 생각이 듭니다. 앞서도 피해자에 대한 얘기가 나왔습니다만, 실제로 가해자가 감옥살이한다는 사실만으로 피해에 대한 배상이 이루어지는 것은 아니지요. 가해자에게는 죄의식에 대한 면죄부를 주고, 피해자에게는 실질적인 배상이 이루어지지 않는 구조가 고착된 것 같습니다.

가해자가 구금되면 사건으로서는 일단락된 것이지만 여전히 문제는 해결되지 않은 채 남아 있습니다. 가해자가 엄중한 처벌을 받았다 하더라도 무너진 정의가 완전히 회복되는 것은 아니지요. 특히 피해자가 감내해야 할 정신적, 물질적 고통과 피해는 해결되지 않았으니까요. 이는 정의가 절반 혹은 부분만 회복되었다고 볼 수 있습니다. 영어로는 이를 반쪽 정의half justice 혹은 부분적 정의partial justice라고 일컫더군요. 즉, 현재의 형벌제도는 가해자, 피해자, 지역사회, 국가 등 어느 쪽에도 이익이 되지 않는 상태에서 존속되고 있지요. 일종의 뺄셈정치를 하고 있는 셈입니다.

'반쪽 정의' 또는 '부분적 정의'라는 말에 공감이 갑니다. 아직 우리 사회는 피해자의 고통이나 손해에 대해 정서적으로나 실질적으로 해결하기에는 사회적 역량이 크게 부족한 것으로 보입니다.

사실 저도 지금 가해자 중심으로 얘기를 이어가고 있습니다. 따지고 보면 교정학이란 학문도 가해자를 변화시키기 위한 모종의 지식을 찾아내고 연마하는 학문이지요. 왜 그는 나쁜 짓을 했는가, 그의 탓인가, 사회환경 탓인가, 그러면 우리 사회는 그를 어떻게 대처해야 하는가, 그는 응징의 대상인가 원조의 대상인가와 같은 문제에 집중해 온 것입니다. 그런데 소홀히 했던 사실은 가해자만큼 피해자가 우리 주변에 존재하고 그들이 겪는 심적, 정서적, 물질적 고통은 거의 헤아려지지 않고 방치되어 있다는 것이지요. 특히 온전했던 한 인간이 상대로부터 인격체로서 인정받지 못하고 무시되고 훼손까지 된 사실을 호소할 곳도, 또한 그 고통과 피해에 대한 정당한 배상마저 요구할 곳도 마땅치 않은 것이 현실이지요. 소소한 일상사에서 벌어지는 일에서 억울하고 부당한 피해를 경험해 본 사람은 누구나 쉽게 공감할 것입니다. 이런 의미에서 회복적 사법 패러다임은 이상으로서만이 아니라 제도적으로 반드시 정착되어야 할 사회적 장치라는 생각이 듭니다.

피해자의 고통을 덜고 피해를 회복하는 것이 참으로 중요한데 이 문제를 현실적으로 어떻게 접근해야 하는가에 대해서는 잘 알려져 있지 않습니다. 회복적 사법은 구체적으로 어떤 과정을 밟고 있나요.

절반의 정의를 회복할 이론적 혹은 실천적 방안으로는 배상주의와 회복적 사법을 들 수 있지요. 두 가지 모두 앞서 잠시 언급한 바가 있습니다만 여기에서 다시 정리하는 것도 의미가 있다고 봅니다.

배상주의 이론은 응보주의, 공리주의, 사회복귀 이론과는 달리 그야말로 가해자가 아닌 피해자 중심의 이론이지요. 피해자가 입은 손해를 회복하는 데는 이론異論이 없지만 그 방식에는 논란의 여지가 있어요. 이 이론의 골자는 피해자가 입은 피해의 양을 금전적으로 배상하는 것입니다. 형사사건을 민사로 해결하는 것이지요. 위법 행위에 대한 도덕적 평가보다는 피해 정도에 대한 시장가치의 평가가 더 우선시되는 방식입니다. 결과적으로는 형사범죄를 피해자나 사회에 끼친 해악으로 보기보다는 일종의 상거래 비용으로 계상하는 셈이 되지요. 확대 해석하면 부유할수록 타인에게 해를 끼칠 수 있는 권리를 구매할 수 있다는 논리도 성립됩니다. 이런 비판적 담론에도 불구하고 실질적으로 가장 유용한 방식이라는 주장도 만만치 않습니다. 인간 사회의 불완전성을 인정한다면 더 현실적으로 정의를 회복하는 가교가 될 수 있다는 주장이지요. 이와 함께 범죄피해자보험의 실용성도 거론되고 있지요.[22]

회복적 사법은 범죄행위의 당사자인 피해자가 제외되고 국가가 가해자를 찾아 처벌하는 기존 형벌 패러다임에 대한 대안으로 제시되었습니다. 범죄와 연관된 가해자, 피해자, 관련 가족, 지역사회 관련자, 사법기관 관계자들이 모두 모여 화해와 조정을 통해 피해를 실질적으로 회복시키는 것을 주요 내용으로 합니다. 처벌적 방식이 아닌 타협을 통한 평화적인 방식으로 해결하고자 하지요. 이 관점에서는 범죄행위를 행위에 관련된 요소 간의 관계가 손상된 결과로 보고, 훼손된 관계를 회복시킴으로써 온전한 정의가 실현될 것으로 봅니다. 이 과정에서 각 당사자는 일종의 정의를 경험하게 되지요. 가해자는 잘못을 인정하고 회개하는 경험을 할 수 있고 피해자는 가해자의 반성을 통해 용서를 경험하며, 관련 공동체는 범죄가 안고 있는 갈등적 요소와 이를 해결한 방식에 대한 새로운 인식 패러다임을 경험할 수 있습니다. 물론 회복적 사법의 필요성에는 모두 공감하지만, 이것이 제도적으로 정착하여 확산할 수 있는가에 대해서는 아직 회의적인 시각이 다수로 존재합니다.[23]

교도소가 회복적 사법에 관심을 가지게 된 것은 큰 변화라는 생

각이 듭니다. 정의 실현의 의미도 확대되는 것 같고요. 그런데 앞서 교도소 유입 인구를 최소화하는 것이 효율적이고 효과적인 교정행정의 시작이라고 하셨는데, 좀 엉뚱한 생각인지 모르겠지만 가해자가 교도소 들어가는 데 일정 비용을 내게 하면 어떨까요. 이런 비유가 적당할지 모르겠습니다만 미국의 대학병원이나 종합병원의 특징이 조용하다 못해 한산하다고 할 정도인데 아마 병원비가 비싼 이유일 것입니다. 어디까지나 비유이지만 교도소 수용도 좀 그렇게 비싸게 할 수 없을까요. 쉽게 들어가는 곳이 아닌 곳으로요.

요즘 지하철에 소매치기도 거의 없고, 택배기사가 길거리에 물건 쌓아놓고 배달 다니는 것을 보면 전체적으로 전통적 범죄가 줄고 있다는 것을 체감할 수 있지요. 그런데 구금인구는 상대적으로 감소하지 않고 있거든요. 구금인구를 줄이는 방안은 두 갈래로 요약할 수 있습니다. 하나는 재판단계에서 대체 형벌을 적용하는 것이고, 다른 하나는 교정단계에서 가석방의 형태로 조기 출소시키는 것이지요. 구금을 대체하는 형벌로서 가장 확실하게 구금인구를 줄이는 방안은 전자발찌와 같은 첨단 기술 장치를 적극적으로 개발하여 확대 실시하는 것입니다. 장기적으로는 인체 내에 위치나 생체 변화를 감지할 수 있는 센서를 부착할 날이 올 것이라고 예측해 볼 수 있고요.

'범죄피해자보험'도 피해자의 응보 감정을 완화한다는 점에서 간접적 영향을 미칠 수 있겠지요. 피해에 대한 금전적 배상이 보장되면 일정 부분 사법적 절차가 생략될 수 있고, 경미한 범죄의 경우는 양형에도 영향을 미쳐 구금인구를 줄이는 방안이 될 수 있다고 봅니다. 또한 가석방을 활성화하기 위해서는 보다 과학적인 분류심사와 재범 위험성 예측도구의 개발이 필수입니다. 이런 도구가 개발되면 필요에 맞는 대응 프로그램도 개발이 가능해지겠지요. 동시에 지역사회에서 관리를 담당하는 보호관찰 제도와 유기적 연대를 강화해야 합니다. 수용자의 탈시설화와 지역사회의 범법자 감독과 관리가 중시되는 오늘날 보호관찰 제도의 기능이 더 강화되는 추세에 있기도 하고요.

'범죄피해자보험'이라는 아이디어가 흥미롭습니다. 보험회사의 새로운 상품이 될 수도 있겠네요. 가능성을 어느 정도로 보십니까.

범죄가 발생하면 모두 경찰에 신고되고 곧바로 수사가 시작되고 범인이 체포된 후 사법절차가 신속하게 진행되어 머지않아 범죄가 없었던 것처럼 정상화된다고 생각하시나요. 결코 그런 일은 벌어지지 않습니다. 실제로 당해 보면 실감할 것입니다. 살인, 방화, 강도 같은 범죄는 대체로 신고가 되지만 그 밖의 범죄는 신고되지 않는 건수가 훨씬 많습니다. '암수범죄'라고 하지요. 소매치기나 절도범죄는 신고해도 범인이 체포될 확률이 거의 없고 피해 물건을 되찾을 가능성은 없다고 보는 것이 맞지요. 어떤 범죄든 가해자가 확실해도 재판 과정은 실로 피를 말리는 세월의 연속이라고 봐야 합니다. 변호사를 선임했다고 사건이 자신에게 유리하게 전개된다는 보장도 없습니다. 비용도 만만치 않고 변호사가 당사자가 기대한 만큼 전력을 다할 것이라는 기대는 접어 두는 편이 속이 덜 상하고 사는 길일 겁니다. 국가 사법 체계에 대한 불신이 높은 우리나라의 경우는 합리적 수준의 보험 상품이 개발된다면 사법기관과 연루되는 기회가 줄겠지요. 자동차보험처럼 처리와 보상이 쉬워지면 국민의 삶의 질이 적어도 일정 수준에서는 향상될 것이라고 봅니다.

범죄피해자보험이 피해자들을 보호하는 데 좋기는 하겠습니다만 제도화되기까지는 시간이 걸린다고 봐야겠네요. 교도소의 역할이 여전히 가해자 중심, 즉 범죄자 중심으로 이루어지는 탓이기도 하고요.

범죄와 형벌은 우리에게 이미 기호화되어 있지요. 범죄를 저지르면 감옥에 가는 것으로 인식된 것입니다. 따라서 교도소는 글자의 뜻대로 교화시키는 곳이 아니고, 격리되어 벌을 받는 곳으로 기억하고 있지요. 문제는 범죄인을 영원히 구금시킬 수 없다는 점이고 그리고 출소 후에 상당수는 또 다른 범죄를 저지른다는 점에 있습니다. 이 뜻은 구금 동안 무언가가 이루어져야 한다는 것이고, 재범을 방지하고 수형자를 사회로 재통합시키는 데 도움이 되는 조치가 이루어져야 한다는 것입니다. 역사적으로 돌아보면 그런 목적으로 다양한 형태의 조치들이 백화점 상품처럼 등장했지요. 그러나 그 효과와 적절성에 대한 평가는 여전히 진행형입니다.

중요한 것은 우리 사회의 구성원이 교도소가 존재하는 이유를 무엇이라고 생각하고 있느냐입니다. 아마도 대부분은 나쁜 사람에게 벌주는 곳으로 인식하고 있을 것입니다. 그 이상에 대해서는 좀처럼 생각하지 않습니다. 교도소에서 어떤 일이 벌어지고 또한 출소 후에 어떤 일이 발생하는지에 대해서도 깊이 생각하지 않아요. 언론매체에서 종종 다루기는 하지만 보도는 보도일 뿐 근본적인 문제는 결코 변화한 적이 없지요.

교도소를 보는 사회적 인식이 중요하겠군요. 사회가 형벌의 형태를 진지하게 고민하지 않는데 굳이 교도소가 나서 힘쓸 필요가 없을 것이라는 생각도 듭니다. 그런데 가해자가 피해자에게 직접 배상하는 방식은 없나요. 어떤 식으로든 가해자는 피해자에게 뭔가 실질적인 배상을 해야 한다고 봅니다.

피해자에 대한 가해자의 직접적인 배상이나 원상 복귀는 현실적으로 이루어지기가 어렵습니다. 형의 집행이 이미 진행 중인 경우, 가해자도 대개는 피해자와 접촉하는 것을 원하지 않습니다. 불편하고 얻을 것이 별로 없기 때문이지요. 피해자 측은 더더욱 가해자를 기피하려는 경향이 강합니다. 당연히 잊고 싶은 기억을 되살리고 싶지 않겠지요. 이런 이유로 대면이 없는 제3자의 조정을 통한 금전적 배상이 현실적이라는 말이 나오는 것이지요. 이것이 범죄피해자보험이 종종 언급되는 이유입니다. 그 밖에 특정한 피해자에게가 아닌 사회에 노동으로 배상하는 처분으로 사회봉사명령이라는 처분이 있습니다. 일손이 부족한 농촌이나 요양시설 등에서 일정 시간 봉사함으로 피해에 대해 배상하는 것이지요. 한화그룹의 김승연 전 회장이 꽃동네에서 치매 노인과 신생아들을 돌보는 봉사 모습이 언론에 방영되어 화제가 된 적도 있었습니다. 그런데 이론과는 달리 사회봉사명령의 실질적인 효과는 크게 기대할 수 없다는 것이 일반적인 평가입니다.

교정시설의 안

현실성 여부를 떠나 피해자에 대한 배상 문제는 가해자 처벌만

큼 중요하게 인식되어야 하겠습니다. 다음은 늘 궁금했던 교정 시설의 크기와 수용 규모에 대한 것인데, 과잉수용의 폐해 등을 고려하면 교도소 규모는 역시 소규모라야 하겠지요.

규모의 경제라는 관점에서 보면 10명을 수용하는 시설 100개를 짓는 것보다 1,000명을 수용하는 시설 한 개를 짓는 것이 더 효율적이겠지요. 이런 관점에서 보면 감시인이 없어도 스스로 감시하게 만드는 장치로서 파놉티콘은 확실히 새롭고 혁신적인 개념이었습니다. 효율적인 감시가 주목적이라면 당연히 대규모 시설을 지어야 합니다. 파놉티콘 감시구조에서는 이론적으로는 한 명이 1,000명을 감시할 수도 있으니까요. 문제는 우리 사회의 역량과 지향은 그 이상을 요구하고 있다는 것이지요. 감시만 생각한다면 똑똑한 전자발찌가 더 유용할 수 있습니다. 그러나 마땅한 응징이 필요한 만큼, 가까운 미래에 우리의 이웃으로 함께 해야 할 수용자들을 어떻게 처우하는 것이 보편적 가치관에 부합하고 동시에 경제적인가를 생각해야겠지요.

수용 규모의 현실성 여부를 떠나 수용 규모가 교정의 질이나 운용의 효율성을 높일 것 같습니다. 시설의 불편함 때문에 죽고 싶다는 재소자의 토로도 교정판례에 있던 것으로 기억합니다. 소규모 단위의 '교정 공동체'가 재범률도 줄일 수 있을 것 같고요.

매번 교정시설에 방문할 때마다 느끼지만 결코 유쾌한 곳은 아닙니다. 고급 골프클럽을 상정하는 것은 아니지만 더 자유롭고 더 훈훈한 분위기는 기대해 볼 수 있지 않나 생각합니다. 북유럽 국가의 교도소를 상정하면 바로 답이 나오지요. 교도소에는 엄중하게 지탄받아야 할 수용자들이 분명 있습니다. 그러나 그런 부류는 소수이지요. 대다수는 우리 주변에서 흔히 만날 수 있고, 다시는 범죄를 저지르지 않을 사람들입니다. 이들은 유죄로 형량을 받고 교도소에 구금되었다는 수치심만으로도 이미 스스로 억제 효과를 발휘하지요. 따라서 범죄인의 속성에 따라 수용과 처우를 개별화해야 합니다. 그런 점에서 우리 사회가 범죄인 처우에 조금은 더 포용적인 사회로 나아갈 수 있기를 기대해 봅니다. 누군가를 배제하여 다른 누군가가 행복해지는 길보다는 아무도 배제되지 않고도 행복할 수 있는 길을 찾아야 하고, 꼭 배제해야 한다면 그 인원을 최소화해야 합니다. 교도소의 실상은 곧 그 나라의 품격을 나타내지요. 그 나라 국민이 어려움을 겪는 이들에 대해 얼마만큼 포용적인가를 가늠하는 지표이기도 하지요. 냉정하게 자문해 볼 필요가 있습니다.

사회가 수용자들을 포용하는 수준이나 정도가 관건이라는 말씀이군요. 저도 재소자들의 생활을 안락한 수준까지 기대하는 것은 아닙니다. 하지만 제대로 갖추어진 식당 공간이 없이 좁은 방

에서 먹고 자고 생활하는 것은 문제가 있어 보입니다. 재소자의
생활시설 정도는 교도소가 자체적으로 개선해 나갈 수 있지 않
나요.

우리나라 수용자의 식생활은 만족할 수준은 아니지만 전반
적으로 크게 향상되었습니다. 쌀과 보리 비율을 따지던 시절이
있었으니까요. 1인당 하루 급식비용만 보아도 2000년대 초반에
2,000원대에서 2019년에는 4,000원대로 증가했지요. 문제는 식
사 공간입니다. 현재까지도 봉사원이 날라 온 음식을 배식구로
받아 각 거실 바닥에서 상을 펴 놓고 나눠 먹는 방식입니다. 취
침과 식사 공간의 구분이 없었던 온돌방 주거문화가 교정시설에
그대로 남아 있는 것이지요. 개선되지 않는 이유로는 식사 때마
다 수용자 이동에 따른 관리 문제나 집합 시 예상되는 소요 가능
성을 들고 있지만, 민영교도소인 소망교도소에서는 개소 때부
터 이를 실시하고 있습니다. 소망교도소처럼 뷔페식으로 음식
을 배식 받아 의자와 식탁이 겸비된 식당에서 식사하는 방식으
로 전환하는 것이 바람직합니다. 엄격한 질서를 유지하는 것과
품위 있는 의식주 문화를 정착시키는 것은 서로 배치되는 성격
이 아닙니다. 교정교화는 의식주와 같은 기초적인 영역의 개선
부터 시작되어야 하겠지요. 교정 당국의 의지만 있다면, 수용인
구 500명 이하 시설부터 점진적으로 개선해 갈 수 있다고 봅니

다. 더구나 코로나19와 같은 전염성 질환이 주기적으로 반복될 가능성을 고려하면 식생활 여건의 개선이 필요하지요.

외국의 교도소를 보면 식사를 뷔페식으로 하고 식당에는 자판기도 설치되어 있더군요. 물론 경비등급에 따라 차이는 있을 것으로 생각합니다. 하지만 식당 공간과 다용도의 휴식 공간이 확보되어 숨통이 트일 시간과 장소를 제공하는 것도 어떤 면에서는 질서 유지에 도움이 되지 않을까요.

교정시설의 공간 문제는 수용 규모와 연관이 깊습니다. 식사 공간도 같은 맥락에서 이해할 수 있지요. 수용 규모가 1,000명 이상인 시설에서는 교정교화도 어렵고 친인권적인 프로그램을 펼치기도 어렵습니다. 전체 수용 규모가 큰 경우에는 여러 개의 소규모 단위로 운영하는 것도 방법입니다. 소규모 단위에서도 식사하는 공간, 취침하는 공간, 동료들과 공유하는 공간 등으로 구분되어야 합니다. 커뮤니티 방과 같은 공간이 필요하지요. 그런데 우리나라의 시설은 훈련, 노역, 작업을 제외하고는 모두 좁은 거실 한곳에서 이루어지기 때문에 공간으로서도 장소로서도 그 기능을 다하지 못하고 있는 셈입니다. 즉 수형자는 개인적인 자유를 누릴 최소한의 공간도, 스스로의 안전을 지켜줄 최소한의 장소도 확보할 수 없다는 뜻이지요. 창문마저 크기도 작고

감옥이란 무엇인가

자살 방지를 이유로 가리개 등이 설치되어 있어 외부 세계를 향한 시선으로 공간을 향유하는 것도 사실상 불가능합니다. 교도소의 수용 규모는 300명 정도가 좋고 500명이 넘으면 효율적 관리가 어렵다고 봅니다.

교도관은 누구인가

교정의 주체이자 교도소 안의 역할을 책임지는 교도관에 대해 몇 가지 질문을 드리겠습니다. 지금까지 교도관은 일반 행정직 공무원과 같이 취급되어 시험과 같은 일정 요건을 갖추면 누구나 될 수 있습니다. 그런데 학교 교사, 병원의 의사 또는 간호사에게 전문성을 요구하는 것처럼 교정직도 그런 방향으로 가야 하지 않겠습니까. 교도관은 범죄인을 대상으로 한 특화된 전문직이어야 한다고 생각하는데 이런 점은 어떻게 생각하시는지요.

중요한 얘기입니다. 학교에서는 교사를 병원에서는 의사와 간호사를 채용하지요. 즉 자격증이 필요한 전문직이라는 겁니다. 그런데 교도소는 교도관에게 전문성을 왜 요구하지 않느냐는 말씀으로 이해됩니다. 그것은 교정의 주업무를 보안이나 관리로 보고 교화 업무는 보조업무 정도로 보기 때문입니다. 근본적인 질문으로 다시 돌아가야겠지요. 교도소의 기능은 무엇인가. 응징을 위해 격리하는 곳인가, 아니면 사람을 변화시키는 곳인가. 물론 선택의 문제는 아닐 것입니다. 두 가지 기능을 모두 수행해야 하니까요. 다만 이렇게 얘기할 수 있습니다. 후자를 중시할수록 교정업무의 질과 품격이 높아지고 전문직으로서 교도관의 직업의식이 제고될 것이며 사회적 평판과 기여도 향상될 것입니다.

그렇다면 교도관의 업무 영역을 교화 쪽으로 좀 더 강화해야 하지 않나요.

교도소는 병원이나 학교와 달리 병자를 치료하거나 정규 교육을 실시하는 기관이 아닙니다. 병원이나 학교처럼 시설이 갖춰진 것도 아니고 의사나 교사와 같은 전문직 인력이 충분히 배치된 것도 아니지요. 그럼에도 사회는 교도소에 병원이나 학교와 같은 역할을 기대한다는 것입니다. 예컨대 정신적 질환이나 저학력 문제를 안고 들어온 수형자를 상정해 봅시다. 이들의 정신질환을 치료하고 학력을 높이는 일이 교도소의 업무일까요? 결손가족, 저학력, 알코올중독, 정신질환, 실업 등의 문제를 동시에 안고 있는 수형자에게 교도소가 무엇을 제공할 수 있을까요? 이런 문제들로 인해 재범, 3범을 저지른 수형자에 대한 책임을 교도소장에게 물을 수 있을까요? 사회복귀나 교정교화라는 목표는 성경 구절만큼 신성한 느낌을 주는 과업입니다. 이런 과업에 대한 책임을 교도관에게만 넘길 수는 없는 것입니다. 물론 책임소재를 넘어 교도관이 갖추어야 할 소양과 자질을 향상시킬 다양한 노력이 지속되어야 합니다.

물론 교도관이 모든 것을 다할 수는 없겠지만 그래도 업무를 적절히 수행하려면 일반 행정직과 달리 전문성을 갖추고 있어야 하지 않겠습니까.

교도관에게 전문적 지식이 필요한 것은 당연합니다. 심리상담 분야의 자격증을 예로 들 수 있습니다. 물론 모든 교도관이 상담 자격증을 갖출 필요는 없지만 수용 인원에 따라 일정 비율의 상담심리 전문 인력을 양성하고 배치하는 것은 필요합니다. 전문 인력을 신규로 채용하는 방법도 있고 현직 교도관을 전문 인력으로 양성하는 방법도 있겠지요. 전문인은 급조해서 만들어질 수 없고 성과가 바로 나타나는 것도 아니니 중장기 계획하에 점진적으로 충원하는 것이 바람직합니다. 교정시설이라는 특수 환경을 고려하면 더욱 그렇습니다. 상담 대상과 구금환경의 특수성을 이해하고 적용하는 데는 상당한 시간과 경험이 필요할 것입니다. 또한 업무에 대한 헌신과 열정도 필요하겠지요. 동시에 외부에 잠재된 인적, 물적 자원을 찾아 개발하고 교정에 연계시키는 중개자의 역량도 필요합니다.

누구라도 교도소에 상담 전문가가 필요하다는 생각을 할 것 같습니다. 막다른 골목에서 최악의 상황을 마주한 사람들은 정말로 절박한 문제를 안고 있을 테니까요. 이런 사람들을 소수의 교도 인력으로 감당할 수 있을까요.

감당할 수 없지요. 그런 점에서 꼭 필요한 교도관의 자질이 있습니다. 앞서 언급한 적이 있습니다만 외부 사회와의 소통 능력이지요. 또는 지역사회와의 연계를 위한 중개인 역할이라고 할 수도 있습니다. 교정시설에서 필요한 전문 인력은 꼭 심리상담 분야만은 아닐 것입니다. 다양한 영역의 전문 인력을 모두 현직 공무원으로 충원할 수는 없지요. 이미 존재하는 사회의 인적 자원을 최대한 활용해야 합니다. 그러기 위해서는 먼저 교도관의 활동무대를 고립된 시설에서 벗어나 사회로 옮겨야 합니다. 지역사회의 외딴 섬이 아닌 지역사회의 한 부분으로 떳떳하게 정착하려면 적극적인 사회 참여가 꼭 필요하지요. 활발한 인적 교류를 통해 부족한 전문 인력을 충분히 보충할 수 있습니다. 교정 당국이 교도소 주변에 교정 활동 참여를 원하는 준비된 인적 자원들이 적지 않다는 사실을 충분히 인식하지 못하고 있다고 봅니다. 외부 사회와 교류에 익숙하지도 않고 절실하게 그 필요성도 느끼지 못한 것이지요. 이런 상황이 개선된다면 자연스럽게 교도관 퇴임 이후 사회활동의 기회도 더 활성화될 것입니다.

교정에 지역사회를 강조하는 외국의 추세를 보면 더욱 그렇다는 생각이 듭니다. 그러고 보니 교정인 중에서 퇴임 후 사회에서 활동하는 사례가 많지 않아 보이는데 교정의 역할을 너무 좁게 잡아 그런 것 아닐까요.

진정한 사회적 기여나 일의 가치는 결코 세속적인 지위나 언론매체의 노출 등으로 평가해서는 안 될 것입니다. 그러나 일정한 지표로 참조의 대상은 되지요. 실제로 교도관 출신이 정계, 지자체의 선출직, 시민단체 등에서 두각을 나타낸 사례는 거의 없습니다. 저는 그 이유를 교정업무의 속성인 보안, 격리, 폐쇄성 등의 영향으로 설명할 수 있겠으나, 그것보다는 업무수행에 임하는 교도관들의 자세에서 찾고 싶습니다. 대개 교도관은 외부 세계와의 소통과 교류에 소극적이지요. 외부 자원을 애써 유치해서 조직을 발전시키는 것이 아니라 저절로 할당된 자원을 관리만 해서 무리 없이 내보내면 완료되는 업무에 장기간 익숙한 탓도 있을 것입니다. 대폭적인 인식의 전환이 필요하지요. 무엇보다도 보안이나 격리를 넘어선 적극적인 조직 목표가 설정되어야 합니다. 그리고 이를 추진하는 과정에는 외부 자원의 개입을 최대화하고 그 역할이 제도적으로 보호되어야 합니다. 외부 세계와 함께 성공과 실패를 나누는 진정한 동반관계 체계가 만들어져야 합니다. 이와 같은 개방화 과정을 통해 개인적으로 교도관 역시 사회와 소통하는 경험을 쌓을 뿐 아니라 민관협력 관계의 구축이라는 의미 있는 사회적 소임을 수행할 수 있지요.

교도관의 업무와 역할을 확장해야 된다는 말씀이군요. 교정직 외의 군대나 경찰 같은 타 분야는 퇴임 후의 사회 역할이 상당한데 이게 결국은 교정의 가치, 즉 사회적 기여와도 관련되겠습니다.

군 출신은 말할 것도 없고요. 경찰 출신 중에 국무총리, 국회의원, 장관 등이 된 사례를 꼽자면 두 손으로도 부족하지요. 소방공무원도 최근에 한 분이 국회에 입성했지요. 저는 교정 출신 중에도 머지않아 특출한 인물이 배출되리라 생각합니다. 그런데 조건이 있습니다. 바로 업무의 개방화입니다. 어느 조직도 어느 개인도 홀로 독립적으로 이룰 수 있는 것은 이 세상에 없습니다. 외부와 동반관계로 업무를 추진하라는 것입니다. 잠긴 교도소 문을 여는 것부터 시작해야 교정이 살아 움직입니다. 범죄인도 가두어 놓고 변화시키는 시대는 지나갔습니다. 교도소를 밝고 안전하고 살 만한 곳으로 만들어야 합니다. 교도관이 주도해서 수용자들이 주중에는 일하고 주말에만 구금되는 '주말 교도소'를 국회에 제안할 만도 합니다. 전자발찌를 부착하더라도 가석방 인원을 2배로 늘리자고 제안해야 합니다. 왜 우리나라에는 교정시설을 방문하는 대통령이 없느냐고 물어야 합니다.

이 교수님은 30년 넘게 대학의 교정보호학과 교수로 계셨는데 이런 문제를 교정 당국과 진지하게 논의할 기회는 없었나요.

의미 있는 소통과 교류는 거의 없었습니다. 안타깝게도 교정 당국의 지휘부는 아직도 교정학이라는 학문의 중요성을 충분히 인지하지 못하고 있습니다. 연구와 교육이 뒷받침됨으로써 교정의 품격과 사회적 위상이 제고된다는 평범한 진리를 깨닫지 못한 것이지요. 그들은 교정 당국의 위상이 낮다고 불평하지만 그들 스스로가 자초한 측면이 크지요. 검사장 출신이 교정국장을 차지했던 시절에는 그 위상에 눌려 자율적이고 능동적인 교정행정을 펼치지 못했다고 주장합니다. 그러나 아쉽게도 교정 실무자 출신이 교정국장과 본부장을 차지한 이후에도 혁신적인 변화의 모습을 보여 주지 못했지요. 그러나 머지않은 장래에 판에 박힌 관료의 모습에서 탈피하고, 급변하는 세상에서 앞서가는 리더로서 자신의 과업에 대한 확고한 자존감과 미래지향적인 진취성을 겸비한 교정인이 배출되리라 믿고 있습니다.

이런 말씀을 하시니 생각나는 게 하나 있습니다. 법무연수원에서 교정공무원을 대상으로 강의를 한 적이 있었는데 교정윤리와 교도관의 정체성을 다룬 내용이었습니다. 그때 강의실 분위기가 별로였는데, 왜 그런 비현실적인 얘기를 하느냐, 재소자들의 관리와 감시가 더 중요하지 않은가, 불필요한 것을 왜 자꾸 강요하느냐는 분위기라고나 할까요. 교정실무 외에 교정직의 정체성이 참으로 중요한데도 말입니다.

이미 담으로 세상과는 격리된 곳에서 근무하는데, 안에서도 수용자와 갈라져 있다면 교도관은 사실상 고립된 상태에서 업무를 수행하고 있는 셈이지요. 이런 여건에서는 그야말로 관리와 질서 유지 말고는 제대로 된 일을 찾을 수 없을 것입니다. 자칫 그저 피동적이고 타성적인 자세로 평생직장을 마감할 수도 있을 것입니다. 교도관이라는 직업의 정체성은 무엇인가, 그리고 이를 제대로 정립하기 위해 왜 전문성 배양이 필요한가에 대한 공개적이고 활발한 논의가 있어야겠지요. 예를 들어 다음 몇 가지를 주제로 행동강령을 정하고 토론을 진행해 볼 것을 권

합니다. 아마도 해답은 자연스럽게 도출되지 않을까요. 즉 '사람을 변화시키는 업무에 대한 냉소적인 자세를 탈피하고 세상에 나아가 그 방법을 적극적으로 배운다', '자유를 박탈당한 채 갇힌 자에 대한 연민을 스스로 녹여 업무로 행동화하는 가치 지향적 삶을 실천한다', 그리고 '과학화의 시대에 첨단 기술과 교정 업무를 연계시키는 업무를 능동적으로 개발한다'와 같은 주제로 말입니다.

교도소화 prisonization 와 하위문화

교도소의 안에 대한 논의를 마무리하는 주제로 교도소 문화에 대해 의견을 듣고자 합니다. 영화나 소설 등 다양한 장르에서 흥미롭게 다룬 주제이기도 하고요. 주로 수형자들의 거칠고 폭력적인 문화에 관한 내용이 많았던 것으로 기억합니다.

영화나 드라마에서는 흥미와 선정성을 극대화해야 하니 과장된 측면이 있겠지만, 그 나름대로 이론적인 설명은 가능하다고 봅니다. 교도소 문화라 하면 주로 수형자 하위문화를 말합니다. 이는 'prisonization'이라는 단어를 생각하면 이해가 쉽습니다. 'prison'과 'socialization'의 합성어로 교도소에서 사회화된다는 뜻에서 '교도소화'라고 부릅니다. 영어사전에도 아직 나와 있지 않지요. 범죄에 연루된 사람이 교정시설에 입소하면서 생경한 환경에 적응해 가는 과정을 말합니다. 이 과정에서 독특한 형태의 문화가 만들어지는데 이것이 수형자 하위문화와 연결되지요.[24]

알겠습니다. 우리는 지금 매우 흥미로운 논의를 시작하고 있다고 생각합니다. 우선 수형자 하위문화는 무엇이며 이것을 어떻게 이해해야 할까요.

국가, 지역, 문화권에 따라 교도소 성격에 따라 큰 차이가 있고 워낙 비밀스러운 영역이기 때문에 연구와 이론적 체계가 잘 정리된 미국 자료를 중심으로 소개할까 합니다. 교도소는 군대와 수도원처럼 엄격하고 획일적인 규율 복종을 특징으로 하는 대표적인 조직이지요. 자율적인 삶에 익숙한 사람들이 자신의 정체성과 의사와는 전혀 다른 삶을 규율로 강제하는 곳에 하루 이틀도 아니고 장기간 집단으로 구금되다 보니 자신을 지키고 생존하기 위해 일련의 행위들이 필요해지는데, 이것이 하위문화의 형태로 나타난다고 할 수 있습니다. 당장 의식주가 달라지고 수의를 입은 상태에서 이름조차 수감번호로 불리고 식사 시간, 수면 시간, 만나는 사람 등 모든 행위가 제한됩니다. 수형자 하위문화는 이런 새로운 환경에서 배우는 수용자 세계의 비공식적 규율, 관행, 언어, 종속적 지위에 익숙해지는 것, 동료들과의 유대를 통해 생존하는 법 등을 말합니다.

수형자 하위문화에는 구체적으로 어떤 것이 있습니까.

사실 소소한 것에서 언론에 대서특필될 만한 것까지 다양하지요. 시설 내 일상생활에서 흔히 발생하는 조그만 이득, 편의, 안락함과 관련한 행위가 주를 이루지요. 예컨대 기호품 혹은 마약의 유통, 동료집단 형성, 성 관련 행위 등이 포함되는데, 이와 함께 수반되는 폭력이나 세력 간의 갈등은 문제를 크게 만드는 하위문화 유형에 속하지요.

군대와 대학에도 독특한 문화가 존재하지만 그것을 하위문화라고 하지는 않습니다. 요즘 들어 많은 변화가 진행 중이지만 신고식, 폭음문화, 폭력 등이 팽배했던 옛 기억이 아직도 생생하게 남아 있습니다. 한편으론 지난 일이어서인지 낭만적인 추억으로 얘기되기도 하고요.

교도소의 하위문화는 분명 존재합니다. 범죄문화의 학습, 질서 교란, 패거리 집단 조성, 사회적응능력 저하 등 역기능적 요소가 많아 척결의 대상이라는 것이 일반적인 인식이지요. 그런데 한편으로 조직 경영적 측면에서 일정한 수준의 하위문화를 허용함으로써 질서와 안정을 유지할 수 있다는 순기능적 측면을 주장하기도 합니다. 이와 관련된 미국에서의 흥미로운 연구로, 조직폭력배 출신 수형자 리더의 외부 은행계좌의 잔액과 교도소 내 사고 건수의 관계를 분석한 케이스가 있었지요. 계좌의 잔액이 많을수록 시설 내 사고 건수가 감소한다는 결과가 나왔습니다. 일정한 암거래의 허용이 일반 수형자들의 숨통을 트게 해준 것이고, 리더들의 역량과 지위를 인정함으로 시설의 안정을 확보할 수 있었다는 분석이지요. 그러나 나라마다 교도소마다 여건과 문화가 다르기 때문에 일률적으로 일반화할 수는 없겠습니다.

그러니까 하위문화에도 역기능과 순기능이 있다는 말씀이군요.

네, 그렇습니다. 하위문화의 역기능은 수형자들에게 구금에서 오는 고통과 박탈감을 해소하는 수단으로 작용하며 질서 유지에 부정적인 영향을 미친다고 보는 것이고, 순기능은 조직 관리 측면에서 일정 수준의 하위문화의 허용이 시설 내 질서 유지와 안정에 도움이 된다는 점을 말하지요. 수형자들은 교도관들과 묵시적 타협하에 교도소 내의 공식적인 규칙을 무시할 기회를 갖는 것이며 이를 통해 부분적이나마 자신의 존재와 역량을 확인한다고 볼 수 있습니다. 무의식적이든 의식적이든 숨통이 트인다고 할까요.

어떤 물품들이 암거래됩니까.

문제가 되는 것은 역시 주로 마약류이지만 최근에는 휴대폰이라고 하더군요. 휴대폰만 있으면 외부 세계와 소통이 가능하고 상당한 엔터테인먼트도 해결되지요. 우리나라의 경우도 마약을 물에 타서 책갈피에 적셔 들여온다든가 음란동영상 usb 유입, 휴대폰 사용 등이 간헐적으로 발생한다는 보도가 있었습니다.

그렇군요. 하위문화가 구금에서 오는 박탈감을 해소하는 수단으로 자연스럽게 생성된다는 얘기는 상식적으로도 이해가 됩니다.

박탈적 환경 자체가 하위문화를 조성한다는 점에서 '자생설'이라고 하지요. 또 다른 설명으로는 외부 하류세계의 저급 문화가 교도소로 유입된다는 '유입설'이 존재합니다. 사회의 저급문화에 물든 사람이 입소하여 그 문화를 교도소에 전파한다는 것인데 일리가 있지요. 조직폭력배 소탕작전으로 이들이 대거 입소하면 교도소 분위기가 일시에 바뀌는 현상을 그 예로 들 수 있습니다. 전과가 많은 수형자들이 들락거리면서 전수하는 비공식적 문화체계의 영향력 또한 적지 않을 것입니다. 수형자 하위문화의 대표적인 유형인 폭력을 생각해 보면 이해가 빨라집니다. 사회에서도 상대적으로 폭력성향이 높은 사람들이 모여 있는 곳이 교도소인데, 더위가 기승을 부리는 여름철에 과잉수용된 비좁은 감방에서 폭력이 발생한다면 이는 전혀 예상 못할 현상은 아닌 것이지요.

잘 드러나지 않은 세계의 이탈행위를 찾아가야 하니 연구에 어려움이 많을 것이라는 생각이 드는군요. 은밀하게 진행되는 성관계도 그렇고 명백히 불법행위인 마약류 유입도 그렇고 말이죠.

그렇습니다. 그래서 일반 연구에서 흔히 사용하는 설문지 조사 등은 적합하지 않지요. 직접 구금되어 같이 생활하면서 정보를 얻는 참여적 관찰법이 적합하겠지만, 사실상 거의 불가능하기 때문에 출소자나 퇴임 교도관들의 인터뷰를 통해 간접적인 정보를 얻어 기록해야겠지요.

흥미로운 주제이지만 민감한 사안도 있을 수 있으니 이 정도에서 마무리하겠습니다. 지금까지 교도소 안의 모습을 여러 시각에서 볼 수 있었습니다. 다음에는 교도소를 사회 밖에서 집중적으로 살펴보는 시간을 갖겠습니다.

4장

교도소의 밖

사회는 교도소에
관심이 없다

교도소의 역할에 비해 세상은 교도소에 별로 관심이 없는 것 같습니다. 교도소는 잊힌 존재로 있다가 재소자 인권 문제나 탈옥 사건 같은 게 발생하면 사회가 관심을 가지는 정도입니다. 최근에는 서울 동부교도소가 코로나19 확진 사례로 잠시 주목을 받았고요. 왜 이런 현상이 반복되어 일어난다고 보십니까.

최근 우리나라에서 교도소를 배경으로 한 영화나 드라마가 제작되었고, 흥행도 잘 된 것으로 알려져 있습니다. 내용이 실제와는 거리가 있고 허구적 요소가 많지만 저는 바람직한 현상이라고 봅니다. 사회에서 잊힌 채 남아 있는 것보다는 설사 부정적 이미지를 만든다 해도 관심의 대상이 되는 편이 낫지요. 관심

감옥이란 무엇인가

을 못 받는 이유는 몇 가지로 생각해 볼 수 있습니다.

감옥 하면 형벌이 떠오르고 동시에 고통이 연상되지요. 일제 강점기에 애국 투사와 영웅들이 갇혀 고통을 당한 곳도 감옥이었습니다. 역사적 유적으로 남아 있는 서대문 형무소도 결코 편히 갈 수 있는 곳은 아니지요. 누구도 경험하거나 상상하고 싶지 않은 곳입니다. 일반인들에게는 선정적이고 자극적으로 묘사되는 허구적 교도소의 모습은 오락과 흥미의 대상일 뿐 자기 삶과는 먼 세상이라고 생각하고 또한 그렇게 생각하고 싶어 하는 경향이 있지요. 연간 교정시설을 입소하고 출소하는 인원은 각각 7만 5,000명 정도로 추정하는데 누구라도 그 사실을 감추고 싶어 하지 결코 드러내려고 하지 않습니다.

다음으로 업무 성격으로 보면 교정은 경찰, 검찰, 법원, 교정으로 이루어진 사법체계의 맨 마지막에 위치해 있어서 사건이 종료된 이후를 담당하기 때문에 사람들의 기억에서 잊히는 경향이 있습니다. 검찰, 경찰, 법원은 수사하고 기소하고 판결하는 권한을 가진 막강한 권력기관이지만 교정은 정해진 형을 음지에서 집행하는 기관일 따름이라는 점에서도 사회적 위상이 상대적으로 낮을 수밖에 없지요.

'가둔다'라는 말처럼 교도소 기능이 격리에 지나지 않는다면 그런 생각도 할 수 있지만 지금은 교도소의 역할과 기능이 많이 바

꿔지 않았습니까. 미래 지향적인 교도소의 모습을 생각해 봐야 하지 않을까요. 이런 비유가 적절할지 모르겠는데 이전에는 화장실 공간을 어두운 공간으로 치부하고 그냥 방치했습니다. 그런데 지금은 화장실을 밝고 쾌적한 공간으로 인식합니다. 아파트에서도 화장실을 얼마나 잘 꾸밉니까. 고속도로 휴게소는 말할 것도 없고 요즘에는 재래시장의 공공화장실도 깨끗하게 잘되어 있습니다. 화장실이 문화공간까지는 아니라 해도 정말 많은 변화가 있어 왔듯이, 이제 교도소도 부끄럽고 비밀스럽고 어두운 곳이라는 생각에서 벗어나 좀 더 밝은 곳으로 변해야 하지 않을까요. 그것이 사회가 교도소를 보는 관심의 시작이라고 봅니다.

네, 적절한 말씀을 하셨습니다. 교도소 이미지와 그 업무의 속성을 혁신적으로 변화시킬 작업이 필요합니다. 화장실을 예로 들었는데 적합한 예라고 생각합니다. 과거 화장실은 용변을 해결하는 곳으로 머물고 싶은 장소가 아니었습니다. 그런데 오늘날 화장실의 기능은 복합적으로 탈바꿈을 했지요. 샤워, 목욕, 화장, 휴식, 힐링과 같은 기능이 추가되어 머물면서 쉬고 싶은 장소로 변한 것이지요. '화장실 문화'라는 말도 흔히 듣는 세상이 되었지요. 이런 변화는 교도소에서도 충분히 일어날 수 있다고 봅니다.

감옥이란 무엇인가

교정의 목적을 그야말로 범죄인에 대한 응징이 아닌 출소 후의 사회복귀에 둘 수 있다면 그리고 교도소가 누구든 자기 잘못을 극복하고 제2의 기회를 창출해 가는 장소로 인식될 수 있다면 사회가 보는 눈이 달라질 것입니다. 그리고 죄과에 대한 형벌은 자유를 박탈하는 것만으로 끝내되, 수용자들의 일상적인 삶을 일반인과 같게 하는 것이 포용적 사회의 성숙한 모습이라는데 동의한다면 많은 것이 달라질 것입니다. 인간의 존엄을 중시한 친인권적, 친환경적 설계로 지어진 교도소가 곳곳에 설립되면 교도소는 문을 잠그는 곳이 아니라 문을 여는 곳으로 탈바꿈하여 시민들에게 보다 친밀한 지역의 이정표로 자리매김할 수 있겠지요.

역시 교정의 목적을 어디에 두느냐가 관건이 되겠습니다. 저도 절대적으로 동의합니다. 그럼에도 현실은 여전히 교도소를 부끄럽고 감추고 싶은 장소로 여깁니다. 교도소에 대한 긍정적인 얘기는 거의 없고 대부분 폭력이나 자살사고 등으로 인한 부정적인 뉴스밖에 없습니다. 경찰이 악질 범인을 잡으면 기사화되지만 교도관이 재소자 한 명을 좋은 쪽으로 교화시킨다고 해서 주목해 주지는 않잖아요. 실제로 그런 일은 얼마든지 있을 수 있는데 말입니다.

교정 기관의 고유 업무가 지닌 속성 탓도 있습니다. 개방된 사회에서 대민 업무를 직접 수행하는 경찰과 시설 내에서 형 집행 업무를 담당하는 교정과는 사회에 노출되는 정도에서도 큰 차이가 있고요. 다른 한편으로 본질적인 관점에서 생각해 보시지요. 일반인은 교도소의 담장을 경계로 사람을 '좋은 사람'과 '나쁜 사람'으로 구분해서 인식합니다. 그렇게 보면 교도소 안에는 나쁜 사람이 있고 밖에는 좋은 사람과 고통받고 살아가는 피해자들이 있지요. 이런 틀에서는 나쁜 사람들이 사는 교도소를 배려해야 할 이유를 찾기 어렵습니다. 인식의 대전환이 필요하지요. 좋은 사람과 나쁜 사람에 대한 정의 체계를 다시 검토하고 고통받는 피해자가 함께 공유할 수 있는 공감대가 형성되어야 한다는 뜻입니다.

가족 상담에서는 '가족 체계'라는 말을 쓰고 있습니다. 즉 가족 구성원 개인의 문제를 해결하려면 가족 전체를 봐야 한다는 것입니다. 가족 한 명의 문제는 그 사람이 속한 가족 전체의 문제일 수 있습니다. 말씀대로 어떤 범죄자를 콕 집어서 "그는 나쁜 사람이야, 그 사람은 더 잘해 줄 필요가 없어."라는 식으로 말하기전에 그 사람이 속한 범죄 환경을 체계적으로 고민해야 하지 않겠습니까. 이 교수님이 주장하고 있는 '좋은 사람 vs. 나쁜 사람' 또는 '교도소의 안과 밖', 이런 개념은 사회가 범죄를 어떤 관점

감옥이란 무엇인가

에서 바라보는지 판단할 때 아주 중요하다고 생각해요. 이 문제는 결국 가해자와 피해자, 그리고 지역사회의 공감대 논의로 이어질 것 같습니다.

범죄학자들의 사회적 역할은 매우 중요합니다. 범죄 원인이나 대책에 대한 상식적 수준의 언급을 넘어 보다 진지한 성찰적 견해를 세상에 전달하는 노력을 기울여야 할 것입니다. 예컨대 사회구성원이 스스로 성찰적 자문을 할 수 있도록 인내심을 가지고 메시지를 전달해야겠지요.

감옥 안에 사는 그는 나쁜 사람이고, 감옥 밖에 사는 나는 좋은 사람인가. 사법적으로 유죄를 받지 않았으니 나는 계속 좋은 사람인가. 그리고 그는 사법적으로 유죄를 받고 감옥살이를 하고 있으니 계속 나쁜 사람이어야 하는가. 감옥살이하는 그는 어떤 사연으로 죄를 지었으며 나는 진정으로 죄를 지은 적이 없는가. 나는 운이 좋아서 혹은 나의 신분 덕에 죄를 면한 적은 없는가. 이와 같은 성찰적 질문을 던져야 할 것입니다. 이는 존 롤스J. Rawls 정의관과도 연계해 볼 수 있다고 봅니다. 나는 공짜로 얻었지만 그는 노력해서도 못 얻은 그 무엇 때문에 죄를 지은 경우에도 여전히 나는 좋은 사람이고 그는 나쁜 사람인가. 돈, 학력, 직업, 인맥, 건강을 갖춘 내가 그렇게 갖추지 못해 죄를 저지른 그를 나쁜 사람이라고 단죄하는 것이 윤리적으로 합당한가.

이런 질문에 대한 성찰적 자세는 공짜로 얻은 행운에 감사함을 그리고 공짜로 행운을 얻지 못한 그들에게 연민을 갖게 합니다. 더 나아가 나도 가해자가 될 수 있기 때문에 '공범의식'을, 나도 피해자가 될 수 있기 때문에 '나눔의식'을 갖게 될 수 있으리라 생각합니다.

사형수의 삶

'나눔의식'은 우리 사회가 범죄를 어떻게 볼 것인지에 대해 시사하는 바가 크다고 봅니다. 이 교수님은 사형수들과도 오랜 기간 만나온 것으로 아는데, 이와 관련해 느낌이 남다를 것 같습니다.

네, 상당한 기간 사형수 형제들과 만남을 이어오고 있지요. 저는 그들의 죄에 대해 대강은 짐작하지만 자세히 알고자 한 적은 없습니다. 그들의 죄가 저의 삶이나 만남 자체를 방해한 적은 없었어요. 그들은 이제 나의 소중한 벗이 되었습니다. 서신도 교환하고 매달 한 번씩 만나니까 멀리 있는 친인척보다 더 나눔이 많은 것이지요. 그들이 저에게 어떤 의미인가를 때때로 생각하곤 합니다. 결론은 그들과 만난 것은 저에게 진정한 감사와 겸손을 일깨워준 사건이며 큰 은총이라는 것이었습니다. 언제부

턴가 저는 그들이 겪은 위험천만한 사태와 불행한 삶의 현장을 피하게 해 준 공짜 행운에 감사하는 마음을 갖게 되었지요.

그들과의 만남이 감사이고 은총이라고 하셨는데 어떤 특별한 계기가 있었나요.

사형수 형제들은 남에게 엄청난 고통을 안긴 사람들이고 거센 비난을 받아야 마땅한 사람들입니다. 이미 이 세상에서 사라졌어야 하는데 낭떠러지에 서서 명맥을 유지하고 있는 셈이지요. 그런데 한편으로 보면 지금 그리고 앞으로도 그만큼의 고통을 안고 살아가야 하는 사람들이기도 합니다. 이미 20년 넘게 구치소 생활을 했고 앞으로도 죽는 날까지 좁은 독방에서 갇혀 살아가야 하는 사형수도 있지요. 그들 중에는 매일 밤 잠자리에 들 때마다 내일은 깨어나지 않기를 기도한다는 이도 있습니다. 이들 대부분은 불안, 절망, 악몽, 후회, 고독, 본능, 무료와 같은 감정이 교차하는 하루하루를 보내면서 마음의 평화를 갈망하지요. 세월이 흐르면서 종교에 귀의하기도 하고요. 수도자 같은 모습으로 변모된 사람도 있고 성경책을 통으로 몇 차례 필사한 사람도 있으며 인쇄체보다도 더 정교한 글씨체를 구사하는 사람도 있고, 그리고 어느 날 스스로 목숨을 끊은 사람도 있지요.

저는 가톨릭 신자로서 신부님과 한 두 분의 봉사자와 함께 월 1회 미사를 올리고 있습니다. 미사 후에는 준비한 간식을 들면서 담소를 나누지요. 신성한 분위기가 만들어지기도 합니다. 공감할지 모르겠지만 그들이 전하는 한마디 한마디가 주옥같이 느껴질 때도 있지요. 때로는 사형수 형제들에게 건네는 "아무리 그래도 여기를 호텔로 생각하면 안 되잖아요."라는 신부님의 뼈 있는 농담도 듣곤 하지요. 모임이 끝날 때면 저는 저를 기다리는 스위트홈으로 돌아가지만 한편으로는 그들이 교도관에 끌려 낯익은 복도를 돌고 돌아 다시 차가운 골방으로 돌아가는 것을 상상합니다. 그때마다 자유를 잃은 그들의 숙명에 대해 연민을 그리고 새삼 내가 공짜로 누리는 자유에 대해 소중함을 느낍니다. 적어도 그 시점은 은총받은 순간이라고 느끼지요.

안타깝습니다. 어쨌든 그들은 자신이 저지른 죄로 평안과 자유를 잃어버린 상태로 삶을 마감한다고 봐야겠네요.

죽음에서는 벗어났지만 자유는 영원히 잃어버린 것이지요. 우리나라는 1998년 사형이 집행된 이후 20여 년간 집행이 없어 사실상 사형폐지국의 지위를 유지하고 있습니다. 따라서 실제로는 종신형제도를 채택한 것과 다름이 없지요. 현재는 50여 명 정도의 사형수가 전국 시설에 나누어 분포되어 있습니다. 그야말로 특수한 삶을 살아가는 사람들이지요.

포스트모던
범죄학

범죄를 단순히 타인의 신체 손상이나 재물 손해 정도로 보는 것
은 일차적이라는 생각이 듭니다. 그런데 다른 관점에서 보면 범
죄는 타인이 행복하게 살아갈 자유를 빼앗는 것이고 그 대가로
범죄자 자신은 구금으로 자유를 박탈당하는 것이군요.

네, 그렇습니다. 당장 확인할 수 있는 빼앗긴 돈이나 손상된
신체로 연상되는 범죄에 대한 정의와는 차원을 달리하는 이론이
있지요. '포스트모던 범죄학'에서는 가해자와 피해자의 관계를
독특한 관점에서 제시하는데 가해자와 피해자의 정체성을 이해
하는 데 도움이 됩니다.

포스트모던 범죄학에서는 인간을 그들이 사는 세계를 스스
로 창조하고, 동시에 그 세계에 의해 창조되는 존재로 봅니다.
즉 인간은 생동하는 삶의 현장에서 뭇 사람과 교류하면서 타인
과 차별화를 시도하고 자신과 환경을 능동적으로 변화시키는 존
재라고 보는 것이지요. 이런 맥락에서 보면 '범죄행위'는 인간의

생동적인 삶 자체를 차단하여 그들의 능동적이고 인간적인 삶에 위해危害를 가하는 것이지요. 이는 또한 차별화하려는 타인의 능력을 부정하고 파괴하는 힘의 결과물이라고 할 수 있습니다. 같은 맥락에서 가해자와 피해자를 정의할 수 있지요. '가해자'는 타인을 지배하기 위해 힘을 왜곡되게 사용함으로써 타인이 인간으로서 가진 무한한 잠재력을 파괴하는 자이지요. 그리고 '피해자'는 자신의 무궁한 가능성이 손상되고 무력화되어 고통받는 존재이며 인간으로도 취급받지 못한 객체일 뿐이지요.[25] 따라서 피해자는 상처받은 휴머니즘을 회복하고 파괴된 잠재력을 능동적으로 회복해야 할 주체로 거듭나야 하는 당위성을 갖게 됩니다. 이는 회복되어야 할 정의正義의 대상이 손상된 신체나 잃어버린 재물이 아닌 능동적인 인간으로서 파괴된 잠재력임을 말하는 것입니다.

인간은 타인과 교류하며 살아가는 능동적인 주체라는 차원에서 범죄에 대한 논의가 이루어져야 한다는 뜻이군요.

네, 그렇습니다. 인간은 그들의 세계를 창조하고 동시에 그 세계에 의해 창조되는 존재라는 겁니다. 따라서 범죄도 범죄통제 행위도 그 사회의 구조적, 문화적 상황과 분리하여 설명할 수 없는 것입니다. 인간의 자유의지에 기반을 둔 고전적 범죄학이론이나 형벌이론과는 궤를 달리하는 주장입니다. 이 이론에서는 범죄의 책임을 전적으로 개인의 잘못으로 돌리고 개인을 처벌하는 패러다임을 비판합니다. 이런 방식은 편의적이고 일시적인 미봉책일 뿐 궁극적인 해결책은 될 수 없다고 보지요. 즉 범죄행위는 개인 간이나 제한된 사회 부분과의 관계에서가 아니라 사회 전체와 통합적으로 연계하여 분석해야 한다고 보는 것입니다. 물론 구체적인 대안이라기보다는 선언적 의미가 더 크지요.

범죄의 원인을 개인적 차원이 아닌 사회 속에서 찾아야 한다는 뜻이군요.

범죄성을 특정한 사람, 구조, 문화에서 찾는 것이 아니라 새로운 범죄 원인을 이끄는 다양한 사회현상이나 담론을 통해서 끊임없이 만들어지는 그 사회의 정체성에서 찾아야 한다는 것입니다. 구체적으로 예를 들면, 범죄는 개인과 사회가 범죄와 연관되는 뉴스, 드라마, 출판물, 영화 등에 과도하게 투자함으로써, 또한 형사사법기관, 변호사, 범죄전문가들의 과도한 개입으로 만들어진 결과라고도 볼 수 있다는 것이지요. 따라서 모두가 범죄 문제의 공범이라고 말합니다.

교도소 담장을
허물다!

'교도소 담장을 허물자!'라는 다소 도발적인 구호와 함께 논의를 이어가겠습니다. 교도소의 안과 밖을 구분 짓는 가장 상징적인 것이 교도소 담장이지 않습니까. 담장이 없는 교도소는 상상할 수 없습니다. 교도소 공간이 지닌 의미에 대해 말씀해 주시겠어요.

공간은 상대적인 개념입니다. 같은 공간도 사람에 따라 경험에 따라 시점에 따라 달리 느껴지지요. 교도소도 국가별로 보면 그 편차가 심해서 일률적으로 얘기하기 어렵습니다. 요즘은 해외 교도소에 관한 언론매체의 보도가 드물지 않지요. 외관으로는 오성급 호텔 같은 곳도 있고, 휴양지 리조트나 주말 농장 같은 곳도 있으며, 만원 버스나 닭장차처럼 죄수들이 쌓여 갇혀 있는 곳이 있는가 하면, 조폭 간의 세력 다툼으로 전쟁터 같은 곳도 있지요. 그러나 일반적으로 감옥을 생각하면 높은 담장으로 둘러싸인 성채나 창공을 휘젓고 날아다녀야 할 날짐승들이 갇힌 새장이 연상됩니다.

감옥은 강제로 갇혀 있는 곳입니다. 획일적으로 구획된 좁은 공간에 갇혀 시간을 보내야만 하는 곳입니다. 제한된 공간에서

감옥이란 무엇인가

자신만의 장소를 찾아 삶을 이어가야 하지요. 사실상 공간과 장소를 잃어버린 죄수는 환자가 침대에 누워 있는 것처럼 자유롭게 행동할 수 있는 능력을 상실한 채 살아간다고 봐야지요. 공간은 자유를 상징하고 장소는 안전을 상징한다고 합니다.[26] 감옥은 자유롭지도 안전하지도 않은 곳이지요. 물론 그래서 응징하는 곳으로 존재하기도 하지만요. 일반인에게 담장은 안전을 보장하는 장치이지만 죄수들에게는 가두고 가로막는 장치가 됩니다. 그들은 공간을 갈망하고 애착할 장소를 찾고자 하지만 현실은 이를 허용하지 않습니다. 교도소 건축은 수용자들에게 어떤 공간과 장소를 제공해 줄 것인가를 설계하는 작업이지요. 미래의 교도소는 어떤 모습으로 변화할 것인가는 미래학의 흥미로운 주제가 될 수 있겠습니다.

처한 상황에 따라 담을 보는 느낌이 다를 수 있겠습니다. 현재 국내 교도소 건축에서 이슈화되고 있는 현안이 있습니까.

우리나라의 교정시설은 천안에 있는 개방교도소를 제외하고는 수용 규모 외에는 건축 구조나 운영 방식에 큰 차이가 없습니다. 새로 신축되는 교도소는 수용 규모를 500명 정도로 축소하는 경향이 있는데 이는 바람직한 현상입니다. 또한 일부 시설에서 지역사회와 소통하기 위해 외곽지역을 지역사회 이웃과 함께 공유하도록 설계한 것 등은 진전된 모습입니다. 이는 교정시설의 이전이나 신축을 반대하는 지역사회 여론을 의식한 것으로 보입니다. 이런 이유 때문이라도 교정시설은 그 외관에서부터 내부 환경에 이르기까지 최대한 외부 환경과 유사하게 만들어야 할 것입니다. 방금 말씀드린 바와 같이 수형자들에게 어떤 공간과 장소를 제공할 것인가는 건축 설계에 달려 있습니다. 다만 신축되는 교도소의 규모는 작아졌지만 기본적인 구조 설계가 기존의 것과 별반 차이가 없다는 점은 아쉬워요. 친인권적, 친환경적 건축물의 설계는 성공적 교정행정을 위한 첫걸음이며 가장 쉽게 이룰 수 있는 부분입니다. 이로써 수용자 삶의 질 향상과 효과적인 교화에는 물론이고 교도관의 직업의식과 품격을 높이는 데도 이바지할 것입니다.

건축 설계의 가장 근본적인 핵심은 전체 시설을 소규모화하는 것입니다. 기존의 대규모 시설은 소단위로 운영될 수 있도록 창의적인 프로그램을 개발해야 합니다. 물론 이런 구상은 교정시설의 궁극적인 존립 목표를 어디에 두고 있는가에 달렸지요. 현재의 건축 규모나 건축양식은 사회복귀 측면에서도 수용자 관리 측면에서도 결코 효과적이지 못합니다. 향후 신축이나 개축의 경우에는 획일적인 건축 구조를 탈피해서 경비등급과 수용자 성격에 따라 건축양식을 차별화하는 것이 바람직할 것입니다.

무엇보다도 대규모 시설에 과잉수용하는 문제는 반드시 해결해야 합니다. 이를 해결하지 않고는 어떤 실효적인 목표도 실현할 수 없습니다. 수용자 1인당 차지하는 절대 면적을 늘리고 특히 다수가 한방에서 기거하는 혼거제를 독거제 내지는 소수 혼거제로 중장기 계획을 세워 전환해야 합니다. 최근 코로나19 사태로 그 전환의 시급성이 다시 확인된 셈이지요. 현재 30년이 넘는 시설이 절반이 넘고 50년이 넘는 교도소도 있지요. 교정시설의 건축 설계는 교정의 이상과 미래를 담는 것입니다. 이를 위해 교정 고위 간부들의 능동적인 노력이 절실히 요구되고 있습니다.

대규모의 교도소 공간이 작은 규모로 변화되는 것은 바람직한 것 같습니다. 교도소 건축물의 모양에 따라 교정행정도 달라지겠지요. 물질 구조가 정신세계를 바꾼다고나 할까요.

그렇습니다. 전통적인 교도소 건축물은 대개 크고 높고 단단한 석조건물이었습니다. 아마도 그 지역에서는 가장 큰 이정표 역할도 했을 법하지요. 한번 지어 놓으면 허물기도 어려워 박물관이나 역사적 유물로 남아 있는 경우도 흔하지요. 그런데 이런 특징이 기능적 측면에서 교정행정의 혁신에 장애요인으로 작용합니다. 외국의 경우에는 심지어 수백 년 전에 지어진 폐쇄적인 성곽 구조를 가진 건축물을 현재까지도 사용하고 있지요. 그러니 오늘날 혁신적인 이념이나 개방적인 전략을 수행하기에는 부적합할 뿐만 아니라 변화를 가로막는 역기능을 한다는 주장이지요. 일리가 있다고 봅니다.

형벌의 의미와 목적에 따라 교정시설의 형태와 디자인이 달라진다고 보시는 것이지요.

미국의 경우 1800년대 초반까지는 격리, 명상, 참회, 작업을 통한 윤리의식의 앙양을 염두에 둔 독거제 형식의 건축물을 설계했습니다. 남북전쟁 이후에는 교도소 산업을 중시하여 작업장의 효율화를 높이기 위해 공장형 디자인을 추구했고, 형벌의 강화가 요구되는 시기에는 보안과 경비에 중점을 둔 요새 형태의 건축물이 주를 이루었고, 1950~1960년대 사회복귀의 시대에는 처우와 치료를 증진하는 방향에서 건축물 설계가 이루어졌지요. 이런 다양한 형태의 교도소 건축물이 오늘날에도 여전히 존속하고 있으니 새로운 혁신적 목표를 실현하는 데 건축물이 장애요인으로 작용한다는 말이 나오는 것입니다. 역사적으로 소프트웨어 측면에서 개발된 각종 제도나 프로그램은 교정 발전의 기여라는 측면에서 건축양식이나 구조의 한계를 극복하는 역할을 했다고 봅니다.

최근 코로나19 국면에서 서울 동부구치소에서 확진자가 많이 나왔습니다. 그래도 동부구치소는 외형상 잘 지어진 건축물로 보이던데요.

최근 교정시설의 코로나19 확산 현상은 오늘날 교정시설과 관련하여 근본적인 관점에서 논의할 계기가 되었다고 봅니다. 특히 수용자의 이동과 입출이 빈번한 구치소의 경우는 더욱이 건축 구조와 디자인에서 문제점이 드러났다고 볼 수 있습니다. 수사나 재판의 편의를 위해 검찰청이나 법원이 있는 도심지역에 주로 위치한 구치소는 대개 좁은 공간에 많은 인원을 수용해야 하므로 항시 과밀현상을 안고 있습니다.

현행 형집행법은 독거제를 원칙으로 하고 혼거제를 허용하고 있는데 실제로는 혼거제가 주를 이루고 있지요. 불가피하게 좁은 거실에 다수가 혼거해야 하는 상황이 수시로 발생합니다. 불의의 사고, 자연재해, 전염병이 유행하는 시기에 이는 치명적인 약점으로 작용하겠지요. 단기적으로는 불구속 수사, 벌금형, 가석방, 보호관찰, 전자감독, 사회봉사명령 등과 같은 기존의 형벌이나 제도를 적극적으로 활용함으로써 일정한 보완이 이루어질 수 있을 겁니다. 그러나 보다 근본적인 차원에서 기존 교도소 제도에 대해 논의할 시점이 왔다고 생각합니다. 과연 21세기 오늘날에도 각기 다른 다양한 범죄를 저지른 수백 명을 많게는 수천 명을 대규모 집단 거주시설에 감금해서 장기간 자유를 박탈하는 것을 형벌로 하는 자유형이 적합한지에 대한 논의가 필요하다고 봅니다.

교도소 건축물도 형벌을 어떻게 인식하는가에 따라 달라질 수 있겠네요. 물론 구치소와 교도소의 건축물은 그 성격상 차이가 있겠지만, 몇 겹으로 둘러싼 높은 담장이며 감시 탑 등은 뭔가 아날로그식이라는 느낌이 듭니다. 혐오감을 주는 건축 형태를 바꾸면 사회가 교도소를 받아들이는 데 거부감도 줄어들 수 있지 않을까요.

교도소의 외관은 많이 바뀌었습니다. 옛 성채 같았던 건축물이 요즘은 관공서나 학교처럼 보이지요. 그런데 정작 안에 들어가면 큰 변화를 느낄 수가 없어요. 크고 획일적이며 그 안에 많은 사람을 수용하고 있지요. 미국의 대학을 가보면 아름다운 자연환경을 가진 거대한 부지에 수많은 육중한 건물로 채워진 대학이 있는가 하면, 도시의 중심에 운동장도 없이 대학 시설이 여기저기 흩어져 있는 경우도 흔히 볼 수 있습니다. 다양한 성격의 대학이 그 목적에 따라 불필요한 요소들을 배제하고 그 기능을 수행하고 있습니다. 우리나라 교정시설도 똑같은 시설 50개가 아니라 다양한 형태의 시설이 100개 있기를 기대해 봅니다. 확실한 보안이 필요한 소수의 시설도 있을 수 있지만 대개는 수용자 집단의 특성이 반영된 다수의 시설이 만들어질 수 있을 것입니다. 시설을 건축하고 운용할 때 첨단 기술을 활용하는 일은 피할 수 없는 추세이지요. 그런데 이를 거스르거나 속도가 지체된다면 그 조직과 구성원이 삼류 수준을 면치 못하게 될 것은 자명합니다.

보안의 수준에 따라 건축물도 다양한 형태로 만들어져야 한다는 데 동감합니다. 그런데 그렇게 하자면 건축비가 더 많이 들 것 같기도 한데 비용 문제는 어떻습니까.

비용 문제를 생각한다면 가장 먼저 고려할 점은 수용인구를 최소화하는 방안을 먼저 마련하는 것입니다. 그것이 비용을 최소화하는 지름길입니다. 그다음은 수용환경을 친인권적, 친환경적으로 만드는 것입니다. 이런 접근이야말로 궁극적으로 건축비용, 운영비용, 사회적 비용을 모두 줄이는 길입니다. 한편, 장기적으로 수용인구를 줄이면 현존하는 도심의 대규모 교정시설이 불필요해지고 그 대지로 재정을 충분히 확보할 수도 있지요. 동시에 소규모 전문시설의 설립이 정책화되면 민간 부문의 참여도 활성화되어 그야말로 다양하게 특화된 교정시설이 대거 탄생할 여지가 생기지요. 물론 교정시설의 이전 문제는 지역사회와의 이해관계가 첨예하여 극복해야 할 과제이긴 합니다.

역시 교도소 수용인구를 감소하는 것이 관건이겠습니다. 교도소 공간 얘기를 하다 보니 외국 사례가 궁금해집니다. 이 교수님은 해외 여러 교도소를 방문할 기회가 많으셨는데 국내 교도소와 비교하면 어떤가요.

많은 분이 이미 TV를 통해서 남미 국가에서 흔히 일어나는 교도소 폭동과 탈옥에 대해 듣고 보았으니 대충 짐작하고 있을 것입니다. 국가를 특정하진 않겠지만, 대개 남미 국가의 교도소를 방문하면 실제로 문화적 충격을 받지요. 긍정적인 면과 부정적인 면을 모두 동시에 경험했습니다. 무엇보다도 매우 무질서하고 환경이 매우 열악합니다. 일반 사회도 마찬가지로 삶이 어렵고 환경이 열악하여 교도소 환경에 대해 큰 기대를 하지 않았기 때문에 놀라울 일은 아니었지요. 다만 그들의 운영방식은 참으로 상상을 넘는 수준이었지요. 교도소의 정문과 외벽은 군 수준으로 중무장한 요원에 의해 경비가 이루어지고 출입 시에도 철저한 검색이 이루어집니다. 그런데 안으로 들어가면 상황이 반전됩니다. 시끄러운 광장 정도의 분위기에서 거의 완전한 자유가 보장된 수용자들을 만날 수 있지요. 엄청난 함성과 함께 치열한 축구 경기가 벌어지고, 불을 지펴 꼬챙이를 파는 사람이 있는가 하면, 수용자 가족이 함께 사는 텐트가 즐비하게 늘어서 있습니다. 시설 곳곳에 성모마리아 상이 촛불과 함께 세워져 있고, 그 앞에서 수용자가 거의 예외 없이 성호경을 긋고 지나가는 것을 볼 수 있지요. 거실은 경제적 능력에 따라 더 안락한 곳으로 배정받기도 하지요. 이런 현상이 가능한 이유를 정치, 경제, 인권, 부패, 교정행정 등의 관점에서 설명할 수 있겠지만 저는 문화적 측면이 크게 작용한 것으로 생각합니다.

'문화적 측면'이라고 하셨는데, 흥미롭습니다. 문화가 교도소 건축이나 제도에도 영향을 준다는 말씀이지요.

남미 국가에서 축구와 가톨릭은 그야말로 사람들의 삶이요 생활이지요. 교도소라고 예외일 수 없습니다. 무질서, 부패, 빈곤 또한 일상화되었기 때문에 그런 것도 영향을 받습니다. 우리나라에서는 수용자들이 왜 교도소에 축구장이 없냐고 항의하지 않잖아요. 또한 우리나라 교도소에서는 부부가 함께 생활하게 해 달라고 요구하는 수용자도 없습니다. 이는 문화적 풍토와 관련이 있다고 봅니다. TV에서 해외 탐방프로그램을 보듯이 흥미로 넘길 수도 있지만, 한편으로 우리 사회가 문화적으로 얼마만큼 포용적인가를 가늠해 보는 계기도 될 수 있겠지요. 범죄인을 국가의 노예로 여겼던 시대가 있었습니다. 유죄 판결이 나면 이혼당하고 재산권도 박탈되었고 노예와 같은 신분으로 살아가야 했지요. 그러나 오늘날 범죄인은 범죄를 저지른 국민이지 국가의 노예가 아닙니다. 수용자도 국민의 한 사람으로서 일상적인 삶을 영위하는 데 그 존엄성을 보호받는 문화가 보편화될 수 있기를 희망해 봅니다.

유럽 국가의 교도소는 어떤가요. 문화적인 차이 외에도 교도소에 대한 이해 수준이 달라서 나타나는 현상도 있을 것 같기도 합니다만.

1992년 교도소 사역을 담당하는 가톨릭 사제들이 개최하는 국제회의 참석차 유럽을 방문했을 때의 경험입니다. 덴마크 대표 사제분이 농담을 섞어 발표하는 내용이 흥미로웠지요. "덴마크인들은 착해서 범죄를 저지르지 않습니다. 그래서 교도소에는 덴마크 사람은 거의 없고 외국인들만이 있지요. 덴마크에서 교도관이 되려면 외국어가 필수입니다." 아마도 동유럽, 중동 지역, 아프리카에서 넘어온 불법 이주민 수용자들을 지칭했겠지요. 당시에는 농담으로 흘려들었지만 지금 생각해 보면 틀린 말이 하나도 없어요. 북유럽 복지 국가들의 범죄율은 교도소를 폐지할 수준으로 떨어졌으니 당시에도 덴마크 교도소에는 외국인 수용자들이 대다수였다는 말이 틀리지 않은 것이지요.

네덜란드에서 교도소를 방문한 적이 있었지요. 지금 생각하면 벤담의 파놉티콘을 연상케 하는 건축물이었습니다. 돔 형식의 원형 건축물이었는데 가운데 감시탑이 있고 거실은 다층구조로 원을 그리며 둘러싸여 있었습니다. 물론 감시탑에서 거실을 감시하기에는 너무 멀고 울림도 너무 커서 일사불란한 관리가 사실상 어려운 구조라 벤담이나 푸코의 설명과는 괴리가 크다는 인상을 받았지요. 문화적 충격은 건축물에서가 아니라 지나칠 정도로 자유로운 행정 전반에서 받았습니다. 첫째는 우리나라 군종 신부처럼 교도소 전담 신부가 종교관이라는 공식 직함을 갖고 교도소에 근무하는 제도였지요. 전담 신부는 개인 사무실도 있었고 열쇠 꾸러미를 들고 다니며 각 거실을 자유롭게 방문하여 상담을 진행할 수 있었습니다. 둘째는 거실 환경과 수용자가 누리는 자유입니다. 거실은 규모가 크지 않았지만 카펫이 깔려 있었고 벽에는 온갖 포스터가 다 붙어 있었지요. 사복 착용은 물론 흡연이 허용되었고 타자기도 소유하고 있었습니다. 더 놀라운 것은, 장발의 금발 파마머리를 한 어떤 수용자가 마약사범이었지만 모범수였고 외국어를 잘한다는 이유로 교도관을 대신해서 저희 일행을 안내하는 가이드 역할을 한 것입니다. 헤어질 때 향후 궁금한 사항이 있으면 언제든지 편지하면 모두 알려주겠다는 친절한 인사도 잊지 않았지요. 최근 몇 년 사이에 이 교도소는 개조되어 상업용 오락시설로 탈바꿈했다는 기사를 읽은 적이 있습니다.

사회가
바뀌어야…

요즘은 학교와 군대에서도 불필요한 규제를 없애고 있는 추세입니다. 교도소도 그런 방향으로 가는 것이 바람직하지 않겠습니까.

어느 사회에서든 규제 완화가 필요한 곳도 있지만 규제 강화가 필요한 곳도 있겠지요. 그간 우리 사회에서는 학교, 군대, 그리고 교도소 같은 곳은 후자에 속한 곳이었지요. 엄격한 규율이 필요하고 규제 강화가 자연스러운 곳으로 인식되어 왔습니다. 주로 대규모이면서 질서와 통일이 요구되는 곳이 그렇습니다. 그런데 가장 먼저 변화가 온 곳은 학교였지요. 적어도 머리 스타일과 교복에서 상당한 자율화가 이루어졌고 주입식과 암기 위주에서 토론과 자율학습이 강조되는 방향으로 가고 있지요. 다음으로 최근 가장 큰 변화가 있었던 곳은 군대라고 할 수 있는데 민주적 병영문화가 정착되고 있지요. 최근 성폭력 등 폭력 문제

감옥이란 무엇인가

가 불거지고는 있지만 적어도 병사들의 인권, 복지, 보수, 훈련, 교육, 위생 등에서 피부에 느껴질 만큼 급속히 개선되었다고 할 수 있습니다.

저는 교도소도 사회 일반의 추세에 따라 규제 강화보다는 규제 완화로 가야 한다고 생각합니다. 무엇보다도 수용자 인권 문제도 개선시킬 수 있고요.

사회의 변화에 가장 늦게 반응하는 곳 중 하나가 교도소가 아닌가 생각합니다. 앞서 언급했지만 '열등 처우의 원칙' 때문입니다. 어려운 처지의 일반 시민들보다 수형자의 삶이 안락해서는 안 된다는 인식을 말합니다. 그런데 2001년 국가인권위원회의 설립을 즈음하여 상당한 변화가 있었다고 봅니다. 인권과 복지의 사각지대에 있던 사회 각 영역에서 변화의 물결이 세차게 불기 시작했지요. 교정행정에도 상당한 변화의 바람이 불었습니다. 봇물 터지듯이 수용자의 청원, 행정심판, 소송 등이 급증했습니다. 결과적으로 수용자의 인권과 복지가 과거보다는 상당히 향상되었습니다.

범죄 문제를 포함한 사회 문제는 복지의 혜택이 보편화하고 삶의 질이 향상된다면 저절로 상당 부분 해결되는 경향이 있습니다. 동시에 교도소의 물리적 환경과 그 안에서 수용자의 삶 역

시 친인권적으로 개선되지요. 또한, 친인권적 교정행정은 수용
자의 개선에 긍정적인 효과를 미쳐 결국에는 재범률이 낮아지고
사회의 안전이 보장되는 선순환 과정이 만들어집니다. 그런 대
표적인 사례로 북유럽 국가들이라고 말씀드렸지요. 스웨덴과
네덜란드 같은 국가에서는 범죄가 사라지고 교도소도 대거 폐쇄
되고 있습니다. 교정시설이 오락시설이나 관광 장소로 바뀌는
가 하면 유휴시설을 인근 국가에 임대하기도 한답니다.

**교도소의 규제 문제도 역시 외부 사회의 전반적인 변화로부터
영향을 받겠지요. 그런데 좀 전의 말씀 중 일부 유럽 국가에는 교
정시설이 폐쇄되고 있다고 했는데 특별한 이유가 있나요.**

네, 이유가 있습니다. 첫째는 범죄 자체가 감소했기 때문입
니다. 그 이유는 충분한 복지혜택으로 의식주와 같은 기본적인
삶의 조건이 충족되었기 때문이지요. 다음으로 개인의 사적인
기호와 성향을 존중하는 문화적 풍토도 중요한 요인으로 봅니
다. 매춘, 마리화나, 도박 등의 합법화가 그 예이지요. 개인의
자유를 최대한 허용하고 국가의 통제를 최대한 절제한 것이 좋
은 결과로 나타난 것이라고 봅니다.

물론 이는 결이 좀 다른 얘기입니다만 덧붙여 말하는 것이
좋겠군요. 마리화나, 매춘, 도박 등을 허용하는 이유가 반드시

개인의 기호와 취향을 존중하는 문화적 풍토에서만 기인하는 것은 아닙니다. 국가나 지방 자치단체가 세금 수입이나 관광 수입 등을 고려한 결정으로 경제적 요인도 크게 작용했다고 봐야겠지요. 이런 현상은 코로나19로 경기침체를 겪고 있는 미국에서 크게 확산하는 조짐이 나타나고 있습니다. 최근 미국에서는 세수 확보를 위해 기호용 마리화나를 허용하는 주가 15개로 늘었고, 뉴욕 맨해튼 한복판에 카지노 신설을 추진하고 있지요. 세수 확보에 유리한 술, 담배, 도박, 매춘에 물리는 소위 죄악세$_{sin\ tax}$에 의존하려는 경향이 확산하고 있다고 봐야지요. 이런 현상은 1930년대 대공황기와 2008년 금융위기 때 나타난 적이 있었습니다. 심지어는 싱글 맘이나 실직한 여성들이 자신의 신체를 촬영하여 올리는 사이트, 이른바 디지털 매춘산업도 세수 확보를 위해 허용한다고 합니다.[27]

그런 나라들의 수용인구가 감소한 이유는 범죄의 양이 감소해서가 아니라 혹시 범죄행위로 규정하는 행위의 기준이 관대하기 때문이 아닐까요. 즉 그 사회가 어떤 행위를 범죄로 보느냐의 문제인 것 같습니다. 개인의 자유를 국가가 얼마만큼 통제할 수 있는가의 기준에서 국가 간에 차이가 있을 수 있으니까요. 그런데 저는 북유럽 국가의 호화 교정시설을 보면 여전히 이해가 잘 안 됩니다.

이에 대해서는 인간에 대한 존엄성을 말씀드리고 싶습니다. 그가 누구라도 인간이기 때문에 존엄성은 보호되어야 한다는 보편적인 정서이지요. 범죄인도 그 범주에 들어간다고 봐야지요. 혹시 기억하실지 모르겠습니다만, 2011년 노르웨이 오슬로 정부청사 인근에 폭탄테러를 하고 이어서 여름 캠프 중인 학생들에게 총기를 난사해 77명의 목숨을 앗아간 사건이 있었습니다. 이에 대해 법정 최고형이 내려졌는데 겨우 21년 징역형에 그쳤습니다. 범인은 복역 중에도 면회 제한, 편지 검열 등을 이유로 소송을 했는가 하면 게임기, 소파, 에어컨 교체 등을 요구하기도 했다고 합니다. 물론 침실과 거실을 갖춘 방에서 요리도 하고 컴퓨터도 사용할 수 있었지요. 우리가 보기에는 모두 황당한 요구이지요. 그런데 이런 요구가 가능한 이유는 노르웨이는 민주사회의 기본 가치로서 누구도 비인간적이고 모멸적인 대우를 받지 않아야 한다는 것을 받아들이고 있기 때문이지요. 교도소 관리자들은 극악한 범죄에 대한 응보 감정이나 복수심은 당연히 가질 수 있겠지만 그런 감정이 교도소 운영의 근간에 영향을 미치진 않는다고 말합니다. 우리의 문화적 정서와는 상당한 괴리가 있다고 봐야지요. 어느 스웨덴 교도소를 방문한 일본인 방문객이 "교도소는 도대체 어디에 있습니까?"라고 물었다는 웃지 못할 에피소드도 전해질 정도니까요.[28]

감옥이란 무엇인가

인간 존중 사회가
교도소를 바꾼다

이들 국가의 사례를 보면 단순히 문화적 차이라기보다는 사회가 개인의 자유와 존엄성을 어떻게 인식하는가의 문제인 것 같습니다. 이에 따라 교도소의 기능과 역할이 많이 바뀔 수 있다는 생각이 드는군요.

네, 그렇게 봅니다. 인격적 대우를 받아본 사람이 다른 사람 또한 인격적으로 대할 거라는 것은 자명한 이치겠지요. 그래서 말인데 사회에서는 인격적인 대우를 받지 못했으니 교도소에서라도 인간적인 존중을 받게 해줄 수는 없을까도 생각해 봅니다. 물론 많은 사람은 교정 현실을 모르는 낭만적이고 순진한 생각이라고 냉소를 보이겠지만요.

여기에서 어려운 지경에 처해 있는 사람들에게 무엇이 필요한지를 보여 주는 연구 한 편을 소개하지요.[29] 하와이 카우아이 주민들의 성장 과정을 40여 년간 추적 조사한 연구 결과입니다. 이 섬은 영화 〈쥐라기 공원〉의 촬영지이기도 하지요. 우리나라에서는 《회복 탄력성》이라는 책에 소개되었습니다. 이 섬은 지독한 가난, 질병, 범죄, 알코올 중독, 정신질환 등으로 찌든 불행한 삶이 점철된 곳으로 알려져 있었습니다. 이 섬의 주민 중 가장 열악한 환경 조건 때문에 사회적 부적응이 확실시되는 집단을 대상으로 연구했습니다. 이 연구는 무엇이 아이들을 사회 부적응자로 만들었는가 대신에 역경에도 불구하고 무엇이 아이들을 꿋꿋하게 성장시켜 주었는가에 대한 답을 구한 것이었습니다. 핵심적인 요인은 인간관계였지요. 어려운 환경 속에서도 성공적인 삶을 찾은 아이들의 공통점은 하나였습니다. 성장 과정에서 그 아이의 입장을 무조건 이해해 주고 받아 주는 어른이 적어도 한 명은 있었다는 것입니다.

톨스토이의 말처럼 사람은 결국 사랑을 먹고 산다는 것이 이 연구의 결론이었지요. 누군가가 역경을 극복하는 데 타인의 헌신적인 사랑과 신뢰가 결정적인 역할을 한다는 울림이라 할 수 있습니다. 가해자에게도 피해자에게도 가장 절실하게 요구되는 부분이지요. 만약 이런 울림이 교정행정의 근간에 흐를 수 있다면 교정을 보는 세상의 눈이 달라질 것입니다. 백범 선생도 서대문 감옥에서 복역할 당시 감옥의 간수를 대학교수 자격이 있는 자로 임명하고, 수감자를 대학생 신분으로 대우하고, 수감자를 멸시하는 감정을 버리면 좋은 효과가 있을 것이라는 기록을 남겼다고 합니다.[30]

물론 나쁜 사람이니 나쁜 환경에 가두는 것을 당연시하는 사회에서는 교도소를 응징만 하는 곳으로 간주할 것입니다. 겉으로는 갱생을 외치면서도 실제로는 그 실패를 개의치 않은 곳으로 말입니다. 그리되면 될수록 교도소는 사회로부터 더 외면받게 되겠지요. 물 위의 기름처럼 도시 안의 섬처럼 말입니다.

인간의 존엄성은 교도소 안이나 교도소 밖의 사회에서나 똑같이 존중받아야 한다는 뜻이군요. 이것이 교정의 성공과 실패를 가늠하는 기준일지도 모른다는 생각을 해 봅니다.

결국에는 사고 방지와 질서 유지를 우선할 것인가 아니면 교정교화를 우선할 것인가의 문제로 귀결되지요. 우리의 현실은 자명합니다. 관리자로서는 전자를 우선할 수밖에 없겠지요. 교정 사고나 탈옥은 그 결과가 당장 나타나고 책임소재가 분명하지만 교정교화의 효과는 언제 어디에서 어떻게 나타날지 알 수 없는 먼 훗날의 얘기이니까요.

화제를 달리해서 좀 실용적 관점에서 얘기해 볼까요. 예를 들면 우리나라와 미국은 교도소를 많이 지어서 나쁜 사람들을 모두 가두고 고생시켜야 한다는 믿음이 강해요. 그것이 정의라고 생각합니다. 윤리적인 측면이 강조되고 있다고 할 수 있지요. 그러나 북유럽 사람들은 더 실용적으로 접근한다고 볼 수 있어요. 범죄인이 열악한 구금시설에서 더 위험한 사람이 되어 사회로 돌아오면 누가 책임질 것인가를 묻는 것이지요. 결국에는 사회구성원 모두의 책임이라는 겁니다. 모두의 손해로 돌아온다는 얘기이지요. 따라서 구금환경을 외부 세상만큼 우호적으로 조성하여 인간으로서 존엄성을 최대한 보장하고 있지요. 실제로 그런 정책이 곧 개선 효과로 이어지고 있습니다.

우리의 여론을 보면 이와는 반대예요. 아까운 세금을 왜 나쁜 사람들을 위해서 쓰느냐고 비난하지요. 더 큰 문제는 열악한 시설에 방치되어 더 위험한 사람으로 복귀한 출소자들 역시 사회가 포용하기를 거부합니다. 이렇게 되면 범죄인에게 더 엄격한 형벌을 부과하는 악순환이 반복될 수밖에 없습니다. 물론 어느 쪽을 택할 것인가는 그 사회구성원의 몫입니다.

교정교화가 당장 가시적인 효과가 없으니까 그만큼 소홀히 할수 있겠지요. 그런데 네덜란드 같은 나라의 실용주의적 사고가 부럽네요. 그것은 그 나라의 '문화적 탄력성'에 나온다고 볼 수 있지 않을까요. 우리 사회도 범죄 문제를 처리하는 방식에서 변화가 있어야겠습니다.

두 가지 점에서 생각해 봅시다. 하나는 사회가 한 인간의 존엄성에 대한 이해의 정도가 어떤가입니다. 이는 곧 개인의 사적 기호와 취향에 대한 사법적 허용의 정도로 나타납니다. 우리의 경우는 성매매, 마약, 도박이 모두 불법입니다. 다른 하나는 실용적이고 합리적인 차원의 논의입니다. 예컨대 성매매자를 사

감옥이란 무엇인가

법적으로 규제하여 사회가 어떤 이득을 얻는가를 생각해 보자는 것입니다. 사회적 비용만 더 들고 다른 형태의 범죄로 전이될 뿐 실질적인 위법 행위의 양도 줄지 않는다는 점도 생각해 봐야겠지요. 사회가 악을 규정하는 정도는 결국 국가의 사법적 개입으로 연결되고 교정시설의 과잉수용으로도 이어지지요. 1980년대 미국의 상황이 대표적인 사례입니다. 공화당 정권은 마약과의 전쟁을 선포하여 마약 거래자는 물론 단순한 마리화나 소지자까지도 악의 축으로 몰아갔지요. 교도소의 과잉수용은 그 자체로 인간의 존엄성에 대한 훼손의 시작이고 국민에 대한 국가 억압의 절대적 양의 증가로 바로 연결됩니다. 지금은 마리화나의 비범죄화가 한창 진행 중인 것을 보면 참으로 아이러니한 현상이지요.

우리의 정서에는 마약과 성매매에 대해 그 실용성을 따지기 이전에 이것을 죄로 보는 본질적인 경향이 강한 것 같습니다. 그리고 나쁜 것은 단죄해야 한다는 생각도 강하고요. 또 죄를 지은 사람의 처우가 좋으면 "죄지은 사람에게 왜 저렇게 잘해주느냐?"라는 비난의 소리가 바로 나오지요. 어쨌든 저는 실용성 문제를 떠나 사회가 개인의 사적인 기호와 취향을 허용하는 기준이 관대해지면 범죄도 구금도 줄어 교도소 과밀수용 문제도 해결되리라 생각해 봅니다.

네, 변화는 옵니다. 어느 경우는 더 관대하게 어느 경우는 더 강경하게 대응하게 되겠지요. 우리나라의 경우 최근의 사회적 대처를 보면 간통, 성 소수자, 종교적 신념, 정치적 사상 등은 포용적 문화가 상당 부분 실현된 영역이지요. 2000년대 진보정권이 들어서면서 사회 각 부문에서 인권 향상과 민주화의 물결이 보편화되기 시작한 결과라고 볼 수 있습니다. 이런 흐름이 교정 현장에도 당연히 영향을 미쳤겠지요.

확실한 것은 교정이든 경찰이든 사회와 동떨어져서 생각할 수 없다는 것입니다. 흔히 경찰을 어항 속의 붕어로 비유합니다. 경찰관은 어항이라는 사회의 문화적 풍토에서 자란다는 의미입니다. 얼마 전 미국 사회에서 백인 경찰관이 흑인을 폭행한 사건이 큰 이슈로 등장했습니다. 그런데 이를 경찰관의 특수한 직업적 속성으로 설명할 수 있을까요. 저는 그렇게 보지 않습니다. 미국 사회의 뿌리 깊은 인종적 차별이 경찰의 공권력 행사를 통해 드러난 것이고, 흑인들에 대한 일반 백인들의 정서를 경찰력이 대리해서 보여 주는 것이라고 봅니다. 물론 모든 백인의 정서가 반영된 것은 아니겠지요. 다수의 백인이 인종차별에 대한 항의 시위에 가담하고 있으니까요.

적절한 비유가 될지 모르겠습니다만 에밀 뒤르켐Emile Durkheim (1858~1917)의 '범죄 필요설'이 생각나는군요. 이 주장은 어느 사회에서나 일정한 범죄가 필요하다는 얘기는 아닙니다. 흉악범

감옥이란 무엇인가

죄가 만연하여 삶에 위협을 받으면 일반인의 각성이 공유되어 자율적으로 사회가 정화되는 기능을 한다는 결과론적인 주장이 지요. 최근 미국 경찰의 폭력적 공권력 행사는 분명 과도한 측면이 있어 보입니다. 따라서 절제된 공권력 행사에 대한 사회적 요구가 강해질 것이고 새로 들어선 바이든 정부는 이를 제도적으로 뒷받침하리라 예측해 봅니다.

형벌의 다양화

그리스 아테네에서는 돈으로 신체형을 대신했다는 기록이 있습니다. 물론 그러다 보니 계급과 빈부의 차이에 따라 불평등한 현상이 발생하기도 했을 겁니다. 하지만 다른 관점에서 보면 형사적인 사안으로 가기 전에 민사적으로 해결할 수 있다는 뜻도 되겠습니다. 이렇게 되면 아무래도 범죄를 무조건 신체 억압이나 구금으로 몰고 가는 경향은 줄어들지 않을까요. 이런 접근이 좀 더 인권을 존중하면서 실용적이라는 생각이 듭니다.

기원전 1700년 전 함무라비 법전에도 유사한 내용이 나옵니다. 신분에 따라 차이는 있었지만 금전적 배상을 통해 일정 부분이나마 원시적인 복수극을 최소화하려는 노력이 엿보이거든요. 살인, 상해, 불륜, 이혼 등 다양한 사건에 대해 상당 부분 금전적 배상기준을 제시했는데 이는 형벌의 탄력적 운용이라고 볼 수 있습니다.

저는 여기에서 형벌의 다양화와 프로그램화를 얘기하고 싶군요. 제가 기회가 있을 때마다 하는 말입니다. 범죄는 다양한데 형벌은 너무 획일적이고 도식적이라는 겁니다. 살인, 사기, 성폭력, 사상 범죄와 같이 성격이 전혀 다른 범죄들에 대해 획일적으로 징역형을 내리는 것이 과연 적절한지 묻는 겁니다. 구금형의 폐해에 대해서 무수한 비판이 있었지만 이 부분을 심각하게 지적하는 학자들은 많지 않아요. 구금형이 탄생한 지 200년이 흘렀으니 지금은 범죄와 형벌 간의 관계를 근본적인 차원에서 논의할 시기가 왔습니다. 범죄의 유형과 속성에 적합한 형벌의 개발과 적용이 필요하다고 봅니다. 즉 형벌의 프로그램화가 필요하다는 얘기지요.

범죄의 경중과 유형에 따른 형벌의 다양화가 이루어져야 한다는 뜻이겠지요. 그런데 국가가 범죄를 단죄하기 이전의 사형私刑, 즉 개인이 직접 나서 범죄자를 처단하는 것은 어떻게 생각하세요. 사람들에게는 복수에 대한 본능이 여전히 있잖아요.

범죄에 대한 원시적 발로는 인간이 가진 속성으로 복수와 응보의 감정을 말하겠지요. 피해에 대해 대가를 되돌려줌으로써 정의가 바로 선다는 정의관이라 할 수 있습니다. 가장 간결한 정의관이지요. 논리적, 정서적으로 부정할 수 없는 형벌론입니다. 그런데 복수는 복수를 낳고 또 다른 복수는 대대손손 이어지기도 합니다. 중국 무술 영화의 단골 주제이지요. 이런 영화가 인기 있는 이유는 아마도 복수하는 장면이 우리에게 카타르시스를 제공하기 때문일 겁니다. 국가에 빼앗긴 복수의 권리를 영화에서나마 잠시 되찾은 것이라고 할까요. 복수심은 인간의 본능 속에 여전히 살아 있는 감정이지요. 사적으로 해결되었던 복수 행위를 국가가 대신하는 형태로 바뀌었을 뿐 여전히 복수와 응징은 정의를 세우는 가장 보편적인 장치로 남아 있다고 봅니다.

물론 개인적 복수와 응징이 현실화될 가능성은 없겠지만 어떻게 보면 정의의 가장 본질적인 문제일 듯도 합니다. 데이비드 존스턴 David Johnston**은 그의 《정의의 역사》에서 보복이 정의의 가장 원초적인 모습이라고 했습니다. 그런데 현행 구금 방식이 국가가 개인을 대신해서 복수한 것이라면 시민들의 복수심을 충족시키기 위해서라도 도시 한복판에 교도소를 갖다놓을 것 같은데, 실제로는 교도소들이 모두 도시 외곽지역에 위치하고 있습니다. 왜 그렇다고 생각하십니까.**

교도소는 어느 국가에서나 대개 교외의 외진 곳에 있습니다. 물론 수사나 재판을 받는 사람을 수용하는 구치소는 도심에 있지요. 업무의 효율성을 위해 검찰청이나 법원이 위치하는 소위 법조 타운에 함께 있는 경우가 많습니다. 도심에 위치하니 고층 빌딩으로 설계할 수밖에 없고 과밀현상을 피하기 어렵지요.

그런데 교도소가 교외의 외진 곳에 있다거나 외부와 격리된 폐쇄적인 시설로 정착된 데는 그만한 역사적 배경이 있습니다. 앞서 말씀드린 적이 있습니다만 18세기까지 유럽에서 형벌 집행은 대거 군중을 모아 놓고 화형, 매질과 같은 가혹한 체형을 가하는 공개처형 방식으로 거행되었습니다. 끔찍한 장면을 노출함으로써 일반인의 공권력에 대한 공포를 자아내고 왕권을 강화하고자 한 것이지요. 그런데 18세기 말에 이르면 사회적 동요가 심해져 일반인들의 저항으로 공개적인 처형의식을 제대로 수행하기 어려운 지경에 이릅니다. 아이러니하게도 공개처형의 장소에서 공권력과 왕권이 희화화戱畵化되는 장면이 속속 연출되는가 하면 도리어 공개처형의 장소가 범죄를 유발하는 곳으로 변하지요. 이런 사회적 동요를 예방하기 위해서 형벌 집행의 장소가 폐쇄적이고 비밀스러운 장소로 옮겨간 것으로 설명되기도 합니다.

사회적 동요를 막기 위해 교도소가 비밀스러운 장소로 이동되

감옥이란 무엇인가

었다는 얘기네요. 그런 까닭으로 죄수들의 인권이 침해될 여지도 많아졌겠습니다. 구금을 고통으로 연상하는 데도 영향을 미쳤을 것이고요.

체포, 수사, 기소, 판결, 그리고 구금으로 이어지는 각 단계에서 범죄인은 그야말로 온갖 수모를 다 경험합니다. 이는 사법절차가 본질적으로 안고 있는 응징적 성격에서 기인하기도 하고, 한편으로는 범죄행위를 밝혀내고 그들을 관리하기 위한 기술적 요인이 작용한 것이라고 봐야겠지요. 누구나 순순히 모든 죄과를 인정하고 자백하고 순응하는 것은 아니니까요.

북유럽 국가들의 교정시설을 얘기할 때 빠지지 않는 말이 있습니다. 자주 하는 말이지만 어디에서든 누구라도 인간의 존엄성은 존중되어야 한다는 것이지요. 이 뜻은 징역을 사는 범죄인이라 할지라도 자유를 박탈당한 자체가 이미 형벌을 받은 것이고, 그 이외의 삶은 교도소 밖의 사람들과 똑같은 대우를 받아야한다는 것입니다. 가장 이상적인 교도소의 모습은 시설의 안을 밖과 최대한 유사하게 만들면 완성된다고 보는 것이지요. 우리가 어렸을 때부터 수없이 들어온 속담 중에 '바늘 도둑이 소도둑된다'라는 말이 있지요. 사소한 잘못에서부터 주위를 게을리하지 말 것을 당부하는 말이지만, 한편으로는 작은 잘못에도 확실한 벌을 주어 미래의 화근을 없애라는 말로도 이해할 수 있습니다. 어쩌면 우리의 뇌리는 응징을 하고 받는 것이 당연시되어 굳게 내면화된 것인지도 모릅니다. 범죄라고 하면 곧 형벌, 형벌 하면 곧 감옥, 감옥은 곧 고통을 떠올리게 합니다. 우리 사회에서는 범죄와 응징이라는 두 개념이 유난히 두텁게 기호화된 것이지요. 범죄인도 인격적으로 존중되어야 한다는 인식이 중요하지만 그런 인식이 자리 잡기에는 시간이 좀 걸리지 않을까 생각됩니다.

저지른 죄만큼 처벌받되 한 인간으로서 품격은 지켜 줘야 한다는 것이 참으로 중요하다고 생각합니다. 범죄인들은 대개 체포에서 구금까지 가는 과정에서 모욕감, 불편, 질시, 편견 등 제2, 제3의 형벌을 받습니다. 무엇보다 과도한 모욕감으로 자존감이 사라지면 출소 후 사회에 적응하는 데 심각한 장애요인이 될 것 같습니다. 법조항에도 없는 '부가적인 처벌'은 없어져야 하지 않겠습니까.

이미 말씀드린 바와 같이 응보나 복수가 잘못된 것은 아닙니다. 손해를 끼치면 이를 보상하고 배상해야 하는 것처럼 잘못에 대해 처벌을 받아야 한다는 정의관은 정당성이 있지요. 문제는 응보나 처벌을 담아내는 형벌제도에는 사각지대가 많고 집행 과정 역시 충분히 정교하게 통제되지 않는다는 것입니다. 사법절

감옥이란 무엇인가

차가 진행되는 과정에서 일반인들은 물론 사회고위층 인사들까지도 자해하고 자살하는 경우가 종종 언론에 보도되지요. 유죄판결 이후는 물론 사법절차가 시작되는 심문, 체포 과정에서부터 사실상 응징은 시작된다고 볼 수 있습니다. 수사요원들에게 모욕당하는 자체가 범죄에 연루된 죄과로 받는 형벌에 포함된 것이라 하겠지요. 따라서 사법절차의 과정이 얼마만큼 민주적이고 개인의 인권이 존중되는지가 국가의 품격을 말해 줍니다. 어디에서든 인권 보호는 더 이상 말이 필요 없는 절대적인 것입니다. 교정시설의 수용환경이 개선되어야 하고 안전해야 한다는 이유도 이와 같은 맥락에서 얘기할 수 있습니다. 교도소에서 폭력 피해를 당한 수용자는 국가가 부과한 형벌이 아니고 형이 집행되는 과정에서 덤으로 제2의 형벌을 받았다는 점에서 가볍게 넘어갈 사안이 아니지요.

인권을 다룰 때 좀 더 신중하게 접근해야 할 것 같습니다. 지은 죄만큼 죗값을 치루는 것이 중요하고요. 형벌제도의 정교함이 잘 이루어지지 않는 근본적인 원인은 무엇입니까.

형벌제도의 문제는 범죄행위와 범죄인의 차이를 구분하지 않고 동일하게 처우하는 사실에서 생각해 볼 수 있습니다. 좀 더 다양하고 정교한 형태의 형벌 유형이 나타나서 범죄의 성격과 속성에 맞는 형벌이 부여된다면 그런 문제가 상당 부분 해결될 수 있다고 봅니다.

이 질문과 관련해서는 사법제도 자체의 속성과 우리나라의 특수한 사정을 모두 함께 논의해야겠지요. 제도의 본질적 속성과 운영에 작용하는 문화적 요인을 독립적으로 분리해서 생각할 수는 없을 것입니다. 그런데 오늘날 존재하는 많은 제도적 장치들이 정교한 절차와 합리적인 인과적 논의의 결과로 탄생한 것은 아닙니다. 교도소도 그 예외는 아닙니다. 당시 앞서가던 대부분의 18세기 개혁가들은 감옥 제도를 반대했습니다. 자유를 박탈하여 가두는 형벌에 강한 거부감을 가지고 있었지요.

무엇보다도 감옥은 정치적 탄압과 인권 유린을 상징하는 곳이었고 범죄를 억제하는 기능을 발휘하지 못했습니다. 도리어 낙인효과로 상습범과 누범자를 양산하고 가족 관계마저 파괴한다는 등의 주장이 지배적이었지만 18세기 말 전후로 단기간에 자유형을 집행하는 장소로 감옥 제도가 정착됩니다. 당시 선진국이었던 영국과 미국에서 선도적으로 주도했기 때문에 파급력이 컸다고 볼 수 있지요. 물론 개혁가들이 제기한 문제점에 대한 해결책을 찾는 진지한 노력은 없었습니다. 감옥에 수용되는 사람들은 주로 하층계급이었으니 구금의 부작용이나 열악한 수용 환경에서 오는 폐해는 크게 주목을 받지 못했을 겁니다. 더구나 범죄인들이 주로 경제적으로 빈곤한 하층계급이었으니 수용자들의 삶을 사회 내 빈곤층의 삶보다 더 열악하게 내버려 두어도 문젯거리가 되지 않았겠지요.

형사사법이 제도화되는 데는 문화적 요인이 중요하겠습니다. 교도소는 폐쇄적 문화가 특징이지만 우리 사회도 이런 점에서 변화가 좀 있지 않나요.

교도소의 폐쇄성이 여전히 거론되지만 오늘날에는 상황이 크게 변했습니다. 법원, 언론, 시민단체의 감시가 조밀해졌고 개방적이고 투명한 행정이 요구되고 있지요. 사회와 연계하는 데 소극적인 교정은 미래를 보장받기 어려울 것입니다. 교도소의 폐쇄적인 속성이 사회적 동요를 막기 위한 목적에서 온 것이라는 역사적 배경을 이해한다면, 자유형이 정착된 오늘날에는 담벼락 뒤에서 행정이 펼쳐질 이유가 없지요. 외부와 교류가 단절된 패쇄적인 조직이 발전할 수는 없을 것입니다. 밖으로 드러내야 합니다. 그러기 위해서는 안과 밖이 같아야겠지요. 안과 밖이 같아지면 같아질수록 형식적으로 진행되며 효과가 증명되지 않은 교정 프로그램을 백화점식으로 나열할 필요성도 줄어들 것입니다. 외부 환경의 변화가 교정행정 전반에 미치는 영향은 불가피하지만, 역으로 교정 영역에서 혁신적인 변화를 이끌어 외부 사회의 변화에 울림이 되는 상황도 만들어 가야 합니다.

저는 우리 사회의 교정에 대해서 긍정적인 기대를 하고 있습니다. 오늘날 우리나라의 경제 수준, 복지, 민주화 정도 등을 고려하면 우리의 교정환경 역시 북유럽 국가 수준에 근접하면서도 동시에 우리 사회가 지켜온 전통적, 문화적 정서가 반영된 우리만의 교정제도를 창출할 수 있다고 봅니다. 그러기 위해서는 교정의 미래를 진취적으로 설계할 수 있는 젊고 유능한 인재들을 부단히 발굴해야 할 것입니다.

교도소 안과 밖이 같아지는 것 또는 해체되어야 하는 것이 우리의 미래 교정에 주어진 일인 것 같습니다. 비슷한 맥락에서 교도소와 지역사회 자원의 연계를 많이 얘기합니다. 교도소의 안과 밖을 같게 하려면 지역사회의 역할이 중요한데 요즘 상황은 어떠한가요.

오늘날 지역사회의 자원 범위는 크게 확장되었습니다. 거리로서 그 범위를 가늠하는 시대는 지났지요. 대면이나 물질적 교류방식 외에도 다양한 협조체계를 개발할 수 있다고 봅니다. 교도소 당국자는 업무의 개방화 정도에 따라 지역사회 자원의 접근성이 비례하며, 교도소의 안을 밖과 유사하게 만들면 만들수록 지역사회와 공유하는 영역이 커지고 가용자원은 늘어난다는 사실을 기억하고 실천해야 합니다. 봉사자 개개인의 노력으로는 한계가 있고 교정 당국과 지역사회가 함께 움직이는 제도적인 협조체제가 정착되어야겠지요. 거창한 행사나 보여 주기식 통계에 의존하는 행태는 전혀 도움이 되지 않습니다.

예를 들어 출소자들의 생계나 취업 문제와 관련하여 지역사회의 관계를 두 가지 측면에서 얘기할 수 있지요. 교정업무의 개방화나 친인권적 환경의 조성은 수형자나 출소자가 사회에 정착하는 데 필요한 정보를 얻고 다양한 네트워크를 만드는 데 도움이 되겠지만 소박하고 낭만적인 시각으로 볼 문제는 아닙니다. 첫째는 감옥의 탄생 배경과 갤리선 노예제도의 역사에서 보는 바와 같이 경제적인 요인이 작용합니다. 고임금 시기나 노동 인력을 구하기 힘든 직종에서는 기업들이 저임금 노동력을 확보하는 차원에서 상부상조하는 관계가 맺어질 수 있겠지요. 물론 대부분 출소자는 신분이 드러나지 않고 소자본으로 가능한 자영업을 꿈꾸지만요. 둘째는 우리 사회가 얼마만큼 포용적인가 배제적인가의 문제입니다. 그들을 우리의 적이나 위협적인 대상으로 보고 배제하느냐, 아니면 우리의 이웃으로 포용할 수 있느냐의 문제입니다. 따라서 국가 차원이나 종교단체 등의 개입이 필요하지요. 실제로 출소를 앞둔 수형자와 출소자를 대상으로 주거지 제공, 취업 알선, 창업 지원 등의 프로그램이 존재합니다. 당연히 일정한 효과는 기대할 수 있다고 봅니다. 그런데 여기에서도 집단 간의 차이를 확인할 수 있습니다. 주로 가족관계가 원만하고 적극적인 삶의 의지가 있는 출소자가 혜택을 받고, 재범 위험성이 높고 여건이 절박하여 지원이 더 필요한 출소자들은 스스로 제도권과 접촉을 꺼리고 동시에 사회에서도 그들을 꺼리는 경향을 보이지요.

범죄인과 출소자를 포용해야 하는 이유는 갇힌 자와 취약계층에 대한 연민의 정서도 있지만, 장기적으로는 우리 자신이 속한 우리 사회를 보호하기 위한 것이기도 합니다. 우리 사회가 범죄인과 전과자에 대해 편견을 가지고 혐오와 기피의 대상으로만 대하면 그들은 더 위협적인 혐오 집단으로 변할 수밖에 없고, 그러면 우리 사회는 더 엄중한 대처 방식을 찾아야 하는 악순환이 벌어질 수밖에 없겠지요. 더구나 이런 혐오 감정의 표출은 오직 범죄자들에게만 그치는 것이 아니고, 부지부식 간에 나와 나의 이웃이 속해 있는 제2, 제3의 집단에까지 확산된다는 점에서 한 단계 업그레이드된 공동체 의식이 발현되기를 기대해 봅니다.

'교정보호청'의 설립

사회가 교도소를 얼마만큼 중요하게 인식하는가를 가시적으로 보여 주는 것 중 하나로 교정본부의 위상을 들 수 있겠습니다.

감옥이란 무엇인가

2007년 46년 만에 교정국이 교정본부로 명칭이 바뀌었는데, 최근에는 법무부로부터 독립된 교정청이 설립되어야 한다는 말도 나오는 것으로 알고 있습니다. 바람직한 현상이라고 보는데 이에 대해서는 어떻게 생각하시나요.

원론적으로 얘기하면 범죄인을 교화하여 건전한 시민으로 사회에 복귀시키기 위해서는 형기 동안은 물론 출소 후에도 효율적이고 효과적인 관리와 처우가 중요합니다. 이를 위해서 교도소에서 이루어지는 시설 내 처우와 보호관찰소에서 이루어지는 사회 내 처우가 효율적으로 연계되어 작동하는 것이 바람직합니다. 이는 법무부 직제로 말씀드리면 현 교정본부와 범죄예방정책국을 통합하여 법무부로부터 외청으로 독립하는 것을 의미합니다. 법원의 판결로 결정된 처분이나 형벌을 집행하는 부서가 일원화되는 것입니다. 범죄 예방, 소년 보호, 시설 내 처우, 지역사회 교정, 갱생보호 등의 업무, 즉 사전 예방부터 사후 관리까지 업무가 연계되어 일관성 있게 진행될 수 있겠지요. 대표적인 해외 사례는 영국의 '범죄인관리청'NOMS: National Offender Management Service로 알려져 있습니다.[31]

가칭 '교정 보호청' 같은 외청이 탄생하면 그야말로 통합적 효과가 나타날까요.

이론적으로 보면 부서가 통합되어 있지 않더라도 업무의 상호연계가 원활하다면 같은 효과를 발휘할 수 있겠지요. 그러나 더 바람직하고 더 효율적인 범죄인 관리를 위해서는 시도할 만한 충분한 가치가 있다고 봅니다. 한 발 더 나아가 경찰, 교정, 보호관찰, 지역사회를 엮는 총괄적 범죄관리 협조체계가 조성된다면 보다 조밀한 형사정책의 시행이 가능할 것입니다. 우리나라에도 잘 알려진 영국의 '다기관 공공 보호 협의체'MAPPA: Multi Agency Public Protection Arrangements가 있지요. 경찰, 교정, 보호관찰, 지역사회 자원이 위원회 형식의 협력체계를 갖춰 정기적인 회합과 정보교환을 통해 범죄인을 관리하고 지원하는 전국 단위의 조직이라 할 수 있습니다. 공권력이 안정적으로 유지되고 지방자치제도가 전국적으로 정착되어 있으며 대학, 시민단체, 종교단체와 같은 풍부한 인적 자원 네트워크를 보유한 우리나라의 경우는 큰 무리 없이 도입될 수 있다고 봅니다.

그럼에도 교정본부와 범죄예방정책국의 통합에 대한 논의가 잘 이루어지고 있지 않습니다. 어떤 문제가 있어서 그런가요.

첫째는 법무부의 위상 문제입니다. 현재 법무부는 기획조정실, 법무실, 검찰국, 인권국, 교정본부, 범죄예방정책국, 출입국외국인정책본부로 구성되어 있습니다. 여기에 교정본부와 범죄예방정책국이 외청으로 독립하면 법무부의 업무 분량이 확연히 줄고 그 위상 또한 예전 같지 않을 것입니다. 예산과 인원을 생각하면 법무부를 해체해야 할 수준에 이릅니다. 법무부 연 총예산 3조 8000억에서 교정본부 예산 약 1조 7000억과 범죄예방정책국 예산 약 3천 600억을 제외하면 반 이상이 감소합니다. 인원 역시 교정본부 약 1만 6,000명, 범죄예방정책국 약 3,000명을 제외한다면 소수의 인력만이 남게 됩니다. 업무 성격상 법무부 소속으로 문제가 있어 보이는 출입국외국인정책본부 약 2,500명마저 제외하면 법무부의 존립 근거가 사라질 수도 있는 것이지요.

둘째는 부서 간 집단 이기주의를 들 수 있습니다. 통합될 경우 중단기적으로 일정 기간 갈등이 불가피하겠지요. 우선 규모가 큰 교정본부와 규모가 작은 범죄예방정책국 사이의 통합이라 작은 규모 측에서 흡수된다는 불안감이 클 것입니다. 다음으로는 교도소, 보호관찰소, 소년원 등 사이의 일정한 업무상 차이에서 올 수 있는 인사 문제와, 근무지 등에서 갈등 요인이 존재합니다.

교정의 역할과 효율성을 생각하면 앞의 두 기구가 통합되어야 맞을 것 같습니다. 이 문제는 법무부 장관의 권한으로는 해결될 수 없는 사안입니까.

대통령이 의지를 갖고 이 문제에 관심을 가진다면 통합이 되겠지요. 우리나라 역사상 역대 대통령이나 영부인이 교정시설을 방문한 사례가 없었다는 점은 교정기관에 대한 정치권의 관심이 미약하다는 방증이 되지요. 잠시 미국의 예를 소개하면 오바마 대통령이 교도소를 방문하여 재소자들과 직접 대화를 나눈 감동적인 일화가 보도된 적이 있습니다. 그는 "여기 재소자들은 내가 했던 것과 다르지 않은 실수를 한 젊은이들이며 다른 점은 그들은 지원체계와 제2의 기회, 이런 실수를 극복할 수 있는 데 필요한 자산이 없었다는 것"이라고 말한 것으로 전해지고 있습니다.[32]

사실 외청으로의 독립은 아마 법무부 장관이 의지를 갖고 추진했다면 가능했으리라고 봅니다. 그런데 법무부는 주로 검찰 출신 고위인사가 장악했기 때문에 법무부의 규모를 축소하거나 위상을 약화할 수 있는 주요부서의 외청 독립은 시도하긴 어려웠을 겁니다. 대학교수나 판사 출신 인사가 장관으로 부임했을 때도 외청으로의 독립이 그들의 관심 영역이 아니었지요. 교정본부의 본부장이나 범죄예방정책국의 국장 자리도 검사장 출신에서 일반직 고위공무원으로 넘어온 데도 오랜 세월이 걸렸습니다.

얘기가 나온 김에 교정기관의 구조 조정과 관련하여 어떤 방안

이 있을 수 있는지도 말씀해 주시면 좋겠습니다.

교정본부와 범죄예방정책국을 통합하여 외청으로 독립시키고 나머지 업무를 정비하여 대검찰청과 통합하는 방안이 있을 수 있다고 봅니다. 법무실 업무는 법제처 업무와, 인권국 업무는 국가인권위원회의 업무와 중복되는 측면이 있고, 출입국외국인정책본부의 업무는 법무부의 고유 업무와는 거리가 있어 충분한 검토의 여지가 있다고 봅니다. 실제로 미국의 경우는 법무부 장관이 검찰총장을 겸직하고 있습니다. 차선책으로 외청으로 독립하기 전 단계로 법무부 차관 자리를 제1차관과 제2차관으로 구분하여 제2차관 소속으로 교정본부와 범죄예방정책국을 두는 방안이 제기되고 있지요.

교도소에 대한 사회적 인식이 변화되기 위해서는 많은 것이 바뀌어야겠군요. 동시에 교도소 역시 스스로 변화를 추동할 동력을 마련해야 하고요. 교도소의 안과 밖의 역할에 대해서는 이 정도로 마무리하겠습니다.

5장

사회복귀와 교정교화

사회복귀정책의
시작

교도소의 교정교화 활동은 재소자들의 사회복귀를 위해 매우 중요한 영역입니다. 이 주제는 학문으로서 '교정학'의 정체성과도 관련되겠지요. 먼저 교정학이 지향하는 바가 무엇인지 말씀해 주시죠. 이 교수님의 평소 생각을 듣고자 합니다.

그간 교정학이라는 학문은 사법부 판결로 결정된 자유형의 집행 단계에만 중심을 두어 스스로 학문의 위상과 품격을 손상했지요. 오랜 기간 실제로 교도소 관리학이나 행형법의 주해 정도 수준을 넘지 못했습니다. 사형과 구금과 같은 규범학적 공간에 갇힌 나머지 인간의 생명, 자유, 속박과 같은 근원적인 요인과의 연계에 소홀한 탓이 큽니다.

감옥이란 무엇인가

저는 교정학 연구는 예컨대 테레사 수녀와 같은 지극히 선한 존재와 수백만의 인류를 학살한 전쟁광 히틀러라는 두 인물을 상정하고, 양극단 사이 어딘가에 위치할 우리 각자에 대한 진지한 성찰에서 시작되어야 한다고 생각합니다. 이를 통해 내가 가해자가 될 수 있으므로 '공범의식'을, 내가 피해자가 될 수 있으므로 '나눔의식'을 공유할 수 있다고 봅니다. 이런 바탕 아래 교정의 역사와 철학에 대한 사회과학적 이해를 충족시켜야 하며 최종적으로는 교정의 인문학적 지향을 제시해야겠지요.

근세 이후 신체에 고통으로 가함으로써 범죄인을 응징했던 신체형의 시대에서 인간의 자유를 박탈하는 것을 형벌로 하는 자유형의 시대로 전환되었고, 지금은 또 다른 형벌의 시대로 진화하는 과정에 있습니다. 이 시점에서 전자감독제도가 급격히 확산하는 가운데, 최근 '디지털 감옥'이라는 신조어의 탄생과 함께 새로운 징벌 형태가 민간 부분에서 등장한 것은 시사하는 바가 크지요. 위치나 신상정보의 제한 혹은 제공이 형벌의 기능을 담당할 수 있고 교도소 담장을 대체할 수 있음을 보여 주는 것입니다. 미래의 연구자들은 역사와 철학적 관점에서 형벌의 진화를 이해하고, 미래의 형벌을 상상하고 탐구하는 미래학으로서 교정학을 정착시켜야 합니다. 교정학은 규범학의 굴레를 넘어 인간학이며 미래학이어야 합니다.

일반적으로 알고 있는 교정학이라는 학문과는 많이 다른 관점이군요. 교정학이 인간학 또는 미래학이 되어야 한다는 얘기가 인상적으로 들립니다. 이제 재소자의 사회복귀와 관련해 교정교화에 대해 질문을 드리고자 합니다. 현재 교도소에서는 응보적 처벌기능을 넘어 상담, 인성교육, 직업훈련, 성폭력이나 마약사범 등을 위한 치료 등을 다양한 프로그램이 실시되는 것으로 알고 있습니다. 이런 프로그램의 의의와 문제점에 대해 말씀해 주시죠.

우선 사회복귀 이념에 대한 일반적인 인식을 살펴보지요. 사회복귀는 복역하는 동안 수형자의 문제점을 찾아 해결책을 제공하여 출소 후 재활을 돕고 재범 위험성을 억제하는 것을 목표로 이루어지는 제반 활동을 지칭합니다. 여기에는 다양한 처우, 상담, 훈련, 교육, 치료 영역의 프로그램이 포함되지요. 이는 가해자를 응징하는 '응보', 일반인에게 두려움으로 주어 범죄를 방지하고자 하는 '억제', 가둠으로써 범죄를 저지를 기회나 능력을 박탈하는 '무력화' 등의 이념과는 구별됩니다. 사회복귀는 가해자의 개선 가능성을 전제로 치료, 교육 등의 조치를 하여 준법시민으로 변화시킬 수 있다는 이념이지요. 우리나라의 형집행법 첫머리에도 명시되어 있고, 실제로 각 교도소에서 다양한 관련 프로그램을 운영하고 있습니다. 문제는 백화점 상품처럼 다

감옥이란 무엇인가

양하게 나열되어 있을 뿐 그 효과에 대해 체계적인 분석이나 평가가 거의 이루어진 적이 없다는 점입니다. 큰 사건이 발생하거나 사회적 여론에 따라 프로그램이 급조되는 경향도 있고요. 일반적으로는 대충 수형자 희망에 따라 참여시키고, 우연히 적중하면 좋고 그렇지 않아도 실적이 통계로 남기 때문에 관행적으로 시행되었을 겁니다. 현 상태의 교도소 제도에서 교정업무는 사회복귀보다는 보안과 관리 위주로 운영될 수밖에 없다고 봐야 합니다.

미국의
사례

미국의 경우는 어떤가요. 영화나 드라마에서 본 교도소는 그야말로 살벌한 분위기이던데 실제로 그런지요.

미국의 교정은 큰 틀에서 보면 응보주의적 성격이 짙습니다. TV 드라마와 유튜브 등에서 흔히 볼 수 있는 폭력과 긴장이 상존하는 교도소도 분명 존재합니다. 아직도 사회복귀정책에 대하여 회의적 시각이 강하게 남아 있고, 교정교화보다는 엄벌주의와 대량 구금을 통한 범죄통제 전략이 지배합니다. 실제로

1990년대 이후 범죄가 꾸준히 감소 추세를 보이는데, 동의하기는 어렵지만 일각에서는 이런 현상이 강력한 형벌정책의 효과라고 주장하기도 하지요. 물어보신 교도소 환경은 경비등급에 따라 큰 차이가 있습니다. 붙박이 철제 침상과 변기밖에 없는 독방에서 종일 지내고 손발이 쇠줄로 묶여야만 이동이 가능한 시설이 있는가 하면, 온종일 원예작업에 종사하며 한가롭게 지내는 시설도 있습니다. 살벌한 초중超重 경비 구금시설이 있는 곳도, 과학적인 재범 예측척도나 교화 프로그램이 가장 활발하게 개발되는 곳도 모두 미국이지요.

미국은 역사적으로 엄벌주의와 사회복귀 이념이 반복되는 현상을 보인 것으로 알고 있습니다. 이와 관련된 역사적인 배경에 대해서 말씀해 주시지요.

네, 그런 현상을 보였습니다. 미국의 초기 교도소는 엄격한 격리와 규율, 그리고 노동이 특징이었지요. 재정적으로 자급자족을 해야 했던 당시 상황에서는 수형자의 노동을 활용하여 수익을 창출하는 것이 최우선 과제였습니다. 아마도 외면적으로 거대한 기숙사를 가진 공장 정도로 보였을 것입니다. 19세기 후반에 이르러서는 본격적으로 교도소의 산업화가 이루어졌고 노동에 대한 대규모 임대계약제도가 정착되었지요. 이 시기가 미국인의 생활 속에 교도소가 의미 있는 기관으로 자리 잡는 시기였습니다. 그러니까 이 시기의 수형자는 먹고 자는 시간을 제외하면 종일 공장에서 일하는 것이 하루의 일과였지요. 당시 다수의 개혁적인 교도소장들의 노력에도 불구하고 수익성 추구를 위한 수형자 노동력의 활용은 불가피한 선택이었습니다. 그런데 상황이 완전히 반전되는 계기가 찾아왔지요. 앞서 언급한 대로 값싼 노동력으로 생산된 상품에 경쟁력을 잃은 기업들이 노동조합과 함께 강력한 로비활동을 전개한 것이지요. 결국, 수형자 노동 임대계약제도는 폐지됩니다.

그렇다면 수익을 내는 교도소가 사라지면서 사회복귀정책이 본격화되었다고 봐야 하나요.

아이러니한 상황이 계속 발생합니다. 기업과 노조의 반대에 부딪혀서 작업 활동이 중단되는가 하면, 작업의 중단으로 갑자기 수형자에게 주어진 무료한 시간을 어떻게 활용할 것인지가 새로운 과제로 등장했습니다. 어찌 보면 교도소가 새로운 정체성을 찾을 수밖에 없는 계기를 만난 겁니다. 이런 혼란 속에서 구금인구는 계속 증가하고 개혁의 필요성이 증대되면서 행형학자들은 범죄 원인에 대한 새로운 시각을 갖게 됩니다. 1차 세계대전(1914~1918)과 대공황(1929~1939)을 거치면서 실업자가 폭증하고 경제 불황이 장기화하자 범죄가 전적으로 개인적인 책임이 아닌 사회구조적 요인에서도 그 책임을 찾을 수 있다는 사실을 몸으로 체험하게 된 것이지요. 도덕적 우월감을 느끼며 멀쩡하게 잘살던 중산층 시민들이 어느 날 갑자기 절도범으로 둔갑한 상황이 흔히 목격되었기 때문입니다. 우생학적, 특수한 태생적 결함만이 범죄의 원인이 아니란 것을 깨달은 것이지요. 따라서 범죄자가 사회구조의 희생자이고 치료와 지원의 대상이라는 것, 그리고 이들에게 모종의 조처를 하면 정상을 회복하고 사회에 복귀할 수 있다는 인식이 나타난 것입니다.

그럼에도 사회복귀에 대한 회의적 시각이 다시 등장한 이유는 무엇인가요.

1960년대부터 1970년대까지를 흔히 사회복귀의 시대라고 부릅니다. 존슨 대통령 정부 시절이지요. 위대한 사회의 건설이라는 기치 아래 교도소 개혁도 추진되었지요. 존슨 대통령은 자문기구로서 '법 집행 및 사법행정 자문위원회'Commission on Law Enforcement and the Administration of Justice를 설치했고, 그 산하에 '교정 특별 전문 조사단'을 두어 전국적인 조사를 실행하기도 했지요.[33] 전국 교정시설에 각종 교육 프로그램의 실행이 본격화되었고, 1965년에는 대학에 정규 교정학 교육 프로그램이 설치되었으며, 교정시설 교육과정에 초·중등교육법을 적용하기에 이릅니다. 즉 교도소에서 학교 교육을 수행하고 대학에서 교정학이 정규과정으로 운영된 것입니다.

그러나 1960~1970년대는 그야말로 격동기였습니다. 월남전쟁, 인종 분규, 여성 해방, 마틴 루터킹 목사와 로버트 케네디 암살 사건 등의 기사로 언론이 들끓었고, 한편으로 교도소 폭동이 빈번히 발생했습니다. 특히 1971년 뉴욕주의 아티카Attica 교도소 폭동은 총격과 폭력으로 40여 명의 사망자를 내고 거의 1주일 만에야 수습이 된 사건이지요. 미국 역사상 인디언 대학살 이래 가장 참혹한 학살극으로 기록되고 있습니다. 이 시기에는 범죄율 또한 급등했고요. 그런데 1974년 논문 한 편이 발표됩니다.[34] 로버트 마틴슨Robert Martinson 등이 전국 231개 교도소 치료 프로그램을 평가한 연구였는데, 흔히 'nothing works'로 일컬어지고 있지요. 평가 결과는 전국의 교도소 치료 프로그램에서 사실상 의미 있는 개선 효과를 거의 발견할 수 없었다는 내용이었습니다. 이는 학계는 물론 향후 정책 수립에 막대한 영향을 미쳤습니다. 행형의 보수화에 결정적인 역할을 했지요.

시대 상황이나 폭동과 같은 교도소 자체의 문제가 사회복귀 정책을 가로막은 셈이군요. 마틴슨의 논문 결과도 치명적이었고요.

논문 발표의 시기가 당시 사회적 분위기와 절묘하게 부합되었다고 봐야 합니다. 1960년대 극심한 사회혼란기를 거치면서 1970년대 미국 사회는 강한 정부의 역할이 재정립되어야 한다는 요구가 강했고 강력한 범죄 퇴치정책이 그 일익을 담당했다고 볼 수 있습니다. 범죄가 급증하고 교도소 폭동이 빈번한 상황에서 자유주의적 입장에 섰던 학자들의 역할이 중요했는데 이들의 대처가 미흡했지요. 이들은 진정한 문제가 사법제도나 그 구조에 있다고 보았기 때문에 현장에서 이루어지는 구체적인 사회복귀 프로그램 자체에는 관심이 부족했고 그 평가 결과에 적절하게 대처하지 못한 탓도 컸지요. 사회복귀가 심약한 자유주의자들이 지지하는 이념으로 치부되던 시기에 마침 발표된 논문이 여론과 정책을 보수적으로 이끄는 역할을 한 것입니다. 돌이켜보면 의도적이 아니었다 하더라도 부적절한 방법과 절차로 시행된 평가연구 때문에 사회복귀는 퇴조의 길을 걷게 된 것이지요.

교도소를 통해 미국 현대사의 한 단면을 보는 것 같습니다. 응보냐 교화냐 하는 문제를 떠나 역사는 항상 기대하는 방향으로 흐르는 것은 아니라 여러 우연적인 요소도 작용한다고 봐야겠습니다.

잘 알려지지 않은 더 중요한 사실은, 1960~1970년대가 사회 복귀의 시대라고 일컬어지지만 이념적 구호와는 달리 실상 어느 시점에서도 현장에서 사회복귀 프로그램이 실질적으로 그리고 전면적으로 실행된 적이 없었다는 주장도 있습니다. 따라서 실패라는 결론은 매우 성급한 것이었고 실패를 일반화하는 데는 문제가 있다고 봅니다. 실제로 프로그램 자체의 실패도 있었지만 대개는 평가 방법이 부적절한 경우도 많았고, 사회복귀에 종사했던 담당 인력의 행정적 무능과 자질 부족 또한 사회복귀의 퇴조에 영향을 미쳤다는 주장도 존재합니다. 이 부분은 2020년대 오늘날에도 자명한 사실이지요. 보편적 복지, 실업 등과 같은 거시적 요인과 과학적 재범 예측척도, 맞춤형 교화 프로그램, 전문 인력과 같은 미시적 요인들이 종합적으로 거론되지 않으면 어떤 전략도 효과를 담보할 수 없다고 할 수 있습니다.

사회복귀 프로그램이 교도소 내에서도 제대로 작동하지 않았다는 점이 아쉽네요. 제대로만 시행되면 긍정적 결과가 나올 수 있다는 의미도 되겠습니다만, 자유주의 학자들의 응보주의에 대한 대처나 사회복귀 프로그램에 대한 평가가 결코 긍정적이지 않았다는 느낌을 받습니다.

자유주의적 학자들이 실패했다고 인정을 했다기보다는 타협한 것으로 볼 수 있습니다. 앞서 잠시 말씀드린 대로, 당시 그들의 관심은 거시적 관점에서 사회구조, 환경, 인권 등에 관심을 가진 나머지 구체적인 교정 프로그램의 효과와 실상에 관해서는 관심이 부족했던 것으로 보입니다. 따라서 프로그램을 평가하고 분석할 능력이나 여지를 갖지 못한 상태에서 보수화의 물결에 적절하게 대응하지 못한 것으로 볼 수 있습니다.

미국 교정에서 오늘날 사회복귀와 관련된 정책이나 프로그램은 어떤 상황에 있습니까?

교정의 사회복귀정책이 실패했다는 것은 미국 사회의 일반적인 인식입니다. 그러나 연구 역량이나 연구 방법 등의 문제로 결과가 왜곡되어 발표된 측면도 있어서 사회복귀정책과 프로그램이 모두 실패했다고 평가할 수는 없겠지요. 예컨대 연구 결과에 대한 로버트 마틴슨의 분석도 애초의 'nothing works'에서 차후 'something works'로 바뀌었습니다. 즉 '어떤 효과도 발견할 수 없었다'에서 '어떤 조건에서는 일정한 효과가 있다는 것을 발견했다'로 바뀐 것입니다. 이런 변화에는 큰 의미를 부여할 수 있습니다. 범죄인이 변화된다거나 혹은 변화되지 않는다는 식의 관점에서 어떤 범죄인은 어떤 조건에서 어느 정도 변할 수 있다는 식으로 더 합리적으로 구체화한 것이지요. 범죄인의 사회복

감옥이란 무엇인가

귀에 대한 사회 전반적인 정서는 여전히 매우 부정적이지만 실제로 성공적인 교정교화 프로그램의 개발과 실행을 위한 조건과 절차가 매우 구체적으로 제시되고 있습니다. 교정 치료에 대한 방법론의 개선, 경제성과 효율성의 제고, 지속적인 평가 등이 이루어짐으로써 교정치료 프로그램은 점진적으로 신뢰성과 경제성이 제고되는 방향으로 나아가고 있다고 봅니다. 예컨대, 재범 예측도구, 증거기반 교정 프로그램, 예방적 차원의 조기개입의 필요성이 강조되는 프로그램, 출소 전후를 연계하여 단계별 관리와 처우를 체계화한 사회 재진입reentry 프로그램 등에서 일정한 효과가 나타나는 것으로 알려지고 있지요.

앞서 미국에서 기업가와 노조의 로비 활동으로 교도소 내 수형자들의 생산 활동이 금지되고, 그런 탓에 무료한 시간을 보내야 했던 수형자들에게 교정교화의 기회가 오게 되었다고 하셨습니다. 그렇다면 교도소의 교정교화도 무슨 거창한 의미가 있다기보다는 그저 우연의 산물이 아닌가요.

교도소 내 생산 활동의 금지를 계기로 사회복귀가 현장에서 체계적으로 등장한 것은 사실이지만 없는 뿌리가 만들어진 것은 아닙니다. 죄인이든 범죄인이든 이들을 변화시켜야 한다는 생각은 감옥의 탄생과 관계없이 존재했지요. 형벌의 목적이 신체에 고통을 부과하는 응징이었다 하더라도 고통을 받은 이후에는 개선될 것을 기대했을 것입니다. 초기 형태의 교도소 모델에서도 범죄인을 변화시키고자 하는 독특한 방식을 찾아볼 수 있습니다.

교도소의 철학적 근간과 건축양식이 중세의 수도원에서 기원했다는 주장이 있는데, 이를 살펴보면 초창기 교도소가 범죄인을 개선하고자 지향했던 바를 확인할 수 있습니다. 교도소와 수도원은 여러 측면에서 유사한 바가 많습니다. 우선 외부와 차단된 공간에서 속죄와 명상을 통해 스스로 올바른 길을 찾아가기를 기대하는 체계이며, 권위에의 복종, 재물과 이성관계로부터의 금욕 등 두 조직이 요구하는 가치관이 일치하지요. 건축양식도 이를 뒷받침하는 형태로 설계되어 있지요. 닫힌 공간, 높은 외벽, 작은 창문 등이 그것을 보여 줍니다. 명명된 언어에서도 그 뿌리를 찾아볼 수 있는데, 흔히 감방이라도 알려진 'cell'이라는 단어도 수도자의 방으로 부르는 말이었고 교도소를 뜻하는 'penitentiary'라는 단어 역시 중세에는 '회개하는 집'을 일컫는 말이었습니다. 교도소의 뿌리는 수도원이었다는 말이 설득력이 있다고 봅니다.

초기의 교도소 모델로 일컬어지는 미국의 펜실베이니아제도 역시 퀘이커 교도의 이상을 구현하는 구금 장소로 태어났지요. 수도원처럼 격리, 회개, 침묵, 명상이 강요되었고, 일과는 오직 성경 봉독과 거실 내 작업만이 허용되었습니다. 중세의 기독교적 전통이 초기 교도소 모델에 영향을 미친 것은 사실이고 신앙을 통한 속죄, 노동을 통한 근면이 핵심적 요소였지요. 교도소 내에 속죄하는 장소로 회개실이 설치되어 있었고, 사목이나 종교계 인사 외에는 모든 사회적 관계가 금지되었지요. 기독교적 전통 방식에 따른 교정교화 활동이 이루어지고 있었지요.

말씀을 들어 보면 교도소의 사회복귀정책이나 교정교화를 단순히 우연의 산물이라고 할 수 없겠습니다. 명상, 속죄, 금욕을 통해 사람을 변화시키고자 했던 수도원의 규율이 교도소에도 적용되었다는 것은 교도소의 설립과 운영 철학에 종교적 뿌리가 있음을 말하는 것이기도 하고요. 얼마만큼 실질적으로 현장에서 정착되었는가를 떠나 사회복귀 이념 자체는 연연히 이어져오지 않았을까 생각해 봅니다.

그렇습니다. 역사적으로도 그렇고 오늘날에도 그렇습니다. 사회복귀는 우리나라 형집행법의 첫머리 전문에서도 교도소의 궁극적인 목표임을 선언하고 있을 정도로 교정의 목표와 분리할 수 없는 개념입니다. 1870년에 미국에서 최초로 개최된 전국 단위의 '교도소와 소년원 규칙에 관한 회의'The National Congress Penitentiary and Reformatory Discipline에서 채택된 선언문에도 구금의 목적은 교정교화에 두어야 한다는 내용을 명확히 하고 있지요. 수형자 처우의 목적은 고통 부과가 아니라 개선에 있다는 것을 시작으로 점수제, 부정기형, 종교와 교육, 직업훈련, 건축 구조, 범죄에 대한 사회적 책임 등 혁신적인 제안이 다수 포함되어 있습니다. 물론 이상과 현실에는 큰 괴리가 있었습니다. 당시 회의 참석자들의 사고는 수형자 노동을 근간으로 한 수익성 교도소의 틀에서 벗어나지 못해서 선언적 의미를 넘는 성과는 거두지 못했지요. 여담으로 이 회의를 주최한 인사가 차후 전국교도소협회 초대 회장이며 제19대 미국 대통령이 된 오하이오주 주지사 러더퍼드 헤이스Rutherford B. Hayes(1822~1893)였다는 사실은 흥미롭습니다.

교정 출신 인물이 미국 주지사나 대통령까지 되었다는 사실은 정말 흥미롭군요. 그런데 수도원과 관련한 내용을 생각해 보면, 수도자에게도 힘든 단절과 고행적 삶이 수형자에게 적용되기는 어려웠을 것 같습니다. 완전 격리와 침묵의 강요 등은 오히려 역효과를 낳지 않았을까 생각이 드네요.

이에 따라 등장한 것이 공동 작업을 통한 효율적 작업방식이지요. 완전 격리와 속죄와 명상은 포기했지만 노동과 생산과 수익은 포기할 수 없었다고 봅니다. 사회복귀 측면에서 게으른 부랑자들의 근로의식을 앙양하여 변화시키고자 한다는 점이 개혁가들에 의해 줄곧 주장되어 온 것입니다. 범죄는 계층에 관계없이 저질러졌지만 보는 시각은 달랐지요. 상류층의 범죄는 실수로 범한 것으로 인식되었지만, 노동자 계층의 경우는 뭔가가 부족하거나 잘못되어 저지른 것으로 인식되었습니다. 즉 노동자 계층을 고쳐야 할 대상으로 본 것이지요. 예컨대 나태하고 무위도식하는 습성을 지녔으니 강제노동을 통해 근로정신을 심어주어야 한다는 식으로 생각한 것입니다. 물론 외면적으로 표방한 것과 실제에는 상당한 괴리가 있었지요. 실제로는 수용자에게 노동을 강제하여 수익성을 창출하고자 한 경제적 측면이 더 중요하게 작용했습니다.

나태한 습성을 바꾸는 것은 곧 생산성의 제고를 의미했습니다. 강제노동을 통해 나태한 생활 태도를 바꾸기 위해서도 생산성을 확보하기 위해서도 일정한 시간이 필요했겠지요. 이것이 자연스럽게 형기제도의 정착으로 이어집니다. 더 나아가 작업의 효율성을 제고시킬 필요성은 인센티브 제도의 적용으로 나타났지요. 이 결과로 임금제도나 조기출소제도가 탄생한 것으로 볼 수 있습니다. 물론 수용자의 노동과 작업으로 창출된 수익은 교도소 관리비용을 충당하고 국가재정의 부담을 더는 데 이바지했지요.

응보인가,
개선인가

범죄자를 개선해야 한다는 생각은 감옥의 탄생 이전 또는 이후
에도 존재했다고 할 수 있겠네요. 다만 접근하는 방식이 달랐다
는 것뿐이고요. 어찌 되었든 세상이 교도소에 기대하는 것이 있
습니다. 죄를 지었으니까 벌을 받아야 한다는 것, 그리고 무엇보
다 착한 사람이 되어 나와야 한다는 것이지요. 그런데 벌만 있고
개선이 없다면 사회가 기대하는 것의 반을 놓치는 것이 되지 않
겠습니까.

  형벌 이념 혹은 교정철학은 역사적으로 몇 가지로 구분됩니
다. 응보, 억제, 사회복귀, 무력화, 사회 재통합 등이 포함됩니
다. 오늘날은 모두가 혼재되어 작동하고 있지요. 아직도 개인이
나 사회에 해를 끼친 가해자들에게 복수하고 응징해야 한다는
감정이 매우 강합니다. 형벌의 고통을 널리 알림으로써 일반인
들의 범법 가능성을 억제하고 사회의 안전을 확보하는 기능도
있습니다. 동시에 가해자도 불평등한 사회구조나 열악한 환경
의 희생자이니 치료하고 지원해야 한다는 의견 또한 존재합니
다. 더 현실적인 측면에서는 가해자들도 결국 다시 사회로 복귀
해야 하니 그들을 선한 이웃으로 만들기 위해 순화시키는 활동

감옥이란 무엇인가

이 필요하다는 주장도 있지요. 지역사회 내의 교정 활동을 중시하는 사회 재통합이론과 궤를 같이하지요. 무력화는 사회복귀 정책이 효과가 없으므로 법과 질서, 엄벌주의 철학에 따라 대거 가두어 범죄의 재발 자체를 불가능하게 하는 전략입니다. 즉 잠재적 범죄자가 구금되어 있으니 범죄를 저지를 수 없을 것이라는 논리입니다. 구금을 강화하고 형기를 높이는 결과를 가져오겠지요. 어느 사회에서든 대개 범죄인은 나쁜 사람이니 응징하고 엄벌하자는 여론이 우세하겠지요.

앞서도 그런 얘기가 나왔지만, 사람들은 범죄에 큰 관심을 보이지만 범죄인이 감금된 교도소에는 거의 관심이 없습니다. 더구나 교도소에서 범죄인을 어떻게 처우를 하느냐는 사회적 관심사는 물론 정치적 관심사도 아니지요. 그 유명한 신창원의 탈옥 사건이 발생했을 때도 언론에서조차 그의 범죄 경력, 도주 경로, 여자관계는 물론 심지어는 생김새와 입은 옷 스타일에까지 관심을 보이면서도 신창원이 교도소에서 어떤 처우를 받았는가에 대해서는 크게 관심이 없었습니다. 바로 이 점이 교정교화의 발전을 지체하게 하는 가장 큰 요인입니다. 여기에서 교정행정이 사회적 무관심에 편승해서 현상 유지에 급급하여 안주한다면 획기적인 발전은 기대하기 어려울 겁니다.

교도소에 대한 사회의 무관심이 정말 큰 문제입니다. 우리 사회

가 교도소를 제대로 이해해야 사회복귀나 교정교화 문제 해결에도 탄력을 받겠지요. 잠시 화제를 돌려서 체벌 얘기를 좀 해 보지요. 형벌로서 신체형은 사라졌지만 징벌이나 개선의 수단으로 체벌은 사회 곳곳에 여전히 남아 있는 듯합니다. 오늘날에도 일부 국가에서는 체형이 공개적으로 이루어지는 장면이 보도되기도 하고요.

신체형이 사라지고 구금형이 정착된 이후에도 체벌은 장기간 존재했지요. 교도소 제도를 선도적으로 종착시킨 미국 경우도 1800년대 초반에 수형자 관리의 수단으로 체벌이 성행했습니다. 당시는 주야간 완전 독거제로 운영되던 펜실베이니아제도와, 야간에는 독거제를 운용하고 주간에는 공동 작업을 하는 소위 오번제도가 병존하면서 우열의 논쟁이 전개되던 시기였습니다. 공동 작업의 효율을 높이기 위해 완전 침묵을 강요했고 위반 시에는 채찍질과 같은 체벌이 가해졌지요. 당시 교도소장 엘램 린즈Elam Lyndz는 체벌이 가장 인도주의적이고 적절한 처벌이라고 주장하기도 했습니다. 물론 이는 체력의 손상을 최소화하고 생산력을 유지하려는 계산에서 비롯되었지요. 1800년 악명 높았던 싱싱Sing Sing 교도소에서는 매년 3,000회가 넘는 채찍질이 징벌로 집행되었고, 족쇄, 멍에, 재갈, 냉수 샤워 등이 징벌로 사용되었다는 기록도 있습니다. 이 교도소는 우리나라에도 널리

감옥이란 무엇인가

알려진 전설의 배우 오드리 헵번이 주연한 〈티파니에서 아침을〉
이라는 영화에 나오지요. 아름답지만 돈이 궁핍한 여인이 용돈
을 벌기 위해 흉악범을 매주 면회하러 가는데 그 교도소가 바로
뉴욕주에 있는 싱싱 교도소였습니다. 그리고 1950년대에 일어
난 일련의 교도소 폭동 사태의 원인으로도 징벌 감옥, 열악한 음
식, 목욕 시설 등과 함께 수형자에 대한 과도한 태형이 제시되었
지요.[35]

오늘날 일부 국가에서 시행하는 공개적인 체형은 신체에 고
통을 가하는 것이 목표가 아니라 지켜보는 대중들을 향한 억제
교육이라고 봐야겠지요. 우리나라에서도 체형은 군, 학교, 가정
등 모두에서 폭력으로 인식되어 법적 처벌 대상이 될 수 있는 단
계에 이르렀지요.

사회복귀의 현실과 지향

교정교화에 얽힌 역사의 뒷얘기도 들었고 그것의 의의에 대해
서도 살펴봤습니다. 여러 가지로 생각할 점이 많은 것 같습니다.
우리나라의 사회복귀정책의 현실은 어떠한가요.

앞서 언급한 대로 사람들이 구속되었다는 자체가 범죄를 더 저지르지 못할 조건이 되지요. 그런데 교도소에 대해 범죄를 제조하는 공장이니 범죄를 배우는 학교니 하는 비난의 목소리가 존재합니다. 이 또한 부정하기 어려운 사실이거든요. 이 점에서는 교정교화 프로그램의 존재 여부나 효과 여부를 떠나 본질적인 문제를 생각해 볼 필요가 있습니다. 예를 들면 교도소는 일반 학교와는 구조적으로 큰 차이가 있어요. 학교는 시간이 흐를수록 우수한 학생들만 남아 졸업합니다. 문제 학생들은 퇴학, 중도 탈락, 전학 등으로 사라지지요. 교도소는 반대입니다. 시간이 흐를수록 단기형을 받은 사람이나 문제를 일으키지 않은 수형자들은 만기 복역이나 가석방 등으로 조기에 출소해 버립니다. 결국은 장기수나 문제 있는 수형자들만 남아 정해진 공간에서 기나긴 세월 동안 그들만의 삶과 문화를 만들면서 살아갈 수밖에 없습니다. 범죄학교나 범죄공장이 될 조건이 자연스럽게 만들어지는 것이지요. 이를 뒷받침하는 범죄이론이 '차별적 접촉이론'입니다. 범죄행위를 허용하는 문화와 자주 접촉할수록, 오래 접촉할수록, 어린 나이에 접촉할수록, 그리고 접촉하는 상대가 자신에게 중요한 사람일수록 그 영향력이 크다는 이론입니다. 교도소는 이런 조건의 상당 부분을 충족하지요.

따라서 꼭 교육하거나 특별히 관리해야 할 수형자들이 있습니다. 이들을 정확히 구분하여 관리하고 처우해야 하지요. 이를

'개별적 처우'라고 부릅니다. 이들을 선별하는 업무를 마냥 경험 많은 교도관이나 종교인들에게만 의존할 수는 없는 것이지요. 결국은 과학에 의존할 수밖에 없어요. 앞서 몇 차례 언급했지만 신뢰받는 위험성 예측척도를 인내심을 가지고 지속적으로 개발해야 합니다. 이를 위해서는 경찰, 검찰, 법원, 교정 영역에서 보유하고 있는 빅데이터를 활용해야겠지요. 개인정보의 활용 제한 문제가 걸림돌이 될 소지가 있지만, 이는 극복해야 할 과제이고요. 선별된 대상자에게 적용할 프로그램을 개발하고 실행하고 평가하는 작업까지 모두 통으로 연계되어야 합니다.

대단히 흥미로운 얘기입니다. 나쁜 것은 덜 배우고 좋은 것은 더 배울 수 있는 교정교화 프로그램이 필요할 것 같습니다. 실증적인 근거를 가진 프로그램들이 더 정교하게 맞춤형으로 설계되고 실시되어야겠지요.

해야 할 일이 많습니다. 사람을 변화시키는 일은 말로 하기는 쉽고 누구에게는 도전적인 소명이기도 하지만, 누구도 달성하기 어려운 미지의 영역으로 남아 있지요. 이를 수행하는 곳이 교도소인데 교도소에서 할 수 있는 일 역시 극히 한정되어 있습니다. 한정된 일도 잘 해내야 하는데 이 또한 쉽지 않지요. 교도소가 통제할 수 없는 외부적 요인은 말 그대로 통제할 수 없는 부분이고, 내부적인 요인도 교도관 개인적 차원보다는 제도적, 정책적으로 풀어야 할 문제가 더 많기 때문이지요. 교도관 개개인 또한 교정교화 업무에 필요한 자질이나 요건을 대개는 갖추고 있지 못하니까요.

물론 모든 교도관이 고도의 전문인이 되어야 하는 것도 아니고 될 필요도 없습니다. 몇 차례 얘기하지만 교도관의 전문화를 통해 내부의 인적 자원을 확충하는 것도 중요하지만, 외부 자원을 제대로 활용하는 것이 더 경제적이고 효율적입니다. 이와 관련해서 한 가지 꼭 지적하고 싶은 점이 있습니다. 교도소 측이 이제껏 비용 등 재원을 거의 제공하지 않으면서도 마치 시혜의 형태로 외부의 봉사 활동을 허가하는 모양새를 보여 온 것이 사실이거든요. 이런 행태가 유지되는 한 교정교화의 전문화는 이루어지기 어렵다고 봐야 합니다.

교정교화 프로그램이 성공하려면 제도적 측면은 물론 운영에서도 많은 개선이 이루어져야겠군요. 그런데 좀 더 근본적으로 범죄 원인에 대한 분석 역시 중요하지 않을까요.

교정 현장에서 범죄이론에 의거하여 각각의 수용자를 관리하고 처우한다는 것은 이상에 불가하지요. 그렇지만 진정으로 교정교화가 교도소의 존립 목표라고 설정한다면, 범죄의 원인에 대한 이해와 명확한 입장은 필수입니다. 학계에서 역사적으로 범죄의 원인이 개인의 소질에서 오느냐 혹은 환경에서 오느냐로 오랜 기간 논쟁이 있었습니다. 당시는 뜨거운 이슈였지만 어느 쪽으로도 기울 수 없는 논쟁이었지요. 사회의 총체적인 역량과 그 사회를 지배하는 이념에 따라 정책의 방향과 중심이 정해질 뿐 실제 원인이 무엇인가는 결정적인 요인이 될 수 없었지요. 범죄의 원인은 분명히 존재할 것인데, 이를 이해하고 분석하는 시각이 다르므로 국가의 정책이 달라진다는 것이지요.

원론적인 차이점은 인간의 자유의지를 중시하는 보수적 시각에서는 개인이 스스로 범죄를 결정한 것이므로 당사자가 책임을 져야 한다는 것이고, 외부 환경이나 타고난 소질의 영향을 중시하는 진보적 시각에서는 가해자를 지원이나 치료의 대상자로 본다는 것입니다. 교도소와 관련해서도 고통 부과라는 응보적 기능이 발휘되어야 하지만, 동시에 박탈적 구조와 열악한 환경 등이 개선되지 않으면 재범을 유발하는 요인으로 작용한다는 것 역시 부정할 수 없지요. 근원적으로 논리적인 딜레마가 존재합니다. 그러나 이런 와중에서도 기존의 사고 패러다임을 넘어선 새로운 이론이나 관점이 등장하기도 했지요.

범죄 원인과 관련해 기존의 사고를 넘어선 새로운 관점이라 하면 무엇이 있는지 말씀해 주십시오.

범죄와 관련된 보편적인 인식은 범죄 문제를 해결하는 당사자가 국가라는 것입니다. 즉, 범죄 해결사였단 말입니다. 그런데 반대로 국가의 행위가 곧 범죄 유발 요인이라고 설명하는 이론이 등장했습니다. 개인의 성향과 소질이냐 혹은 환경이냐의 논쟁에서 국가의 사법적 행위의 적절성 논쟁으로 옮겨간 것입니다. 관련 이론은 '낙인 이론'입니다. 잘 알려진 이론이지만 핵심은 이렇습니다. 범죄가 발생하면 이에 대한 국가적 대처로 구금이라는 형벌을 부과하지요. 이를 통해 범죄가 예방되고 억제되어 사회의 안전이 확보되기를 기대합니다. 그런데 교도소에 갔다 오면 준법 시민으로 변하는 것이 아니라 재범 위험성이 높은 전과자로 변해서 사회에 위협적인 존재가 된다는 이론이지요. 국가적 행위로서 시행된 형벌의 부과가 역기능을 한다는 의미입니다. 전과자를 양산하는 국가의 형벌정책이 곧 범죄를 유발하는 정책이라는 주장도 가능해진 것이지요. 수형자의 재범률이 60~70%를 넘나드는 미국의 경우는 더더욱 반론의 여지가 없었던 것이지요.

범죄행위에 대한 국가의 과도한 대응이 전과자를 양산하고 전과자에 대한 사회의 차별적 대응이 또 다른 범죄를 유발하는 악순환이 전개될 수 있겠군요. 그렇다고 해서 모든 전과자가 재범, 3범을 저지르는 것은 아니기 때문에 각 전과자의 개인적인 요인

을 무시할 수도 없겠습니다.

중요한 부분을 지적하셨습니다. 예컨대 빈곤이 범죄를 유발한다는 말이 틀린 말은 아니지만 빈곤한 사람 모두가 범죄를 저지르는 것은 아닙니다. 또한 범죄를 저질렀기 때문에 빈곤해진다고 설명할 수도 있지요. 우리나라의 경우는 앞서 언급한 말인데, 교정 영역에 국한시켜서 보면 재복역률이 25% 정도이고 전체 수형자의 약 과반이 전과자입니다. 잠재적 전과자 한 사람을 찾아내서 변화시키면 몇 건의 범죄를 예방하는 효과가 있다고 보지요. 따라서 선별적으로 구금하고 구금 후에는 선별적으로 관리하고 처우해야 한다는 논리가 나옵니다. 물론 한 사람을 선별했다 하더라도 처우는 복합적으로 접근해야 합니다. 대개 수형자들은 다양한 문제를 안고 있는 집단이기 때문입니다. 당연히 팀 혹은 위원회 형식의 접근이 필요하지요. 복역 중은 물론 출소 후에 이런 접근이 더 요구됩니다.

얘기를 듣다 보니 교도소의 교정교화 프로그램은 스펙트럼이 상당히 넓어야 한다는 생각이 듭니다. 복역 중은 물론 출소 후에도 관리와 처우가 필요하다는 것은 지금까지 교정교화의 영역을 교도소 공간에만 한정하지 않고 지역사회까지 확대해야 한다는 뜻이겠지요.

기본적인 문제를 먼저 살펴보지요. 2020년 법무부 총예산은 3조 8000억 정도이고, 교정본부예산은 1조 7000억 정도, 그중에서 교정교화예산은 70억 정도입니다. 여기에서 70억은 직업훈련, 사회복귀, 심리치료 등을 포함한 액수입니다. 수형자의 교정교화와 건전한 사회복귀를 도모하는 것이 목적이라는 형집행법의 취지가 무색할 정도로 적은 금액이지요. 따라서 교정교화와 관련된 행사와 프로그램의 경우에 종교단체나 일부 사회단체의 인적, 물적 자원에 거의 의존하고 있는 것이 사실입니다. 그나마도 참가하는 단체까지 자주 바뀌기 때문에 시행하는 프로그램이 일관성이 없을 뿐만 아니라 그 효과도 제대로 측정한 적도 없는 상태에서 세월만 흘러온 겁니다. 외부 봉사자들도 교정 현실에 대한 감각과 이해도가 떨어져 효과를 담보할 수 없다는 문제점도 있지요. 장기적으로 일관성 있는 정책과 프로그램을 유지하기 위해서는 외부 자원을 적극적으로 활용하되 적정 수준의 국가 재정적 지원을 반드시 확보해야 합니다.

다음은 처우의 접근 방식입니다. 앞서 언급한 대로 범죄인은 다양한 집단이고 각 개인 역시 저마다 다양한 문제를 안고 있지요. 당연히 다층적 접근이 필요합니다. 따라서 특히 출소 후에는 가족관계, 주거, 경제, 취업, 의료, 법률, 종교 등 복합적인 문제를 다룰 수 있는 전문가 집단회의체 같은 조직을 전국 단위로 운영하는 것이 필요하다고 봅니다. 영국에서 실시되고 있는

'다기관 공공 보호 협의체'MAPPA라는 위원회식 회의체가 그 예가 될 수 있겠지요. 정기적인 모임을 통해 출소자들의 요구를 분석하고 지원 영역을 분담하며 변화 사항을 주기적으로 점검하는 임무를 수행하지요.[36]

사회복귀 문제는 사회의 다양한 요인과 연계해서 풀어야 한다는 생각이 듭니다. 그런데 교정교화의 중요성을 그렇게 강조하면서도 실제로 배정된 예산을 보니 좀 충격적입니다. 교정교화에 이렇게 소극적인 이유는 결국 교도소를 처벌 공간으로 보는 시각이 지배하기 때문이 아닐까요.

다소 급진적인 주장이지만 교도소 폐지론이 나오는 이유가 있지요. 원론적으로 교도소가 효율적인가, 경제적인가, 정의로운가와 같은 질문을 던질 수 있습니다. 당연히 긍정적인 답변은 나올 수 없을 것입니다. 물론 세상 어디에서도 완전히 효율적이고 경제적이며 정의로운 것은 존재하지 않겠지요. 그렇다고 그이유로 비효율적이고 비경제적이며 정의롭지 못한 것을 계속 존속시키는 것도 답은 아닙니다. 교도소가 이런 논쟁의 대상이 되고 있습니다.

이런 질문에 답하기 이전에 교도소의 존립 목적이 무엇인지 생각해 봐야 합니다. 교과서적인 목적과 일반 보통 시민들이 기대하는 바를 구분해야겠지요. 우리 사회에는 비록 나쁜 짓을 했지만 교정교화를 통해 제2의 기회를 찾도록 범죄인을 지원해야 한다는 인식과 나쁜 짓을 저지른 범죄자에게 당연히 엄중한 대가를 치르게 해야 한다는 인식이 공존합니다. 그러나 반인륜적인 범죄는 주기적으로 발생하고 여기에 국민의 민감한 정서가 개입하면, 사형제도의 존폐에 대한 여론조사가 말해 주듯이 결국에는 엄벌주의가 우위를 점하게 되지요. 이어지는 문제는 엄벌주의가 연쇄살인범과 같은 중대 범죄에만 영향을 미치는 것이 아니라, 기타 가벼운 범죄에도 영향을 미쳐 기존의 형벌과 행형의 틀을 벗어나지 못하는 악순환이 반복된다는 것입니다. 교도소 내의 환경 개선도 마찬가지로 설명할 수 있습니다. 열등 처우의 원칙이 작용하는 대표적인 장소가 교도소이지요. 국가로부터 구제받는 빈민은 최하급의 노동자 수준보다 낮게 대우해야 한다는 원칙처럼, 수형자의 처우도 사회에서 어렵게 살아가는 준법시민의 삶의 수준보다 낮아야 한다는 원칙이지요. 이런 경직된 분위기가 사회를 지배하는 한 포용적인 교도소 문화의 창달은 먼 나라 얘기가 될 것입니다.

엄벌을 정의의 실현으로 보는 관점은 응보주의에 입각한 윤리적인 판단을 따른 것이지요. 나쁜 사람을 처벌하는 것이 곧 정의라는 매우 간결하지만 강력한 논리가 그 뿌리입니다. 교도소의 목적이 나쁜 사람들에 대한 엄벌로서 격리에 있고, 그것이 정의의 실현이라고 믿는 사회에서는 경제성, 효율성과 같은 객관적 평가의 시도는 큰 힘을 발휘할 수 없습니다. 예컨대 과연 누가 나쁜 사람인가, 처벌로 인해 누가 이익을 얻고 누가 고통을 당하는가, 지금의 경찰, 검찰, 법원을 포함한 사법제도는 과연 공정하고 정의로운 수사와 판결을 하는가, 처벌은 그 범행의 정도에 맞게 내려지는가, 범죄인에게 고통을 주는 것보다 나은 방법은 없는가, 피해자의 고통은 누가 어떻게 해결하고 있는가 등을 진지하게 고민해야 합니다.

교정 기능으로 응보주의 관점이 지배한다면 사회복귀 업무에도 한계가 있을 수밖에 없겠습니다. 교도소의 최우선적 기능을 수형자의 사회복귀로 바꿀 수는 없나요. 현 상황에서 어떤 접근이 필요합니까.

현 상황에서는 각 개인의 문제와 성향을 모두 파악하고 그에 맞는 각각의 프로그램을 개발하고 적용하는 것이 사실상 불가능합니다. 따라서 문제가 되는 소수의 수형자를 가려내어 특별한 관리하에 전문적으로 접근하는 방법이 시도되어야 할 것입니다. 이를 위해서는 재범 예측척도의 개발, 맞춤형 교화 프로그램의 개발과 적용, 직원의 전문화 등의 여건이 마련되어야겠지요. 그리고 대다수 나머지 수형자들에게는 특정한 교육을 의무적으로 강제하는 것보다는 일반적인 생활 여건을 외부 사회와 최대한 근접하게 조성하고 자율적 생활을 보장하여 출소 후 사회재적응이 원활하게 진행되도록 도와야 할 것입니다.

알겠습니다. 극복해야 할 장애요인도 있을 것이고 정책적 전환도 있어야겠지요.

무엇보다도 과밀수용의 해결이 최우선 과제입니다. 수용 인원이 많으면 어떤 프로그램도 효율적으로 시행할 수 없습니다. 따라서 첫째, 입소 인원을 최소화하고 출소 인원을 최대화해서 수용 규모를 줄여야 합니다. 그렇게 하려면 법원 단계에서 구금형의 비율을 최소화하고 교정 단계에서는 가석방 제도를 적극적으로 활성화해야 합니다. 둘째, 교도소 시설을 소규모화해야 합니다. 최대 300명을 기준으로 500명을 초과하지 않도록 하고 500명도 반드시 수형자 성격에 따라 더 작은 단위로 나누어 관리하고 처우해야 합니다. 셋째, 생활 공간을 취침 공간, 식사 공간, 공유 공간 등으로 구분하여 친인권적인 환경으로 조성해야 합니다. 친인권적 환경이란 곧 시설 내 삶의 환경을 사회와 최대한 유사하게 만드는 것입니다.

맞춤형
교정교화

과밀수용을 해소하는 것은 수용자 인권문제를 위해서나 교정교
화를 위해서나 불가피한 과제라는 생각이 드는군요. 과밀수용
은 구금의 박탈적 환경을 더욱 악화시키는 요인이기도 하지요.
그렇다면 박탈적 환경이라 함은 어떤 상황을 말하는 것입니까.

무엇보다도 구금을 당하면 시간과 공간을 활용하고 입고 먹
고 자는 의식주의 자유가 기본적으로 박탈당하지요. 이어 사람
들과 만남이 제한되면서 이성관계는 사실상 완전히 박탈된다고
봐야 됩니다. 또한 위험한 수형자들이나 주변 환경에서 오는 안
전에 대한 불안감 또한 상존하지요. 이런 문제는 물리적 환경의
개선에서부터 관련 법령이나 규칙 등의 완화가 뒷받침되어야겠
지요. 이런 희망사항이 제대로 이루어지기 위해서는 무엇보다
교정과 수형자들에 대한 사회적 인식이 제고되어야 합니다. 그
런데 주기적으로 발생하는 흉악범죄들로 인해 우리나라의 국민
정서와 여론은 결코 우호적이라고 볼 수 없습니다.
　앞서 언급한 바대로 수형자의 사회복귀에 장애가 되는 문제
점은 자유형이 갖는 부정적 속성과 연관이 깊지요. 저는 그중에
서도 수형자의 자율성이 허용되지 않는다는 점을 특히 지적하고

싶습니다. 형기 동안 규율과 명령에 순응해야만 살아남는 타율적 삶이 내면화된다는 것입니다. 출소 후 매사에 피동적인 태도를 보이고 사회의 변화에 지체될 가능성이 큽니다. 이를 제도적으로 타개하는 하나의 방안은 상당한 시행착오가 예상되지만 소소한 일상사에서부터 자신들이 토론하여 의견을 모아 운영과 정책에 반영시키는 '수형자 자치제도'를 시행하는 것입니다. 이런 경험은 개인보다는 전체를 먼저 고려하는 학습이 되고 민주적인 의사결정 과정에 참여하는 훈련이 될 것입니다.

밖으로는 수형자에 대한 사회적 인식의 변화, 그리고 안으로는 수형자들의 자율성 강화 등이 교도소의 물리적 환경을 개선하는 것보다 더 중요하다는 생각이 드는군요. 이 교수님이 자주 얘기했듯이 교도소의 안과 밖을 유사하게 만들기 위해서는 이런 조건이 모두 충족되어야겠지요.

구금 환경을 외부 환경과 최대한 유사하게 만들면 교정교화의 반은 이루어진다고 몇 차례 언급한 적이 있습니다. 여기에서 물리적 환경은 물론 의식주, 여가, 안전, 자율성의 허용 정도 등을 모두 포함하지요. 좀 더 부연하면, 저의 지론은 심오한 이론을 적용한 프로그램을 개발해서 억지스럽게 실시하는 시도보다 수형자들의 삶의 일상성을 외부 사회와 최대한 유사하게 조성하

감옥이란 무엇인가

고 유지하는 것이 더 필요하다는 것입니다. 이를 '동일화의 원칙'principle of normality 혹은 'parallel universe' 이라고도 하지요. 즉 자유의 박탈만을 처벌로 갈음하고 다른 조건들은 최대한 교도소를 사회와 유사하게 만드는 것입니다. 이 방법이 수형 생활 속에서 사회 적응력을 가장 자연스럽게 향상하는 길이지요. 그렇게 되면 작위적 교정교화 프로그램에 대한 필요성이나 요구는 상당 부분 사라질 것입니다. 이는 노르웨이 교정국에서 표방하는 교정행정의 근간으로 알려져 있습니다.

그렇다고 해서 교정교화 프로그램의 개발의 필요성이나 효과를 부정하는 것은 아닙니다. 상담이든 인성교육이든 인지행동요법이든 직업훈련이든 그 필요성을 부정하는 사람은 없습니다. 그런데 인성교육을 담당한 분들은, 예컨대 시설에서든 보호관찰 수업에서든 교육을 시작하자마자 범법소년들이 모두 졸거나 아예 엎드려 자버리는 장면을 수도 없이 경험했을 것입니다. 자격증 몇 개를 따도 가석방에는 도움이 되지만 출소 후 취업에 도움이 되지 않는다는 비판도 끊이지 않고 있습니다. 물론 자격증을 취득하는 과정에서 기울인 노력 자체에 의미를 부여해야한다는 주장도 일리는 있습니다. 그러나 전체적으로 프로그램들이 형식적으로 진행되고 있다는 사실은 애써 외면하고 있는 불편한 진실에 속합니다. 이런 상태에서는 어떤 교육이나 치료도 실효성이 문제가 될 수밖에 없습니다. 먼저 각 수형자의 필요를 정확히 가려내야 하고, 그 필요를 해결할 방안으로 치료든 교육이든 실행되어야 한다는 것이 수형자 처우의 철칙이어야 합니다. 즉 맞춤형 프로그램의 설계와 실행을 말합니다. 이런 과정이 생략되면 어떤 정책이나 조치도 좋은 결과를 낼 수 없습니다.

교화에 대해 좀 더 큰 그림을 그려 주셨네요. 당연히 맞춤형 교정 교화 프로그램은 아무리 강조해도 지나치지 않다고 봅니다. 형식적으로 진행되는 교화 프로그램으로는 어떤 효과도 기대할 수 없다는 생각이 듭니다.

교도소의 목적으로 사회복귀를 표방하는 것은 마땅하고 이를 전적으로 부정하는 사람은 없으리라 봅니다. 문제는 이념적으로 표방하는 것이 아니라 실효성 있는 접근 방식을 찾아 실행해야 한다는 것이지요. 정신질환자와 마약 중독자의 경우는 문제가 명확하므로 이에 맞는 전문적인 처우와 치료가 필요하지만, 문제가 특별히 가려지지 않았거나 없을 수도 있는 수형자에게 목표가 불분명한 프로그램을 강요해서는 효과가 없다는 뜻입니다. 각 개인의 문제를 과학적으로 파악하기 어렵다면, 저는 앞서 얘기한 대로 교정 당국이 할 일은 수형자의 시설 내 삶이 최대한 바깥세상과 유사하도록 조성하는 것이 최선의 길이라고 생각하지요. 수형자들은 본능적으로 공간의 자유, 장소의 안전,

그리고 오감의 향유를 갈망합니다. 특히 자율성과 안전감이 가장 결핍된 부분이지요. 이런 바람을 최대한 충족시키도록 노력하는 것이 교정교화의 첫걸음이라는 생각입니다.

교육과 상담은 좋은 것이며 실시하면 효과가 있을 것이라는 믿음은 선의겠지만, 이는 곧 실적주의, 형식주의, 냉소주의로 이끌 수도 있음을 기억해야 합니다. 몇 차례 얘기하지만, 다수를 대상으로 하는 어떤 프로그램이라도 오락, 운동, 연예 프로그램 외에는 효과를 기대하기 어렵습니다. 과학적 분류심사 과정을 통해 문제가 파악된 소수의 수형자를 대상으로 선택적 처우를 맞춤형으로 시행해야 합니다. 솔직히 이렇게 말하기는 쉽지요. 소수를 걸러내고 이에 맞는 개별적 프로그램을 설계하고 이를 담당할 전문 인력을 배양하고 사후 평가까지 해야 하는 작업은 결코 단기간에 이루어질 수 없지요. 따라서 명확한 교정의 목표를 설정하고 이를 실천하는 과정을 제도적으로 체계화해야 할 것입니다. 수형자에 대한 처우의 목표를 '입소 시부터 사고 없는 형기 만료'가 아니라 '조기 가석방'에 두고 이를 위한 단계별 개별 처우를 설계하고 실천하는 것이지요.

교도소의 기능으로서 교화 업무의 효과에 대해 중립적으로 판단하시는 것 같습니다. 맞춤형 교화 프로그램의 필요성을 수사적으로 강조하기보다는 이를 이루기 위한 제도적, 물리적, 사회

적 환경을 개선해야 한다는 보다 실질적인 그림을 그리고 있는 것 같기도 하고요.

제가 자주 강조하지만 교정교화가 중요하다는 담론을 부정하는 것이 아닙니다. 예컨대 교정교육에서도 어떤 교육을 누구에게 누가 실시할 것인지에 대한 답을 구하는 절차가 생략된 교육은 의미가 없다는 것입니다. 현 상태의 인적, 물적 자원을 고려하면 현실적으로 어떤 교육도 어떤 치료도 의미 있는 성과를 기대하기 어렵다고 봅니다. 가장 중요한 것은 과잉수용 해소와 시설의 소규모화입니다. 다음으로 과학적 분류 심사, 목표 대상자 선정 및 선별적 처우, 직원의 전문화, 외부 자원의 적극적 활용, 출소 후 관리시스템 구축 등의 과제가 중장기적 계획하에 체계적으로 설계되고 추진되어야 합니다.

잘 알겠습니다. 그런데 앞서 교도소의 안과 밖의 유사성을 얘기하면서 '동일화의 원칙'을 언급하셨어요. 교도소의 물리적, 제도적 여건의 개선과 함께 형기 동안 교도소 안은 물론 밖의 사람들과의 관계도 훼손되지 않고 원만하게 유지되도록 돕는 것이 중요하다고 봅니다.

외부와 소통을 위한 제도적 장치는 법적으로 규정되어 있지요. 서신, 전화, 접견, 귀휴, 등은 물론 라디오, TV, 신문, 잡지, 서적, 종교집회 등이 해당됩니다. 물론 일정한 제한하에 이루어지지만요. 요즘에는 화상접견도 확대되고 있습니다. 물론 이런 제도적 장치의 유무보다는 사회와 단절된 폐쇄적 삶에서 오는 불가피한 인간관계의 손상을 어떻게 최소화하는지가 문제가 되겠지요. 같은 거실의 동료 수용자나 담당 교도관와의 갈등, 가족과 친지와의 관계 소원 등이 불가피하게 정상적인 복역 생활에 장애요인으로 작용할 것입니다.

이 부분에서 교도관의 역할이 매우 중요하겠지요. 각 수용자의 상황과 애환을 직접 관찰하고 조치를 취할 수 있는 사람은 사실상 교도관이 유일합니다. 아마도 교정교화는 바로 이런 교도관의 수용자에 대한 세심한 관심과 원조에서 시작된다고 할 수 있을 것입니다. 물론 교도관 개인의 열정으로 세상이 바뀌긴 쉽지 않겠지만요. 세상에는 어디에서든 꼭 해야 할 일이 있고, 하지 말아야 할 일이 있고, 하면 더 좋고 못해도 그만인 일이 있다고 봅니다. 교도관의 경우 꼭 해야 할 일은 보안업무이고, 하지 말아야 할 일은 뇌물을 받거나 폭력을 행사하는 것일 것이고, 하면 더 좋고 못해도 그만인 일이 교정교화 업무라고 해도 큰 무리가 없을 것입니다. 그런데 머지않아 순서가 바뀌지 않을까요. 보안업무는 첨단장비로 대체될 것이니 교정교화 업무가 교도관이 꼭 해야 할 일로 말입니다.

사회적약자
처우

요즘 언론 등에서 사회적 약자 혹은 소수자에 대한 관심이 뜨겁습니다. 교정시설에도 이에 속하는 사람들이 수용되어 있을 텐데 이들에 대한 관리와 처우는 어떠한지 궁금합니다.

이 자리에서 사회적 소수자들에 대한 처우 현황과 개선책 등 모든 얘기를 나눌 수는 없겠지요. 그런데 미국의 매체에서 읽은 기사인데 오래 기억에 남는 사례가 떠오릅니다. 10대이며 극빈자이며 임산부이며 흑인이며 여성이며 장애인이며 에이즈에 감염된 환자가 범법행위로 구금된 수형자라면 어떤 처우가 필요한지를 묻는 기사였지요. 물론 특별하고 극단적인 경우입니다. 그러나 이를 통해 많은 생각을 할 수 있겠지요. 저는 수많은 수형자들이 이와 유사한 전력을 안고 입소한다고 봅니다. 드러나는 범법행위로 판결을 받고 구금되지만 뒷전에는 드러나지 않은 다양하고 극적인 사연이 쌓여 있을 것입니다. 죄는 구금으로 정해졌으니 이제부터는 드러나지 않은 무거운 짐을 내려놓도록 배려하고 지원해야 되겠지요. 이것이 바로 교정교화입니다.

우리가 교정교화를 논의하면서도 이런 문제에 대해서는 깊은

감옥이란 무엇인가

얘기를 못 나누었습니다. 그들에 대한 사회적 관심은 어떠한가 요. 관련 연구가 충분히 진행되고 있는지 궁금합니다.

교정시설에도 소년, 여성, 노인, 병자, 장애인, 외국인, 성 소수자 등 어느 사회와 마찬가지로 사회적 약자 혹은 소수자들 이 수용되어 있습니다. 물론 이들에 대한 사회적 관심은 매우 미 흡하지요. 사건이 발생하면 잠시 언론에 보도되기는 하지만 일 회성 관심으로 끝나 버립니다. 소년 수용자와 여성 수용자를 위 한 시설은 각각 김천과 청주에 독립적으로 운영되고 있고, 나머 지 수용자의 경우는 대개 특화된 전국 거점시설에 수용되어 관 리되고 있습니다. 이 중에서 특히 병자, 장애인, 성 소수자 등의 관리와 처우에 대해서는 잘 알려진 바가 없어 향후 사회적 관심 이 필요하다고 저는 생각합니다.

이들에 대한 처우를 개선하기 위해서는 무엇보다 이와 관련 된 연구가 전제되어야 하는데, 깊이 있는 연구 결과는 거의 찾아 볼 수 없는 상황입니다. 그 이유는 우선 교정시설의 특성상 조사 와 자료 수집에 어려움이 있을 것이고, 다음으로는 아직 사회적 관심이 교정시설의 소수자에까지 미치지 못한 탓도 있겠지요. 앞서 잠깐 언급한 바 있지만 가상의 경우를 가정해 보지요. 병자 이며 장애인이며 여성이며 노인이며 범법자인 수형자가 있다면 우리 사회는 이에게 어떤 처우를 제공해야 하는가? 여기에서

'응징이냐 교화냐' 와 같은 이분법적이고 도식적인 접근으로는 답을 찾을 수 없다는 것은 명확하지요. 이것이 이들에 대한 깊이 있는 연구가 필요한 이유이기도 합니다.

그런데 자료 접근의 어려움에도 귀하고 뜻 깊은 연구 논문이 종종 출간되기도 합니다. 특별히 기억에 남는 박사학위 논문이 있는데, 교도소에서 유아를 양육하는 여자 수형자에 관한 논문이었지요. 여성이며 피해자인 동시에 범죄자이며 갓난 아기를 키워야 하는 어머니들의 모성애를 주제로 한 연구였습니다. 그런데 유사한 주제로 제작된 영화 〈하모니〉도 생각나는군요. 우리나라 유일한 여자 교도소인 청주여자교도소를 배경으로 남편의 상습적 폭행 때문에 우발적으로 살인을 저지른 여성 수형자가 아기를 키우는 애환을 다룬 작품으로 배우 김윤진과 나문희가 열연하여 큰 호응을 얻었지요.

이 논문은 유아를 양육하는 수형자들을 2년에 걸쳐 직접 면담한 기록을 정리해서 논문으로 작성한 것입니다. 대통령 선거, 금융위기, IT 산업, 원전 폐기와 같은 거대 담론을 테마로 한 것이 아니라, 세상 사람들이 있는지도 모르는 유아 양육 여성 수형자들을 연구했다는 자체가 보물이라는 생각을 합니다. 사회의 사각지대인 교도소에서 아기를 키우는 어머니의 삶을 심층적으로 분석한 것입니다. 결론 중 하나는 모성은 어머니가 아기에게 일방적이고 무조건적으로 주는 사랑이기도 하지만, 아기가 자신을 안고 있는 어머니에게 주는 체온과 호흡이 두 사람을 한 몸으로 만들고 그 과정에서 아기가 현실을 견디게 하는 절대적 지지자로 여겨졌다는 것입니다. 이런 경험이 타인에 대한 배려를 우러나게 하고 나아가 교도소 내에 더 큰 모성애를 확산시킨다는 것입니다. 그리고 교도소에서 아이에게 아무것도 해 줄 수 없는 처지에서 비로소 진정한 어머니가 된 것을 느꼈으며, 물질이 아닌 마음이 진정한 사랑이며 아기와 온전히 함께 있어 주는 것이 바로 모성이라고 느꼈다는 그들의 아픈 고백으로 결론을 내리고 있지요.

이 교수님이 그 논문의 지도교수로 알고 있는데 전체적인 소감은 어떠했나요.

이 작은 발견으로 우리 사회의 꽉 막혔던 구석에서 한 줄기 빛을 본 느낌을 받았습니다. 연구 대상자들은 살인범이거나 사기범이지만, 폭력의 피해자이기도 하며 아기의 어머니이기도 하고 수형자이기도 하지요. 우리 사회는 그들의 어느 부분을 바라보고 있는지 생각하게 만들더군요. 자신이 복역하다 보니 아기도 처벌을 받고 있다는 죄책감을 느끼지만, 이를 극복하고 참된 어머니 됨을 찾아가는 과정에서 아기가 아닌 타인들에게도 모성애를 발현하게 되었다는 어찌 보면 평범한 스토리이지만, 아주 힘겹게 만들어진 과정을 영화 보듯이 지켜본 느낌이었습니다.

이 장을 마무리할 겸해서 수형자 심리치료에 대해 의견을 듣고자 합니다. 최근에 성폭력 범죄가 급증하고 연쇄 살인 등 반인륜적인 범죄가 주기적으로 발생하면서 교도소의 역할에 대해 언론의 관심이 높아지고 있습니다. 법무부 차원에서 어떤 유효한 조치가 취해졌습니까.

조두순 사건 등 흉악한 성폭력 범죄의 출현에 따라 이에 대한 대응으로 2011년 서울 남부교도소에 심리치료센터 설립을 시작으로 이후 권역별로 지방 교정시설에도 심리치료센터가 확대 설치되었지요. 기존의 강의식 교육을 지양하고 보다 전문적인 치료적 접근을 표방하고 시행 중에 있습니다. 성폭력범 외에도 마약, 알코올, 정신질환, 규율 위반 등의 문제가 있는 수용자에 대한 치료프로그램이 운영되고 있지요. 임상심리사와 상담심리사와 같은 200여 명의 전문 인력이 채용되는 등 체계를 갖추어 가고 있는 것으로 보입니다. 그러나 전국적으로 성폭력 사범과 마약류 사범을 7,000여 명이라고 볼 때, 프로그램의 자체의 효과성을 감안하지 않고 양적으로만 계산해도 실질적인 치료의 효과가 재범률의 감소로 이어지는 데는 상당한 세월이 필요할 것 같습니다.

이 시점에서 가장 시급한 것은 범수가 많은 범죄중독성 수형자에 대한 처우입니다. 통계를 보면 범수가 많을수록 재복역률이 높아지는 것을 알 수 있습니다. 즉 출소 후 재복역하는 비율은 초범의 경우 10% 정도인데, 2범은 약 30%, 3범은 약 40%, 4범은 약 50%, 5범 이상은 약 60%를 상회합니다. 따라서 무기수, 장기수, 상습적 누범자의 특성을 파악하고 이에 대한 처우 프로그램을 적극적으로 개발해야 할 것입니다.

사회적 약자나 상습적 누범 수형자에 대한 적절한 처우는 인권보호, 사회안전, 교정교화라는 교정의 핵심적 목표를 위해서라도 꼭 필요하겠습니다. 교정교화 프로그램의 바람직한 모습은 무엇이라고 보시나요.

큰 틀에서 얘기하자면 우리나라의 교정행정과 처우 프로그램은 사회 여론에 지나치게 의존하는 편입니다. 조두순 사건으로 성폭력 치료 프로그램이, 인문학 열풍으로 집중 인성교육 프로그램이, 실업률 급등과 일자리 창출 사업 붐으로 구인 구직이나 일자리 지원 프로그램이 탄생했지요. 이런 현상이 물론 교정 분야만의 문제는 아닙니다만 아쉬운 부분이지요. 현 실정에 대한 객관적인 분석과 평가와 함께, 교정의 미래에 대한 확고한 철

학과 비전을 바탕으로 교정행정을 설계하고 실천에 옮기는 결의
를 교정 당국에 기대해 봅니다. 교정이 엮어 온 역사를 비판적으
로 통찰하면서 그 뿌리가 되는 철학을 깊이 이해하고, 인간의
삶, 자유, 존엄, 죽음과 같은 철학적 명제에 대한 진지한 성찰과
함께 미래를 설계하는 인적 자원이 절실합니다.

6장

교도소가 없는 세상

교도소의
해체

이 교수님은 교도소의 미래에 대해 평소 상당히 앞서가는 주장을 펼쳐 온 것으로 알고 있습니다. '교도소의 해체'도 그중 하나입니다. 저는 그저 "교도소 고유의 역할이 있어야 한다. 그리고 그 정체성이 분명해야 한다."라는 정도에서 교정교화의 중요성을 생각해 왔습니다. 교도소의 해체라는 말은 교도소의 존립 자체를 전면 부정한다는 뜻인가요.

범죄인에 대한 응징은 필요합니다. 그리고 교정교화가 없는 교도소는 그야말로 인간 창고일 뿐이라는 생각에도 동의합니다. 그러나 범죄인을 어떻게 대하는 것이 응징이고, 어떻게 대하는 것이 교정교화인지에 대한 명확한 답이 아직은 나오지 않앞다고 생각합니다. 저의 요지는 현재의 교도소 제도가 응징 혹은 교정교화의 장소로서 기능을 수행하기에 적합한 제도인가를 평가해 봐야 한다는 것입니다. 오랜 기간 존속해 왔으니 미래에도 존속할 것이라는 생각에는 동의하지 않습니다. 오늘날 교도소 제도는 폐지되어야 할 유물이라기보다는 새로운 형벌체계로 전환하는 과도기에 있다고 봅니다. 최근에는 첨단 과학기술이 낳은 '전자감독제도'와 원시적 공동체 사회의 분쟁 해결방식에서 연유한 '회복적 사법'이 동시에 대체 형벌의 유형으로 관심을 받고 있지요. 하나는 미래에서 다른 하나는 과거에서 해법을 찾았다고 볼 수 있습니다.

교도소가 자기 기능을 제대로 수행하지 못한다고 판단하는 근거가 무엇인가요.

교도소가 왜 그 기능을 발휘하지 못하는지에 대해서는 수많은 논쟁이 있었습니다. 그중 가장 유력한 답은 아마도 교도소 자체가 가지고 있는 속성일 것입니다. 교도소는 격리, 단절, 속박을 속성으로 한 대표적인 시설이지요. 자유를 희구하는 인간의 보편적인 속성에 역행합니다. 역행함으로 고통이 따르고 그 이유로 형벌이 될 수 있었겠지만요. 인간이 생존하고 삶을 유지하는 데 필수적인 가정, 직업, 교육과 단절됨은 물론 더 기본적인 측면으로 오감, 즉 시각, 청각, 후각, 미각, 촉각을 느낄 자유까지도 사실상 박탈되지요. 인간의 기본적인 욕구가 충족되지 않기 때문에 정서와 정신이 피폐해지는 것은 자명합니다.

또한 교도소는 수많은 문제를 안고 있는 범죄자들이 장기간 수용되기 때문에 악풍의 감염 등으로 범죄를 배우는 곳으로 전락할 수밖에 없습니다. 출소한 이후에도 전과자라는 낙인은 사회 적응에 장애요인으로 따라다니지요. 더구나 가속도로 급변하는 오늘날 외부 세계와 단절되는 것은 곧 퇴행을 의미하여 사회 재적응을 사실상 불가능하게 만듭니다.

이는 시간의 경제가 무력화된다는 뜻이기도 하지요. 여기에서 시간의 경제가 무력화된다는 것은 격리되는 동안 잃어버린 기회로 인해 온갖 손실이 만들어지는 과정을 말합니다. 즉 타인들과 부단한 교류를 통해 삶을 영위하는 데 필요한 경제행위를 포함한 온갖 활동이 차단된다는 것이지요. 더 큰 문제는 그 영향이 격리 기간에 한정되지 않고 그 이후에까지 연속적으로 작용한다는 점이지요. 따라서 형벌의 목적이 모든 범죄인을 철저히 그리고 영원히 타자화하는 것이 아니라면 시간의 경제가 무력화되는 것을 최소화해야 합니다.

그런데 지금까지 이런 문제점을 해소하기 위해 다양한 정책과 조치가 마련된 것도 사실 아닌가요.

감옥이란 무엇인가

격리와 단절이 안고 있는 문제를 보완하는 전략들이 고안되고는 있지요. 예컨대 개방 처우라고 일컬어지는 조치입니다. 구금형에 대한 대체 형벌을 개발하여 입소 비율을 낮추고 조기에 출소시키는 전략을 시행하여 수용인구를 최소화하는 것 등입니다. 또한 형기 중에도 외부로 통근하며 작업을 수행한다든가 주중에는 일상생활을 영위하고 주말에만 구금되는 제도도 있지요. 그러나 이런 정책과 전략도 일관성이 있게 추진되는 데는 어려움이 있습니다. 형벌의 보수화 현상 때문이지요. 사회적 물의를 일으키는 반인륜적 범죄나 가학적 범죄가 발생하면 형벌이 관대한 탓으로 인식하고 사회 분위기는 강경한 쪽으로 급선회하고 더 엄중한 형벌을 요구하지요.

예컨대 성폭력범에게 물리적 거세를 주장한다든가 전자발찌 30년 부착 명령을 입안한 사례를 들 수 있습니다. 흉악범에게 엄중한 형벌을 부과하는 것이 부적절하다는 의미가 아니라 형벌을 계속 강화하는 것만이 궁극적인 해결책은 아니라는 점을 말하고 싶습니다. 예컨대 마약 범죄에 5년 형을 부과했는데 마약 범죄가 감소하지 않는다고 10년으로 형기를 늘리고, 다시 15년으로 늘린다면 이는 결코 합리적이고 적절한 정책 방향이라고 할 수는 없지요. 형량이 부족해서 범죄가 감소하지 않으므로 계속 강화하면 언젠가는 감소할 것이라는 무리한 논리가 작용한 것입니다. 이 논리로는 사형제도가 존치되고 있는데도 살인 범죄는 발생하고, 사형제도가 폐지되었는데도 살인 범죄가 증가하지 않는 현상을 설명할 수 없습니다. 보다 뿌리가 되는 원인을 찾고 이를 해결할 방안을 찾는 과학적 접근 방식이 공동체에서 지지받는 시기를 앞당겨야 합니다.

일시적인 집단적인 감수성이나 여론에 따라 엄벌정책이라는 손쉬운 방식을 채택하는 데 문제가 있군요.

네, 그렇습니다. 사회가 다원화되고 고도화될수록 단순한 도식적 접근으로는 이 문제를 해결하기가 어렵습니다. "범죄인은 나쁜 사람이다. 따라서 감옥에 보내서 고생시켜야 한다.", "당신의 자식이나 부모가 피해자라도 가해자 인권과 같은 편한 소리하겠느냐."라는 식의 논리가 우리 사회의 저변에 널리 받아들여지고 있지요. 사실 이러한 단순한 논리들이 미디어와 대중의 호응을 받고 이어서 국가의 강경정책으로 반영되는 경향이 있지요.

국가는 공권력을 독점하고 강제적인 법체계를 가지고 있는 유일한 주체입니다. 그런 이유로 국가는 공권력을 과도하게 사용할 위험성을 항시 안고 있지요. 따라서 국가가 도덕적 기반을 갖는 길은 주어진 권력과 폭력의 사용을 최소화하는 것입니다. 이러한 준거하에서 형벌체계가 지향해야 할 몇 가지 원칙을 제

감옥이란 무엇인가

시할 수 있을 것입니다.

첫째는 형벌은 선량한 시민의 안전과 권리를 최대한 보장해야 하고, 범법자에게는 마땅한 응징을 가해야 할 것입니다. 둘째는 그러나 그 과정에서 범법자가 더 나쁜 상태로 악화되지 않게 해야 하고, 더 나아가 보다 나은 상태로 개선되도록 노력해야겠지요. 셋째는 동시에 범법자가 행한 해악과 저지른 손실에 대해 피해자에게 배상하게 함으로써 무너진 정의를 복원해야 한다는 것입니다. 이는 범법자는 응징하되 그 응징이 마땅한 수준이어야 하고 미래의 개선을 위한 것이어야 한다는 것이며, 또한 피해자에 대해서는 고통과 피해에 대해 회복과 원상복귀를 이룰 수 있도록 국가가 능동적인 역할을 해야 한다는 의미를 담고 있지요.

포용 사회:
나쁜 사람 vs 좋은 사람

형벌을 바꾼다고 해서 해결되는 것이 아니라 결국은 사회가 바뀌어야 한다는 뜻이군요. 사회의 어떤 부분이 바뀌어야 한다고 생각하시는지요.

21세기 우리 사회에서 포용과 배제는 매우 중요한 개념입니다. 장애인, 극빈층, 노인, 아동 등은 물론 범죄인까지 모두 포용의 대상이지요. 그런데 범죄인은 어느 사회에서나 배제의 대상으로 구분하여 격리하고 있지요. 물론 격리는 할 수 있으나 격리 자체가 최종 목적이 된다면 그 사회에서 포용적 담론은 설 자리가 없어집니다. 지체되고 소외되는 계층을 양산할 뿐 통합적인 사회로 가는 길은 멀어질 수밖에 없을 것입니다. 배제는 포용을 위한 전 단계로 존재해야지 배제 자체가 목적이 되어서는 안 된다는 의미입니다. 포용과 배제가 연속선상에 존재한다는 것은 교정 영역에서도 매우 중요한 개념입니다. 형벌로서 구금형은 격리를 통한 배제이지만, 이들은 결국 출소하여 우리 이웃으로 돌아오기 때문에 포용의 대상일 수밖에 없습니다. 교정에서 포용은 사회 재통합의 전제조건이지요.

배제가 아니라 포용, 통합과 같은 사회적 가치관이 교도소의 역할에 영향을 미친다는 뜻이군요.

그렇습니다. 포용적 사회를 만들기 위해서는 우리 자신을 진지하게 바라보는 성찰적 자세가 필요합니다. 이는 '좋은 사람'과 '나쁜 사람'의 틀로 설명할 수 있습니다. 왜 나는 좋은 사람인가, 왜 그들은 나쁜 사람인가와 같은 물음을 던져볼 수 있겠지요. 보수와 진보를 막론하고 형벌제도를 바라보는 관점에서 공통된 가정이 있습니다. 법적으로 처벌받은 이들은 나쁜 사람들이고 처벌되지 않은 이들은 좋은 사람들이라는 것입니다. 이로써 좋은 사람들은 나쁜 사람들을 처벌하거나 교육할 수 있다는 근거가 마련됩니다. 물론 보수 쪽에서는 처벌을 진보 쪽에서는 치료를 보다 강조하지만 그 근간은 같다고 볼 수 있지요. 이를 교도소와 연관해 보면 교도소 안에 있는 사람들은 모두 나쁜 사람이고, 밖에 있는 사람은 모두 좋은 사람이라는 말이 되지요. 그러나 사회 구성원이 체감하는 우리 사회의 실상을 볼 때, 이를 온전히 받아들일 수 있는 사람은 거의 없을 것입니다. 대부분 범법자는 빈곤, 결손가정, 저학력, 성적·신체적 피학대 경험과 같은 요인을 공통으로 안고 있어요. 대체로 우리는 이런 불행을 피할 수 있는 행운을 공짜로 얻었지요. 그리고 그 공짜 행운이 부여한 '좋은 사람'이라는 신분으로 도덕적 우월감을 느끼며 살아가고 있고요.

범죄 피해자들도 자신의 부족함이나 잘못이 아님에도 자신에게 닥친 불행 때문에 두려움과 수치심에 떨며 살아가지요. 그 이웃들도 피해자의 불운을 동정하면서도 피해자를 최선을 다하지 않은 사람으로 판정하는 경향이 있지요. 가해자에게든 피해자에게든 사람들이 이런 편견을 갖는 이유는 상대의 처지에서 생각하는 타자 중심의 사고와 공감이 내면화되어 있지 않기 때문입니다. 자신과 자기 가족, 그리고 자신의 이웃도 가해자가 될 수 있고 피해자가 될 수 있다는 사실을 기억해야 합니다. 그럼으로써 가해 행위에 대해서는 '공범의식'을, 피해자와는 '나눔 의식'을 가질 수 있겠지요. 이런 의식이 구성원 개개인에게 내면 화되고 공유될 때, 포용과 배제가 사회통합의 틀로서 작용할 수 있을 것입니다. 이런 과정이 진행될 수만 있다면 교도소의 역할, 그리고 교도소에 대한 사회적 인식도 크게 바뀔 것입니다.

민영교도소의 역할

교도소의 혁신적인 변화 중 하나로 최근에 민간 운영의 교도소가 세워졌습니다. 아직 낯설기는 해도 교도소는 국가기관이라는 기존의 틀을 벗어난다는 점에서 큰 변화라는 생각이 듭니다. 외국에서는 민간 교도소의 운영 방식이 상당히 정착된 것으로 알고 있는데 역사적으로 유래가 어떻게 됩니까.

교정의 민영화는 기존 형벌체계의 대안으로 그리고 교정의 미래를 그리는 데 중요한 쟁점으로 여전히 뜨거운 논의 대상입니다. 그런데 형벌의 집행과 범죄인 관리를 민간 부문이 담당하는 것이 역사적으로 새로운 현상은 아닙니다. 18세기 이전까지

유럽 국가들에서 민간인이 국가의 재정지원을 받아 범죄인을 소규모로 수용하고 관리하는 것은 흔한 일이었지요. 구금형 이전의 형벌 형태로서 앞서 언급한 바가 있는 유형流刑 제도도 사실상 민간인 주도의 형벌제도였습니다. 영국에서는 범죄의 급증으로 범죄인을 관리하는 데 한계에 이르자 민간업자들과 계약하에 범죄인을 행형 노예 형식을 빌려 식민지 개척을 위한 노동력으로 유형을 보내기도 했지요. 주로 미국과 호주 식민지로 보냈지요. 영어로 'transportation'이라고 하는데 배를 교통편으로 범죄인을 실어 날랐다는 데서 유래한 것을 알 수 있지요.

유형 제도는 특정 시점에 존재했던 독특한 형벌제도라는 생각이 듭니다. 국가와 민간의 상호 이해관계가 일치한 것이라고 봐야겠지요.

그렇습니다. 유형은 민간업자와 계약에 따른 민영화된 형벌제도였습니다. 영국 측에서는 행형시설의 과밀수용을 해소하고 식민지의 개척과 개발을 위한 방책으로 행형 노예의 노동력을 이용한 것이지요. 범죄인을 추방함으로써 범죄통제의 목적을 달성하고 동시에 도심의 부랑자와 같은 불편한 집단을 걸러내는 사회정화의 기능도 담당했습니다. 미국 대륙으로 1770년대까지 약 4만 명이, 호주 대륙으로는 1786~1867년 사이에 약 16만 2,000명이 추방된 것으로 추정되고 있지요. 보통 7~14년까지인 형기를 만료하면 자유 시민으로 살 수 있었습니다. 항해 도중 극도로 열악한 여건으로 과반에 가까운 죄수들이 사망하자 생존율을 높이기 위해 최종적으로 인계되는 죄수의 수에 따라 이송비를 지급하는 등 인센티브제 전략을 쓰기도 했지요. 물론 생존율은 단기간에 높아졌습니다. 생존자들은 식민지 개척자들에게 고가에 팔려 갔고, 노예계약에 따라 노역을 담당해야만 했습니다.[37]

범죄 인구가 급증하는 상황에서 범죄 해결사로서 국가가 능력의 한계를 보일 때 민간 부문에서 노동 수요를 창출함으로써 만들어진 형벌제도이지요. 노동시장의 보이지 않는 손이 대서양을 가로질러 노동의 수요를 찾아 공급을 충족시킨 독특한 형벌제도로 기록되고 있습니다.

유형 제도는 구금형이 정착하는 과정에서 형벌제도가 민영화된 사례로 볼 수 있겠군요. 노동시장에서 관민의 이해관계가 일치하고 국가가 민간에게 공권력을 양도함에 따라 새로운 형벌 유형이 탄생한 것이고요. 원칙적으로 공권력은 국가가 관리해야 한다는 것이 기본 인식이었을 것인데, 오늘날의 민영교도소로 발전하기까지는 다양한 논의가 있었을 것으로 생각됩니다.

그렇습니다. 이념적인 측면과 실용적인 측면 모두에서 다양한 논의가 진행되었습니다. 먼저 찬성하는 측에서는 첫째, 수용 공간의 확보로 과잉수용을 해소함으로써 친인권적 처우와 환경 조성이 가능하다는 것입니다. 둘째, 국가 예산의 절감과 비효율적 교정행정의 개선을 통한 경제적인 경영관리를 도모할 수 있다는 것입니다. 셋째, 관료주의의 극복과 다양한 교화 프로그램의 탄력적 운용으로 교화 업무의 내실화를 기함으로써 양질의 서비스 제공할 수 있다고 주장합니다.

반대하는 측의 주장이 논리적인 측면에서는 더 흥미롭지요. 첫째, 형벌 집행은 국가 고유의 기능인 데 이를 민간업체가 대행하는 것이 과연 정당한가에 대한 물음이지요. 법 집행의 공정성과 보편성이 위협받을 수 있다는 것입니다. 둘째, 기업은 그 속성상 수익성의 확보가 최우선 과제일 수밖에 없으니 수용 규모의 확대와 구금의 장기화가 불가피하다는 것입니다. 이는 교정의 민영화 취지에 역행하는 것이라고 주장하지요. 셋째, 비용 문제입니다. 국가 교도소보다 비용을 절감해야 한다는 전제를 충족하기 위해서는 저임금 인력의 고용이 불가피하고, 고비용의 교화 프로그램은 축소할 수밖에 없으니 교정 서비스의 질적 저하는 불가피하다는 주장입니다. 결국은 경제적 비용으로 과잉수용을 해소하면서 동시에 서비스의 질을 유지해야 하는 과제를 안고 있는 것이지요. 논리적으로는 양립할 수 없는 목표를 설정해 놓고 있는 형국으로 볼 수 있습니다.

**외국의 경우 교정의 민영화는 어느 정도 진행되었습니까. 국영
과 민영 교정시설의 비율은 어떤지요.**

교정의 민영화의 본 고장은 역시 미국입니다. 1980년대 레이
건 대통령 시절부터 본격적으로 등장했지요. 소년범과 중간처
우 시설은 물론 중重, 중中, 경輕 경비시설, 구치소, 여성교도소,
외국인 이민국수용시설까지 전면적으로 확대되는 현상을 보였
습니다. 상장된 기업 형태의 대규모 교정기업이 대거 설립되었
고 수용인구도 급증했습니다. 그러나 2010년 이후부터는 점차
감소 추세를 보여 2017년 말에는 약 12만 명으로 줄었는데, 이
는 전체 수용인구 100명 중 8명 정도가 민영 교정시설에 수용되
어 있다는 의미가 되지요. 수용인구의 10% 이상을 차지하는 국
가로는 영국, 호주, 뉴질랜드 등이고, 관심을 보이거나 시도 중
인 국가들도 다수 존재합니다.

**저는 지금까지 민영교도소의 출현을 국가 개입과 관여를 최소
화한다는 자유주의 시각에서 접근했는데, 말씀을 듣다 보니까
그보다 자본주의적 요구가 더 중요한 근거가 된다는 느낌을 받
았습니다.**

국가의 개입을 최소화한다는 것은 시장부문을 중시한다는

것이고, 시장부문의 활성화는 곧 자본주의의 본질에 속한다는 점에서 둘 다 맞는 얘기이지요. 실제로 보면, 자본주의국가의 작은 정부를 지향하는 보수 정권에서 민영교도소가 확산했습니다. 대표적으로 미국의 레이건 정부를 꼽을 수 있고요. 국가가 독점했던 범죄인 관리에 시장이 개입하여 교도소가 기업화된 것이라고 볼 수 있습니다. 이는 곧 공권력이 '관'에서 '민'으로 이양된 것을 의미하지요.

교도소를 보는 시각에서도 자본주의적 시장 논리가 작동했다는 뜻이군요.

그렇습니다. 언제부터인가 민간경비업체가 자연스럽게 우리 사회에도 정착했습니다. 경찰이라는 엄연한 공권력이 존재하는데도 국민은 자신들의 생명과 재산을 지키기 위해 금전적인 부담을 스스로 지고 있습니다. 개인이 민간경비업체에 돈을 주고 안전을 사는 것입니다. 민간경비업체는 안전을 팔아 돈을 버는 것이고요. 수요가 있으니 공급이 있는 것이고 공급이 있으니 수요가 창출되어 장사가 되는 것입니다. 지금은 누구도 이에 대해 이의를 제기하지 않습니다. 국가를 대신해서 범죄인을 관리하는 '민간 교정회사'도 같은 맥락에서 설명할 수 있겠지요. 예컨대 미국의 유명 민간 교정회사는 상장된 기업임은 물론 해외

시장에도 진출하고 있지요. 국가는 범죄인 관리를 민간 부분에 위임함으로써 과잉수용을 해소하고 재정적 부담을 줄이고자 하고, 민간 교정회사는 위임된 범죄인을 효율적으로 관리하여 이익을 창출하고자 하지요. 국가와 기업의 상호이해관계가 일치한 결과입니다. 자본주의적 이해관계로 공적 영역과 사적 영역의 경계가 사라지고 있는 사례이지요.

국내 민영교도소의 경우는 수익성을 위해서 설립된 것은 아니지요.

아닙니다. 우리나라의 경우는 사정이 다릅니다. 우리나라 민영교도소는 2010년에 개소했어요. '소망교도소'라고 불리며, 수익성 창출이 아닌 종교적인 신념을 바탕으로 범죄자를 개선하고자 한 뜻깊은 목적으로 개신교 재단의 주도하에 설립되었습니다. 제대로 된 평가를 받기 위해서는 시간이 좀 더 필요해 보이지만, 몇 가지 점에서 긍정적인 평가를 내릴 수 있다고 봅니다. 앞서 잠시 언급했지만, 무엇보다 외부의 자원봉사자들을 대거 활용하여 다양한 사회복귀 프로그램을 시행하고 있다는 점, 그리고 특히 일반 교도소와는 달리 수형자 전체가 일반 회사나 관청의 구내식당과 같이 음식을 배식받아 테이블에서 앉아 식사하게 허용한다는 점은 정말 잘한 결정이라고 생각합니다. 수형자

감옥이란 무엇인가

들을 인격적으로 대하는 작은 조치이지만 수형자들의 만족도는 작지 않을 것입니다.

한편으로 교도소의 평가는 흔히 출소 후 재복역률로 판단하는데 최근 12% 정도로 일반 교도소 25%의 절반 정도이지요. 그러나 2범 이하, 형기 7년 이하, 공안·마약·조직폭력 사범의 제외 등을 입소 조건으로 하고 있어 일반 교도소와 단순 비교를 할 수는 없을 것입니다. 따라서 그 효과에 대해서는 논란의 여지가 있습니다.

우리나라의 경우는 더 많은 수익을 내기 위해서가 아니라 종교적 신념의 실현이라는 더 숭고한 가치를 추구한다는 점에서 타 국가와는 구별됩니다. 바람직한 방향이지요. 그런데 불교와 천주교 측에서 민영 소년교도소의 설립에 관심을 보인 적이 있었으나 아직까지 가시적인 움직임이 없어서 아쉬움이 남아 있습니다.

디지털 교도소

국내 민영교도소의 설립 이유가 외국의 민영교도소와 다르게 수익성을 위한 것이 아니라는 점은 긍정적입니다. 그런데 요즘

**에는 디지털 교도소 얘기까지 나오고 있습니다. 교도소 해체의
징조로 볼 수 있을까요.**

최근 인터넷상에 디지털 세계의 보안관이 불현듯 등장해서 악당 포스터를 올려놓고 지명수배를 하는 듯 하더니 홀연히 사라졌지요. 물론 디지털 교도소는 신상정보 불법유통 사이트입니다. 이 사이트의 운영자는 인터폴에 적색 수배된 후 베트남에서 체포되었고 사이트는 이미 차단되었습니다. 그런데 운영 취지가 관심을 끌 만합니다. 대한민국의 악성 범죄자에 대한 관대한 처벌에 한계를 느끼고, 이들의 신상정보를 직접 공개하여 사회적인 심판을 받게 하려는 것입니다. 범죄자들이 두려워하는 처벌, 즉 신상 공개를 통해 피해자들을 위로하려는 것이라고 밝히고 있습니다. 실제로 n번방을 포함하여 사회적 비난거리가 되는 범죄와 관련된 사람들의 신상을 공개하여 세인의 관심을 끌기도 했지요. 그러나 사법부의 판결에 불만을 가진 사람들의 호응을 받기도 했지만, 부정확한 정보 공개로 억울한 피해자가 출현하는 등 부작용이 나타나기도 했습니다. 아마도 특정 디지털 교도소는 그 용어와 함께 사라질 가능성이 크지만, 디지털 세계에서 '사적 응징'이라는 새로운 현상은 어떤 형태로든 지속하리라고 봅니다.

디지털 교도소의 출현은 자식을 억울하게 잃은 아버지가 공권력의 한계에 분노해서 자신이 직접 복수에 나서는 할리우드 영화를 떠올리게 합니다.

최근 〈지옥〉이라는 우리나라 드라마에서도 어린 딸이 엄마를 죽인 살인범을 찾아서 산 채로 불로 처단하는 충격적인 장면이 나오지요. 이 드라마에서는 무서운 지옥의 사자를 등장시켜 불의를 잔인하게 처단함으로써 사람들을 공포에 떨게 하여 정의로운 세상을 만들겠다는 것이 신의 의도라고 말하지요. 이제 우리에게 악을 방치할 권리는 사라졌고 선을 행할 의무만 남았다는 배우의 대사가 인상적이더군요. 허구적인 세계의 스토리이지만 사법제도에 대한 불신, 법원 판결에 대한 실망, 방치된 피해자의 저항 등이 사회적으로 상당 부분 공감되고 있다고 보입니다.

이런 관점에서 보면, 범죄에 대한 사적 처벌이나 국가 공권력의 민간화 현상은 국가 주도 형벌체계에 변화가 오고 있다는 것을 말해 주는 것 같습니다. 이런 변화의 사회적 배경이 분명 있겠지요.

디지털 교도소 운영자의 실체나 정확한 의도는 알 수 없으나 일단 법원 판결에 불만을 가진 사람들의 상당한 호응을 얻은 것은 사실이고, 민간 부문에서 자생적으로 만들어진 비사법적 응징 혹은 사회적 심판 채널이라는 점에서 의미를 부여할 수 있습니다. 사적 이해관계로 끝없는 복수로 이어지는 사형私刑의 폐단을 방지하기 위해 공형公刑 제도가 탄생했지만 여전히 풀어야 할 과제가 많다는 일면을 보여 주는 것이지요. 용어 자체로만 보면 사이트의 불법 여부를 떠나 교도소의 기능이 디지털화가 되는 것이 아닌가를 상상하게 되더군요.

디지털 교도소라는 개념의 탄생 배경은 일단 과학기술의 영향이라고 말하고 싶습니다. 과학기술이 전방위적으로 급속히 인간의 삶의 방식을 변화시키고 있고 범죄 영역도 그 예외가 아니겠지요. 사실 전자발찌라고 알려진 전자감독제도도 오늘날처럼 쉽게 정착되리라 예측하지 못했거든요. 현재 우리나라는 전자발찌 부착자가 약 4,800명인데, 이는 산술적으로 500명 단위 교도소 9~10개를 대체한 것입니다. 현재 교정시설은 사람이 담당하는 인人 경비에서 기계 경비로 대체되는 과정에 있는데, 지금은 보안경비업무를 CCTV에 의존하는 바가 크지요.

미래에는 두 가지 방향으로 변화를 예측해 볼 수 있겠지요. 첫째는 기존의 보안경비체계가 기계 경비에서 디지털 경비로 전환될 수 있습니다. 수형자들에게 전자발찌를 부착시키거나 신체에 센서를 투입하는 시대가 온다면 교도소의 공간 활용 패러다임은 물론 관리체계가 크게 바뀔 겁니다. 둘째는 정보화 시대를 맞이해서 정보의 활용도가 삶의 질과 부의 축적에 직접 연관되기 때문에 정보의 제공 혹은 차단이 형벌의 수단이 될 수 있다고 봅니다. 이미 신상정보 공개가 형벌의 한 형태로 제도권에 도입되었고, 불법이지만 디지털 교도소와 같은 사이트도 정보를 수단으로 비공식적 사회통제 장치의 역할을 자청하고 나선 것으로 볼 수 있지요.

디지털 교도소라는 말에서 바로 떠오르는 개념이 과학기술입니다. 수년 전에 교도관로봇 개발프로젝트 참여를 계기로 '교정행정과 과학기술'이라는 주제로 〈아시아교정포럼〉에서 국제학술대회도 개최한 것으로 알고 있습니다. 첨단의 과학기술이 형벌체계와 교정 영역에 미치는 영향을 어떻게 보십니까.

이미 그 변화를 경험하고 있고 미래에는 더 빠른 속도로 변할 것입니다. 1970년대 미래학자들이 형사 사법계의 미래와 관련하여 예측한 3가지가 있습니다. 지역사회화, 민영화, 과학기술과의 접목이지요. 정확한 예측이고 교정 영역에서도 자명한 현실로 다가오고 있어요. 이미 앞서 말씀드린 과학기술은 지역사회화, 민영화와 밀접한 연관이 있지요. 첫째, 지역사회화는 형벌 집행의 장소가 교도소나 구치소와 같은 국가시설에서 지역사회로 옮겨 간다는 것이지요. 통계적 수치로만 봐도 그 추세는 이미 자명합니다. 우리나라의 경우만 보더라도 교정시설의 수용인구를 5만 명 정도인데 지역사회 내에서 관리하는 보호관찰 대상자는 약 20만 명으로 4배 정도 많습니다. 이런 추세는 과학기술의 상용화가 촉진될수록 더 빠른 속도로 확산할 것입니다. 전자감독제도, 웹사이트를 통한 신상공개제도는 이미 형벌제도로 정착되었음은 물론 구금형의 대체효과를 발휘하고 있지요.

다음으로 교도소의 민영화는 공권력이 '관'에서 '민'으로 이양된다는 뜻입니다. 미국의 경우는 2010년 기준 민간 수용시설에서 약 12만 명을 수용하고 있는데 전체 수용인구의 약 8%에 해당하지요. 영국과 호주의 경우는 15% 이상이 민간 교정시설에 수용되어 있습니다. 미국의 경우 우리나라의 민간 경비회사인 에스원처럼 상장되어 수익을 창출하는 민간 교정회사가 다수 존재함은 물론 해외까지 진출하고 하지요. 민영화는 과잉수용의 해소와 재정 절감이 핵심 목표이기 때문에, 민영 교정시설은 적은 인원으로 많은 수용자를 관리하고 동시에 비용을 절감해야 하는 조건을 충족해야 합니다. 이를 위해서는 업무의 전산화, 시설과 경비 시스템의 첨단화가 불가피하지요.

머지않아 정보가 형벌의 중심에 설 것이라는 말씀이군요. 형벌 운용 방식에 대전환이 일어날 수도 있겠습니다.

감옥이란 무엇인가

형벌은 사람들에게 고통이 되어야 형벌이 되지요. 곤장과 채찍질이 신체에 아픔을 주었기 때문에 형벌이 되었고, 시공간을 활보할 자유를 박탈하는 것이 고통이 되기 때문에 자유형이 형벌로서 존재했습니다. 그렇지만 어떤 형벌도 언젠가 역사의 뒤안길로 사라질 것이고, 오늘날 인류에게 보편적으로 고통이 되는 무언가가 미래의 형벌로 등장하겠지요. 개인에게 고통이 되어야 하고, 3자에게는 억제 효과가 있는 형벌이 첨단기술과 연계되어 출현할 가능성이 크겠지요.

이런 맥락에서 위치추적 정보나 신상정보의 공개 등이 형벌의 수단으로 정착되고 있는데, 역으로 정보의 차단이나 제한 또한 징벌이 될 수 있다는 생각입니다. 자유형 이후의 미래 형벌이 조금씩 그 모습을 드러내고 있습니다. 최근 가정에서는 휴대전화로 아이들과 부모 사이에, 학교에서 학생들과 선생님들 사이에 갈등이 심하지요. 휴대전화의 사용 허가가 상이 되기도 하고 사용 금지가 벌이 되기도 한다는 것이지요. 이유는 간단합니다. 휴대전화를 못 쓰게 하는 것은 아이들과 학생들의 정보를 차단하는 것이고, 이것이 곧 그들에게 고통이기 때문입니다.

정보 공개나 제한 자체가 누군가에게는 피해가 되고 고통이 되며 형벌의 기능을 한다는 것이군요.

이미 정보의 공개로 고통을 받는 사람들이 대거 나타나고 있습니다. 사회의 유명인사들이 과거 행적 때문에 디지털 세계에서 사적 징벌을 톡톡히 받는 일은 대수롭지 않게 여길 정도로 흔히 목도되는 현상이 되어 버렸지요. 실제로 그런 이유로 형벌이 될 수 있는 것이고요. 디지털 교도소는 제도적 채널을 거쳐 정보가 공개되는 것이 아니라, 공식적인 여과장치 없이 민간 부문에서 SNS를 통해 무차별하게 공개되는 비공식적 응징 수단으로 등장한 것이지요. 과거 소규모 공동체 사회에서 주변의 풍문이 비공식적 사회통제 기능을 담당했다고 보면, 디지털 교도소도 이와 궤를 같이하는 측면이 있습니다. 그러나 그 영향력은 범위와 파급력에서 비교할 수 없을 정도로 크지요. 어떤 경우는 과거의 신체형이나 오늘날의 구금형보다 더 엄중한 결과를 낳을 수도 있습니다.

이런 얘기를 들으니 옛날 생각이 납니다. 시골에서는 이웃에 나쁜 소문이 나서 손가락질을 받으면 이사를 가야 하는 경우도 있었잖아요. 최근에는 코로나19 확진자가 다녀간 음식점이 공개되면서 피해가 속출하기도 했고요.

미국 성폭력범 같은 경우에 집 앞에 팻말을 세워 놓는다든가, 자동차에 스티커를 붙여 놓는 등의 극단적으로 강력한 사례도 있죠. 이 역시 일종의 정보 노출이지요. 오늘날 과학 문명시대에서는 신상정보가 언어가 다른 나라까지도 퍼질 수 있으니 무서운 형벌이지요. 남미와 아프리카 사람들도 우리나라 아무개의 성폭력 사실은 물론 얼굴까지 알게 되는 것입니다.

새로운 형태의 처벌이라는 느낌이 듭니다. 그런데 문제도 있어 보입니다. 누군가가 악의적으로 정보를 왜곡하거나 과장할 수도 있으니까요.

무차별적 공개나 잘못된 정보로 피해자가 자살까지 한 사건이 발생하기도 했지요. 그와 같이 파생되는 윤리 문제는 법적, 제도적으로 보완되어야겠지요. 혹은 디지털 공간에서 새로운 윤리 기준이 자생적으로 만들어질 수도 있고요. 신체형이든 자유형이든 이런 형벌이 완벽하기 때문에 탄생하고 정착된 것은 아니었습니다. 순기능과 역기능은 항시 상존해 왔습니다. 자유형도 역기능이 많았지만 형벌로 정착되었고, 사실 그 이유로 자유형이 학문적으로도 다양한 연구의 대상이 되고 있다고 볼 수 있지요.

이렇게 되면 시간과 장소와 시간을 제한하는 오늘날의 형벌은 서서히 해체의 길로 들어서고 있다고 봐야겠습니다.

아날로그식 형벌체계는 점진적으로 해체된다고 봅니다. 간단히 얘기하면 감옥과 같은 곳에 가두어 시공간을 물리적으로 제한한다는 자체가 다가오는 시대 조류에 부합하지 않기 때문이지요.

구금의 대체 형벌 수단으로 정보가 그 기능을 한다면 어디에 있어도 자신은 늘 감옥에 있다는 느낌이 들겠습니다. 그런데 어떻게 보면 감금이 더 지속되는 것이 아닐까요.

그게 소위 벤담이 제시한 파놉티콘 개념으로 설명되지요. 감옥이 없다면 우리 사회가 바로 감옥이라는 사실을 금방 알았을 것이라는 말이 있지요. 우리는 이미 인간의 직접적인 시선 감시를 넘어 온 세상을 커버할 수 있는 인터넷망을 이용한 감시체계 속에 살고 있습니다. 신앙적으로 하느님이 마음속에 존재하고 있다면 누구도 그 영향력에서 벗어날 수 없는 것과 유사하지요. 국가가 국민을 감시하고 동시에 국민도 국가를 감시하며, 또한 국민도 국민을 서로 감시하는 세상으로 변했지요. 위아래, 좌우 등 전 방향에서 수직적 감시와 수평적 감시가 역동적으로 이루어지고 있는 겁니다. 이런 현상이 미래의 형벌과도 연결될 것이라는 예측은 설득력이 있지요. 과거에는 미래 형벌의 모습으로 SF 영화 등에서 우주 공간에 떠 있는 교도소나 시험관에 담긴 수형자를 그리곤 했지요. 이런 유형은 오락물로서 흥미는 유발하지만 경제성과 효과 면에서 현실성이 크게 떨어진 다고 봅니다.

파놉티콘이 시선을 통한 감시라면 정보 제어는 감시 수준을 뛰 어넘는 그 이상의 영향력을 가질 것으로 보입니다.

앞서 말씀드린 대로 우리는 정보라는 감옥에 둘러싸여 살고 있습니다. 그런데 타인에 의해 강제로 정보가 차단되거나 노출 된다면 새로운 형태로 권리와 자유가 침해당하는 것이고, 이는 곧 고통이고 손해가 되겠지요. 정보가 모여서 모종의 형태를 갖 추면 지식이 된다고 볼 때 지식사회의 흐름이 형벌제도의 진화 에 반영되고 있다고 봅니다.

앞으로 이런 흐름이 새로운 형태의 교도소 운영방식으로 제도 화될 수 있을까요.

이미 시작되었고 정착되고 있다고 봅니다. 신상정보 공개제 도나 전자감독제도 역시 바로 정보가 핵심이지요. 제한적이지 만 범죄인의 사생활 정보나 개인의 위치정보의 공개가 제도적으 로 합법화된 것입니다. 그러나 머지않아 이 수준을 넘어서는 생물학적 정보와 사고, 그리고 행동 패턴 등에 관한 정보가 어떤 형태로든 활용될 수 있겠지요.

지금의 사법체제는 검찰에서 기소하고 법원에서 판결하면 교정에서 범법자를 가두는 시스템이지 않습니까. 그런데 디지털 교도소처럼 이 모든 과정이 다 생략되어 버리면 적법성, 정당성, 그리고 객관성 등 모두에서 문제가 되지 않을까요.

매우 중요한 관점입니다. 극단적인 예로 디지털 교도소에 어느 개인의 은밀한 범법적인 사실이 폭로되어 당사자가 자살했다고 가정합시다. 사실상 체포, 수사, 기소, 재판, 형 집행 등 모든 절차가 생략된 채로 형벌 기능을 다해 버린 겁니다. 소규모 공동체 사회에서 풍문이나 소문이 담당했던 비공식적 사회통제 기능을 인터넷 공간의 정보가 담당했다고 할까요. 소문이나 풍문처럼 디지털 교도소가 제도적 노력이나 사법비용 없이 교도소의 응징 기능이나 범죄억제 기능을 다한 것이지요. 역으로 정보 접근이 금지되는 것 또한 강력한 형벌이 될 수 있겠지요. 특히 미래의 주인공인 디지털 세대에게는 정보와의 접촉 불가에 따라 감수해야 할 고통은 상상 이상일 수 있다고 봅니다. 앞서 언급했지만 디지털 교도소라는 실체는 사라졌습니다. 그런데 디지털 세계에서는 사적 정보가 무차별하게 유통되고 있고, 이것이 사적 혹은 사회적 응징으로 작용하여 그 자체가 형벌 기능을 담당하고 있으며 사회를 일정 부분 규율하기도 하는 새로운 현상이 나타난 것이지요.

물론 지금 단계에서는 댓글이 갖는 사회적 폐해에서 보는 바와 같이 거짓 정보나 과도한 비난 등을 걸러 낼 검증된 장치가 아직 개발되지 못하고 있고, 개인정보나 사생활이 아무 제재 없이 노출되었을 때 나타나는 부정적 결과에 대한 해결방안을 찾아야 하는 과제를 안고 있지요.

디지털 교도소에 분명 부정적인 측면이 있는데도 이 교수님은 디지털 교도소의 출현에 상당한 의미를 부여하고 있는 것 같습니다. 교도소가 영원히 존속할 수는 없다는 평소 주장과 맥을 같이 한다는 느낌도 들고요.

새로운 형벌이 탄생하고 정착되었다고 해서 그것이 형벌로서 완벽한가의 검증 절차를 거친 것은 아닙니다. 시대적 상황에 부합하는 형태의 형벌이 나타난 것일 뿐이지요. 우리가 사는 이 시점이 디지털 시대라면 이 시대에 부합하는 형벌체계가 탄생하겠지요. 1970년대 앨빈 토플러는 문명의 변화 속도에 대해 과거와는 비견될 수 없는 가속도로 변한다고 했습니다. 따라서 변화에 적응하는 계층과 적응하지 못한 계층 간의 간격이 갈수록 넓어져 지체된 사회구성원이 양산될 것이라고 했습니다. 물론 이들의 상당 부분은 낙오되어 범죄자로 전락하겠지요. 이런 관점에서 교도소를 바라보면 교도소의 미래는 자명해 보입니다. 교도소는 폐쇄적이고 외부와의 단절을 근간으로 한 대표적인 기관입니다. 구금이 길어질수록 외부 세계와 간격은 커질 수밖에 없지요. 수용자는 세상이 변하는 속도만큼 빠르게 뒤처지는 것이고요. 세상은 급속도로 변하는데, 외부와 단절을 근간으로 한 형벌체계가 지속된다면 이는 시대의 흐름에 역행하는 것입니다. 이것이 교도소가 미래의 형벌제도로 존속할 수 없을 것이라고 보는 이유입니다. 따라서 소위 정보화 시대, 디지털 시대에 맞는 새로운 형벌제도가 탄생할 수밖에 없겠지요. 지금은 그 과도기에 있습니다.

많은 부분 동의합니다만 여전히 디지털 교도소가 과연 '지속 가능한 것'일까에 대해 회의적이기도 합니다. 자칫 무책임한 여론 몰이로 전개될 가능성을 배제할 수 없습니다.

앞서 얘기한 대로 디지털 교도소라는 용어와 특정한 실체는 사라질 수 있습니다. 그러나 디지털 세계에서 정보유통은 이미 사적 응징 수단으로 작용하고, 더 나아가 범죄통제 기능까지도 수행하고 있지요. 그런데 아직 이를 통제하거나 관리할 마땅한

감옥이란 무엇인가

수단이 없는 것은 사실입니다.

형벌에는 다양한 형태가 존재합니다. 벌금형, 자유형, 사형 등이 있지요. 물론 각 형벌은 구분되는 각각의 특징이 있습니다. 그리고 한 가지 형벌이 동시에 다양한 기능을 수행하지요. 예컨대 자유형은 가해자의 해악에 대한 응보 기능도 발휘하지만, 사회 내 잠재적 범죄자에 대해 두려움을 조성하여 범죄를 억제하는 기능도 발휘하며, 수형자를 교정교화하는 기능도 합니다. 다양한 형벌이 다양한 시공간에서 독특한 조합으로 그 기능을 발휘한다고 할 수 있어요. 물론 그 결과는 순기능일 수도 역기능일 수도 있겠지요.

소위 정보의 노출을 근간으로 하는 디지털 교도소의 기능 역시 응보와 억제 효과를 거둘 수 있다고 봅니다. 섬마을의 풍문이 사법적 노력이나 비용 없이 그 기능을 담당하는 것과 같지요. 오늘날 SNS를 통한 무차별한 정보 공개는 이미 비사법적 형벌 기능을 담당하고 있습니다. 이미 공소시효가 지난 초등학교 시절의 행위까지도 공개하여 사회적 심판을 받는 상황에 이르렀습니다. 사법적 작용이나 효력과는 무관하게 사회 내에서 가해자, 피해자, 그리고 뭇 대중들이 새로운 방식으로 징벌하고 방어하는 현상이 나타난 것이지요. 당사자는 감옥살이 이상으로 명예와 경력에 치명적인 피해를 볼 것입니다.

앞서 얘기했지만 트럼프 대통령 후보도 TV 공식 석상에서 이메일의 불법 사용을 들어 상대 후보를 감옥에 보내겠다고 했는가 하면, 김영삼 전 대통령도 첫 당선 기자회견에서 친인척도 죄를 지으면 감옥에 보내겠다고 천명했지요. 죄를 생각하면 곧 감옥이 연상되듯이 죄를 생각하면 SNS가 연상되는 시점이 온다면, 정보의 유출과 차단이 형벌의 유형으로 정착될 것으로 볼 수 있겠지요. 어린이가 물가에 가면 사고 날 것을 염려하듯이 잘못을 저지르면 곧 SNS에 알려질까 염려하는 것이 일상화되는 시기를 말합니다.

사회의 전반적인 도덕의식의 변화도 고려해야 하지 않을까요. 많은 경우 체면이나 모욕감, 특히 부끄러움이 더 이상 예전처럼 작용하지 않는 것 같습니다. 정보 공개로 인해 느끼는 부끄러움이 감옥에 구속되는 것만큼 효과가 있어야 할 터인데 과연 그렇게 될지요. 부끄러움을 느껴야 신상 공개도 효과가 있을 것인데 과연 요즘 같은 익명의 도시사회에서 그런 효과를 기대할 수 있겠습니까.

부끄러움을 느끼는 것, 체면을 중시하는 것, 이런 것들은 여전히 비공식적 사회통제의 역할을 하고 있습니다. 이는 과거나 지금이나 여전히 작동하는 사회의 윤리적 틀을 유지하는 감성적인 기재이지요. 문제는 대개 사람들은 부끄러움이나 체면에 민감한 반응을 보이지만 그렇지 않은 부류도 역시 존재한다는 것입니다. 잃을 것이 많은 사람과 잃을 것이 없는 사람에 따라 큰 차이가 있겠지요. 예컨데 고위 성직자와 거리 부랑자의 경우가 그렇겠지요.

확실한 것은 디지털 시대에 진입하면서 SNS 등을 통한 정보의 범람이 무차별하게 급속도로 통제할 수 없는 정도의 범위까지 확산하고 있다는 것입니다. 누군가는 민감하고 누군가는 그렇지 않다는 것은 다음의 문제이지요. 디지털 시대가 가진 이 속성은 지금 이 시대가 아니면 나타날 수 없는 것이지요. 이것이 형벌이 작동할 근간에 변화를 추동하게 될 것입니다.

교도소의
미래

이 교수님은 이 대담에서 교정의 탄생에서부터 교도소 폐지론까지 여러 말씀을 하셨습니다. 교도소의 미래에 대해 좀 더 구체적으로 얘기를 해 주시지요.

교도소 폐지론은 인간의 잘못에 대한 해결방식, 혹은 범죄행위에 대한 사회적 대응은 어떠해야 할까를 생각하게 하는 담론입니다. 폐지론은 잘못에 대해 신체적으로 고통을 주는 것이 비인간적인 방식이었듯이, 인간을 가두어 자유를 속박하는 것 역시 전근대적 방식이라는 입장이지요. 폐지론자들은 교도소 제도를 당연시하는 것은 그 옛날 노예제도를 당연시했던 것과 다르지 않다고 주장합니다. 억압적이고 폭력적인 해결방식에 정당성을 부여해 온 역사적인 관행을 바로 잡아야 한다는 것입니다. 실제로 감옥은 모종의 검증 과정을 거쳐 사려 깊게 내려진 결과물이 아니며, 탄생하기 이전부터 오늘날까지도 그 폐해에 대한 논쟁이 끊이지 않고 있는 것도 사실이지요. 선의라 할지라도 일정한 개선 조치로는 감옥 제도 자체가 가진 근본적인 결함을 해결할 수 없다고 보고, 새로운 패러다임의 형벌제도가 태어나야 한다고 주장하고 있습니다.

저는 단기간에 교도소가 사라질 가능성은 없다고 봅니다. 그렇다고 현 교도소 제도가 인류의 역사상 불멸의 자산도 아니라고 생각하지요. 18세기 말 감옥이 탄생한 시기에도 인류의 이상을 실현할 제도로서 출발한 것이 아니었으니까요. 교도소는 역사적, 시대적 산물입니다. 어느 역사적 시점에서 특정한 정치경제적 상황에서 요구되는 사회적 필요에 따른 형벌제도로 나타났지요. 물론 그 방식이 결코 정의롭지도 효율적이지도 못했습니다. 그러나 인류의 범죄 문제를 해결하는 데 일정한 역할을 해 온 것도 사실이지요. 따라서 미래의 형벌 역시 같은 맥락에서 변화하는 시대적 요구를 반영하는 형태로 태어날 것입니다. 따라서 저는 교도소가 폐지되어야 할 유물이라기보다는 변화하는 시대에 맞는 형벌제도가 태어나는 과정 중의 산물이라고 봅니다. 미래의 형벌은 인류가 인간이라는 존재를 어떻게 인식하는가라는 '인간관'과 인류의 삶을 진화시키는 '과학'이 얼마만큼 조화롭게 작용하는가에 따라 효율적이면서 동시에 인도주의적인 모습으로 나타날 것이라고 생각합니다.

'교도소가 없는 세상'을 상상하게 하는군요. 이 교수님이 저술한 《교정학》에서 '평화교정학'에 대해 기술한 부분이 기억납니다. 형벌은 가해자에 대한 처벌이나 치료보다는 당사자들 간의 관계를 회복하여 종국적으로는 평화적 관계를 이루어야 한다고 하셨지요.

종국적으로 교도소 없는 사회를 지향한다면, 앞서 언급한 내용입니다만 원론적인 문제부터 검토해야 합니다. 예를 들면 우리 사회에서 누가 나쁜 사람이고, 누가 좋은 사람인지와 같은 질문에 답을 구해야 합니다. 나쁜 사람이 교도소에 구금될 것이고, 구금된 사람은 나쁜 사람이라는 가정이 전제되어 있기 때문입니다. 법적 대상이 되는 기준 혹은 형벌정책의 대상자에 대한 사회적 정의를 살펴볼 필요가 있지요. 자주 언급하는 내용이지만 북유럽 국가들의 범죄율이 낮은 이유, 그리고 교도소가 폐쇄되고 관광시설로 전환되는 이유를 살펴보면 의미 있는 답을 구할 수 있습니다.

먼저 국민소득이 높고 국민이 의식주 문제를 포함한 폭넓은 복지혜택을 누린다는 점을 들 수 있지요. 다음으로 개인의 문화적인 취향과 기호를 폭넓게 허용한다는 점입니다. 예컨대 마리화나를 피우는 것은 개인의 취향이므로 나쁜 사람이 아니며 법적 처벌 대상이 아니라는 것이지요. 국가가 개인의 삶을 존중하고 따라서 개입을 최소화한다고 이해할 수 있지요. 그다음은 나쁜 사람과 범법자들을 사회가 어떻게 대처하는가의 문제입니다.

이는 형벌의 문제이지요. 국가가 범법자를 사회의 적으로 취급할 것인가 아니면 함께할 이웃으로 포용할 것인가에 따라 큰 차이를 보입니다. 앞서 얘기한 것처럼 배제와 포용으로 그 차이에 대한 설명이 가능합니다. 배제적 문화가 지배적인 국가에서는 범법자가 사회에 해를 끼친 나쁜 사람이므로 고통 부과로 응징하여 사회의 정의를 세웁니다. 사형 집행, 종신형, 특별가중처벌법, 과잉수용 등이 주요한 수단이자 특징이지요. 물론 포용적인 국가에서도 나쁜 사람에게 제재를 가합니다. 그러나 그 배제는 포용을 위한 전 단계로 작용하며 배제 그 자체를 목적으로 하지 않습니다. 이는 구금형이 부과된 경우에도 격리라는 자유

감옥이란 무엇인가

의 박탈로 형벌의 목적은 달성한 것이며, 그 이상은 일반 사회인과 같이 인간으로서 존엄성과 행복추구권을 보호받는 것이라 할 수 있습니다.

　오늘날 문명국가에서는 형벌의 양극, 즉 사형과 벌금형이 있고 그 사이에 자유형이 있지요. 한 나라에 사형제도가 존속하는가, 벌금형이 얼마만큼 폭넓게 적용되고 있는가, 그리고 마지막으로 자유형이 어떻게 운용되고 있는가는 곧 그 나라가 국민을 어떻게 인식하는지를 가늠하는 지표가 되기도 하지요. 특히 자유형의 경우 구금의 폐해를 지적하며 교도소의 완전 폐지를 주장하는 급진적 견해도 존재합니다. 그러나 존속하되 개선하고 탄력적으로 운용하자는 주장이 지배적이지요. 크게는 범죄는 최종적으로 개인이 선택한 것이니 그 책임을 물어야 하고 마땅한 응징을 가하자는 주장과, 범죄인도 결국은 우리의 이웃이니 친인권적 정책과 전략으로 선한 이웃으로 만들자는 주장으로 나눌 수 있습니다. 어느 한쪽만을 선택할 수는 없으니 범죄인에 대한 과학적 분류를 통해 선별적으로 형벌을 적용해야 한다는 주장이 설득력을 얻고 있습니다. 소수의 위험인물과 엄중한 형벌이 불필요한 다수의 대상을 구분하여, 각각 형벌을 프로그램화하여 적용하자는 견해입니다. 소수의 위험인물 때문에 위험하지 않은 다수의 대상자를 과도하게 대처함으로써 위험한 인물로 만드는 우를 범해서는 안 된다는 주장이지요. 즉 기본적으로 자유를 속박하는 정도와 방식에 있어 대전환이 필요하며 이에 따라 미래 교도소의 모습도 바뀔 것입니다.

요즘 사회는 점점 개인화되는데 개인에 대한 국가의 규제는 더 많아지는 것 같습니다. 이를 민주주의의 역설이라고 해야 하나요. 개인주의가 발달하면 사회 규제는 줄어야 하는데 오히려 규제가 많아지는 이 현상을 어떻게 봐야 할까요.

문제가 발생하면 국가의 입장에서 가장 손쉬운 방법은 법을 만들어 규제하는 것입니다. 일단 일정 기간은 효과가 있을 것이고 비등하는 여론을 잠재울 수 있으니까요. 그러나 우리는 최근 부동산 정책에서 보는 것처럼 졸속으로 만든 법안과 규제들이 얼마나 큰 부작용을 낳는지 실감하고 있지요. 성숙하게 인내하는 문화적 자산을 가진 공동체는 자생적 논의 과정을 거쳐 해결책을 찾아가지요. 이는 민간 부문 혹은 시장 부문의 역량에 대한 신뢰의 문제이기도 합니다. 우리 사회는 급속도로 경제적 도약을 이루었지만 이에 걸맞은 문화적 토양을 이루는 데는 이르지 못했지요. 식민지 시대, 전쟁, 군사독재, 산업화, 서구화, 경제부흥, 민주화 등으로 이어지는 격동의 역사 속에서 단계별 공동체를 형성할 시간적 여유를 놓친 채 계속해서 새로운 시대를 맞이해야만 했지요. 사회가 급변하는 속도와 이를 감당할 국민의 역량 간에 깊은 괴리가 형성되어 국가의 적극적인 개입을 초래했고, 이것이 규제 과다로 이어진 것이 아닌가 생각해 봅니다.

잠시 화제를 돌려보겠습니다. 앞서 교정의 과학 기술적 접근에 대해 언급했는데 이미 실시되고 있는 전자감시제도를 계속 확대해 나가면 어떤 상황이 전개될까요. 교도소의 미래에도 영향을 미치겠지요.

결정적으로 영향을 미친다고 봅니다. CCTV나 전자감독 장치만을 두고 하는 얘기가 아니라 향후 첨단기술이 전반적인 형벌체계에 미치는 영향을 말합니다. 지금은 움직임이나 위치추적 정도를 감지하는 기능만을 갖고 있어 범죄인의 생각, 상태, 상황, 미래는 알 수 없지요. 따라서 부착한 상태에서 성폭력을 해도 방지할 방법이 없습니다. 그런데 부착자의 몸 상태, 감정, 목소리까지를 감지할 정도로 장치가 진화하고, 센서를 몸에 삽입하는 단계까지 이르면 상황은 달라질 수 있습니다. 센서를 통해 받은 정보와 자료로 일정 수준까지 부착자의 행동에 대한 예측이 가능할 것입니다. 이 단계에 이르면 교도소는 소수의 고위험군 범죄인만을 감금하여 관리하는 전문적인 시설로 변모하고, 고위험군이 아닌 대다수 범죄인은 사회 내에서 정상적인 생활을 영위하며 프로그램화된 형벌을 받게 될 것입니다.

과잉수용 상태에서는 아무리 좋은 프로그램도 적용하기 어렵다고 하셨습니다. 저는 이 말이 계속 머리에서 떠나지 않습니다. 그래서 이런 생각을 해 봅니다. 회복적 사법과 같이 탈구금을 지향하는 제도를 적극 확대하면 교도소로 유입되는 인구를 대거 감소시킬 수 있을 것 같다는 생각입니다. 과학기술적 접근만큼 효과를 거둘 수도 있지 않을까요.

현재는 회복적 사법제도가 과잉수용의 해소나 교도소의 대체 형벌로서 기능을 수행할 단계는 아닙니다. 형벌의 미래에 이념적인 방향성을 제시하는 데 더 의미가 있다고 할 수 있지요. 회복적 사법은 구금형의 문제점으로 흔히 지적되어 온 비인간적, 비경제적, 비효율적 측면에 대한 대안으로만 등장한 것은 아닙니다. 더 근본적인 관점에서 가해자 중심의 형벌체계에서 소외된 피해자의 입장, 더 나아가 지역사회의 역할을 회복시킴으로써 온전한 정의 체계를 세워야 한다는 당위론을 제시한 것입니다. 국가가 범죄 해결사로서 가해자를 응징함으로써 범죄 문제가 해결되는 패러다임에 대한 부정이고 저항이라고 볼 수 있지요.

피해자가 받은 고통, 상처, 손해를 도외시하는 형벌체계는 반쪽짜리 정의 체계이며 국가와 가해자만으로 구성된 형벌체계는 변화되어야 한다는 것입니다. 즉, 국가와 가해자의 양자 간의 틀에서 가해자, 피해자, 그리고 지역사회를 포함하는 틀로 전환을 요구하지요. 이상적으로는 국가의 직접적인 사법적 개입이 없이 범죄행위의 당사자들 간에 속죄, 용서, 배상 등의 방식을 통해 손상된 관계를 회복시키는 데 그 목표가 있습니다. 이런 과정은 효율적인 공식과 절차를 통해 일사천리로 진행될 수 있는 성질의 작업이 아니지요. 캐나다, 호주, 뉴질랜드 등의 국가에는 사법부에 회복적 사법을 담당하는 부서가 있지만 교도소 인구를 대체할 만큼 활동으로 정착된 것은 아닙니다. 이는 미래 형벌체계가 추구해야 할 이념적 기반이며 사법체계를 넘어 일반 사회구성원들의 일상적인 생활 속에서 구현되어야 할 삶의 양식이라고 하겠지요.

저출산이 계속되면 범죄를 저지를 젊은 연령층 인구가 줄어들고 노년층 수명이 늘어나면서 범죄도 자연스럽게 감소하면서, 거기에 더해 첨단기술의 발전에 따라 감시체계에도 변화가 오면 교도소의 역할도 자연히 줄어들 것이라고 했습니다. 그런데 요즘은 아파트 현관 앞에 택배 물건을 놔둬도 가져가는 사람이 없습니다. 이게 나라가 잘 살게 되고 CCTV와 같은 감시제도가 발달한 탓도 있겠습니다만, 우리 사회의 전반적인 윤리의식의 변화에도 주목해야 하지 않을까요.

네, 동의합니다. 예컨대, 절도행위가 CCTV에 찍힌다고 확신이 들면 범행은 당연히 억제될 것이고 이는 자연스럽게 윤리의식으로 연결될 것이라고 추정할 수 있지요. 또한 국민소득이 높아져 복지혜택이 커지면 사소한 절도로 얻을 수 있는 것보다 잃을 것이 많을 것이니 절도할 이유가 없어지고 범행을 하지 않겠지요. 저도 감시체계의 확대나 국민소득과 윤리의식 간에는 인과관계가 있다고 봅니다.

사회를 지배하는 이념과 가치관이 범죄현상을 포함해서 그 사회의 제반 각 영역에 미치는 영향은 정도의 차이는 있겠으나 말할 나위가 없겠지요. 미국 유학시절의 경험을 들어보지요. 범죄학 영역에서 국가 간 비교연구를 분석할 때 빠지지 않고 거론되는 경우가 있었지요. 바로 일본과 서구 선진국가 간의 비교입니다.[38]

일본은 이미 1960년대 이후 적어도 경제력에서는 서구 선진국가를 능가했습니다. 일본에 관한 연구는 경제, 역사, 문화, 언어, 음식, 관광을 넘어 범죄 문제까지 다루고 있었지요. 특히 범죄 문제와 관련해서는 빠지지 않고 나온 질문이 있었지요. 다른 선진국은 급격한 산업화, 도시화를 경험하면서 범죄가 심각한 사회 문제로 등장하는데, 왜 일본만은 범죄율도 낮고 늦은 밤에도 거리의 질서가 유지되고 있는가라는 질문이었습니다. 가장 자주 논의된 쟁점은 유달리 개인보다는 타인을 배려하고 집단의

감옥이란 무엇인가

이해를 우선하는 문화적 풍토에 관한 것이었습니다. 이는 일본인은 자기 절제를 잘하는 국민이라는 것이고, 윤리의식이 높고 체면을 중시하는 문화시민이라는 의미로 해석되기도 했습니다.

물론 다른 각도에서 흥미 있는 사례가 언급되기도 했지요. 미국과 비교해서 일본과 한국에는 알코올 중독자가 현저히 적은데, 이 역시 유교적 전통에서 오는 절제력 때문일 것이라는 논의도 있었지요. 그러나 이런 논의는 일본과 한국의 밤 문화에 대한 무지에서 온 서구인의 착각이라는 것을 우리는 잘 알지요. 서구인과 동양인 사이에는 체질적으로 분비되는 알코올 분해 효소의 양에서 차이가 있고 그 차이가 알코올 중독의 중요한 요인이라는 실증적 연구 결과가 제시되기도 했지요. 이는 유교적 전통에서 오는 절제력이 알코올 중독을 억제하는 요인이라는 설명을 반박하는 내용입니다. 1960년대 우리나라에 살았던 미국인의 경험도 토론 거리가 되었지요. 어머니가 잘못한 아이에게 '너는 대한민국의 어린이야, 그런데 그런 짓을 하면 되니? 부끄럽지도 않니?'라고 훈계했다는 내용이었지요. 대한민국 사람이기 때문에 범죄를 저지르면 안 된다는 것이 당시 널리 받아들여지는 윤리관이었다는 겁니다.

한 국가의 범죄율과 범죄에 대한 대처 방식은 다양한 요인으로 설명할 수 있습니다. 가장 영향력 있는 요인으로는 국가의 국민소득과 복지 수준을 들 수 있고, 또한 그 국가를 지배하고 있는 이념, 종교, 문화적 전통 역시 중요한 연구 대상이 되고 있습니다. 오늘날 우리나라도 급격한 산업화와 도시화를 넘어 이미 최첨단 정보화 사회에 진입한 가운데 부의 양극화, 세대 간의 갈등, 이념 간의 대립 등과 같은 다양하고도 첨예한 사회 문제를 안고 있지요. 누구도 옳고 그름에 대한 절대적인 기준을 제시하기 어려운 아노미적 상태에 놓여 있다고 봅니다. 규범이 혼재되어 있는 사회를 경험하고 있는 오늘날 우리 사회구성원은 범죄에 대해 어떤 생각을 지니고 있으며, 범죄인에 대해 어떻게 대처해야 하는가, 그리고 향후 이런 생각이 어떻게 변해 갈지는 흥미로운 연구 대상입니다.

가해자와 피해자

이 교수님은 교정학자로서 오랜 시간을 보내셨습니다. 마무리하는 의미에서 교정이 나아가야 할 방향에 대해서 말씀해 주십시오.

인간의 잘못에 대한 형벌로서 존재하는 자유형 제도, 즉 획일화된 좁은 공간에 잘못한 이들을 집단으로 가두고 시간 단위로 자유를 박탈하는 것을 형벌로 하는 제도의 적절성에 대한 논의를 재개해야 할 시점이라고 봅니다. 범죄가 발생하면 가해자와 피해자가 있기 마련이지요. 가해자와 피해자가 각각 이해를 달리하는 처지가 있을 것입니다. 가해자에게 형벌이 너무 관대하다는 비판도 있지만, 가해자에게 너무 과도한 형벌을 부과한다는 염려도 있지요. 사안에 따라서는 피해자의 고통이 너무 크기 때문에 가해자의 주장을 고려할 수 없는 참담한 상황도 발생하지요. 오늘날에는 피해자의 고통과 피해에 대해 위로하고 배상하고 그의 손상당한 삶을 회복시키는 데 함께하는 것이 가해자를 마땅하게 처벌하는 것보다 더 선행되어야 한다는 주장이 힘을 얻고 있지요. 이는 가해자 처벌중심의 형벌 패러다임이 피해자의 입장이 배제된 반쪽 정의 체계이기 때문에 이를 바로 잡는 과정이라 볼 수 있습니다. 가해자를 가두는 감옥이 100개 있으면 피해자를 회복시킬 힐링 시설 또한 100개가 있어야 한다는 주장이 제기될 시기가 도래한 것이지요.

한편 역사적으로 볼 때 근세 형법 개혁 운동의 근간이 된 인도주의는, 모든 인간은 인간이라는 점에서 동등한 자격을 갖추고 있다는 박애 사상의 발로이지요. 사회적 약자, 불행한 자, 빈곤한 자에게 구원의 손길을 내미는 운동이라 할 수 있습니다. 18세기 영국에서 죄인에 대한 잔혹한 형벌의 폐지 운동이 전개된 것도 같은 맥락에서 이해할 수 있을 것입니다. 가해자도 사회적 약자이고 빈곤하며 불행한 자라고 여긴 것입니다. 가해자도 피해자도 모두 인간이므로 인간다운 대접을 받아야 한다는 점에 동의한다면, 가해자에 대한 처벌로 피해자의 처지가 잊혀서는 안 되는 것처럼 피해자에 대한 배려가 곧 가해자를 배척하는 결과로 이어져서는 안 되겠지요. 우리 사회에서는 아직 가해자에 대한 엄중한 형벌을 주장하고 증오의 눈길을 보내는 층이 다수이지요. 그런데 우리 사회에 냉정한 자문을 던져볼 필요가 있습니다. 가해자를 비난하고 응징을 주장하는 만큼 피해자에게도 배려와 온정의 손길을 내밀고 있는지, 그리고 가해자를 비난하면서도 피해자도 역시 외면하고 있지는 않은지, 아마도 가해자를 포용하는 사람이 또한 피해자도 포용할 것이라는 생각도 해봅니다. 가해자와 피해자, 더 나아가 사회 공동체 모두에게 플러스가 되는 덧셈 전략을 찾아야 할 것입니다.

가해자에 못지않게 피해자에게 관심을 가져야 하며 이들과 함께 살아가야 할 공동체를 만들어 가야겠지요. 교정의 역할을 폭넓게 성찰하는 자세가 필요하다고 생각됩니다.

그렇습니다. 요즘은 장수 시대가 도래하면서 삶의 질, 품격 있는 삶이 세간에 자주 회자하고 있지요. 개인에게도 삶의 품격이 있듯이 국가에도 국격이 있습니다. 형벌체계 속의 교정 현장은 곧 그 나라의 국격을 반영하지요. 어려운 이웃을 위한 기부 행위에는 재벌회사의 큰 기부도 있지만 저소득층 개인의 작은 기부도 있습니다. 부유한 계층만 기부문화의 품격을 누리는 것이 아니지요. 저소득계층도 기부 행렬에 참여하여 기품을 지키고 삶의 기쁨을 누리고 있지 않습니까. 범죄를 저지른 수형자이기 때문에 그들은 사회 최하 계층의 생활수준보다 낮은 대우를 받아야 한다는 주장이 아직 높은 지지를 받고 있지요. 이를 비난하기는 어렵지만, 포용적 사회를 지향하는 공동체로서는 아쉬운 대목이 아닐까 생각해 봅니다. 우리 사회도 수형자들이 인간으로서 존엄성을 지킬 만큼의 대우는 받도록 허용되는 사회로 다가가기를 기대해 봅니다. 수형자의 삶을 사회 최하 계층의 생활수준 아래로 낮추어 고달프게 만들 것이 아니라, 사회 저소득층의 삶과 복지의 수준을 높이는 노력이 더 바람직한 방향이겠지요. 모두가 낮아지는 뺄셈 전략이 아니라 모두가 높아지는 덧셈 전략을 택해야 하지 않을까요.

열등 처우의 원칙이 지켜지지 않으면 형벌의 억제 효과가 없어진다는 주장 또한 존재하지요. 논리상으로는 가능한 주장이지만, 향상된 수감환경 때문에 범죄를 저질러 자유가 박탈되는 수감생활을 택한다는 것은 현실적으로 합당한 논리가 아닙니다. 역사적으로 열등 처우의 원칙은 범죄 유발 인구가 경제적, 사회적 하위계층에 집중되어 있다는 사실과 연관이 있습니다.

화이트칼라 범죄가 범죄시되지 않았던 시대에는 더욱이 절도, 채무불이행, 상해, 강도, 폭력 등과 같은 전통적 범죄가 주를 이루었고, 이를 범한 인구는 사실상 사회 내 하위계층이 차지했지요. 따라서 국가 형벌정책의 주 대상은 하위계층이었고 이들에게 형벌이 효력을 발휘하기 위해서는 수형자들의 삶이 하위계층의 삶보다 더 고통스러워야 했지요. 이렇게 보면 사회 내 하위계층의 삶이 개선되지 않으면, 교정 현장의 열악한 실상도 개선될 수 없다는 논리가 성립됩니다. 이는 결코 선순환구조가 아닙니다.

이런 논의들이 현실화되려면 교정 당국의 역할도 중요하다고 생각합니다. 현 시점에서 현실적으로 당장 가능한 조치로는 어떤 것이 있을까요.

우리나라의 경우 현 실정에서 가장 손쉽게 시작할 수 있는 일은 교화예산의 대폭 증액입니다. 다음으로 한국 교정의 이정표를 제시할 만한 삼성 반도체급의 시범적 교도소의 설계와 건축입니다. 그리고 피해자를 위한 힐링 센터의 설립과 생활형 구금형 제도의 입안을 제안하고 싶습니다.

현재 교정본부 총예산 1조 7000억 중 교화예산이 70억이라면 0.4% 정도이지요. 이는 교화가 사실상 교정의 주요 업무가 아니라고 선언하는 것과 다름없습니다. 당장 적어도 10배 정도는 증액해야 합니다. 수사적으로는 교정교화의 필요성이 수없이 제기되면서도 교화예산이 구색을 갖추는 수준에서 배정되는 등 실질적인 변화가 없는 이유는 국민 사이의 공감대 형성도 문제이지만, 교정 분야가 대통령, 정치인, 정부 고위 관료들의 주요 관심사가 아니기 때문이라고 저는 생각합니다. 이들이 관심을 가지기 시작하면 수년 내에 우리나라는 세계 최고 수준의 최첨단 교정시설에서 과학적이면서도 인도주의적인 교정 프로그램을 실시하는 국가로 변신할 수 있습니다. 동시에 피해자를 위한 힐링 센터 설립을 제도화되면 고통받고 지체된 계층에 대한 넉넉한 포용 정책을 시행하는 품격 있는 국가로 진일보할 수 있을 것입니다.

끝으로 주말에만 구금하는 주말구금제도, 형기의 분할 복역이 허용되는 형기분할집행제도 등과 같은 생활형 구금형 제도를 제안할 수 있겠지요. 형벌의 탄력적 운용, 생계 문제를 안고 있는 계층에 대한 배려, 그리고 급격한 인구절감시대를 맞이해서 대두된 인력의 활용 문제 등 여러 면에서 이점이 있다고 할 수 있습니다.

교정 정의

이 대담의 마지막 질문으로 '교정 정의'에 대해 묻겠습니다. 이 교수님께서 처음 사용하신 용어인데, 교정에서 정의가 어떻게 이루어져야 하는가라는 다소 철학적인 물음이 되겠습니다.

교정 정의矯正 正義는 영어로는 correctional justice로 표현될 수 있겠지요. 교정은 무엇을 지향해야 하는가? 교정을 통해서 어떤 정의正義가 실현되어야 하는 것일까? 하는 물음에 대한 답이 되겠지요. 잘못한 이에게 잘못한 만큼 혹은 그 이상을 응징하는 것을 응보적 정의라고 합니다. 개인이나 사회에 고통과 손해를 입혔기 때문에 그 대가로 그만큼 혹은 그 이상의 고통과 손해를 되돌려줌으로써 공정함이 회복되고 이로서 정의가 실현된다는 것이지요. 그런데 이로써 정의가 이루어질까요? 응징이 끝나면 어떤 일이 벌어질까요? 응징함으로 우리에게 원래 아무 일이 없었던 것처럼 원상이 회복되어 행복과 평화가 저절로 찾아오는 것일까요? 허구 세계를 그리는 무술영화나 서부활극에서는 잔혹하고 비열한 악당 무리를 통쾌하게 응징하여 관객의 박수를 받는 것으로 막을 내립니다. 이를 통해 권선징악의 틀에서 선이 악을 무너뜨림으로써 선한 측에게는 도덕적 우월감을 확인해 주고 악한 측에게는 악의 씨앗이 다시는 움트지 않도록 경종을 울리

감옥이란 무엇인가

는 효과를 낳을 수 있을 것입니다. 이는 오늘날 현실에서도 흔히 목도되는 현상입니다.

예컨대, 미국에서 한 시대를 달구었던 '범죄와의 전쟁'이나 '마약과의 전쟁'과 같은 구호는 폭력에 대해 폭력으로 응수하겠다는 국가적 다짐과 다르지 않았습니다. 폭력배와 마약상을 악의 축으로 규정하고 사회에서 배제하고 축출하겠다는 선언인 것이지요. 자국민이라도 잘못한 이들은 악으로 적으로 취급하겠다는 셈입니다. 문제는 잘못을 저지른 국민을 악의 축으로 몰 수도 있지만, 관점을 달리하면 오히려 그들을 배려하고 지원해야 할 대상으로 볼 수도 있다는 것입니다.

교정 정의는 잘못을 한 집단에게 응징을 가하는 것만으로 실현되는 것이 아니라 그들이 제2의 기회를 찾도록 돕는 과정에서 이루어지는 것입니다. 배려, 양보, 화해와 같은 미덕은 편하고 익숙한 집단에게만 베푸는 것이 아니지요. 도리어 불편하고 이질적인 집단에 베풀어 그 가치가 배가될 수 있을 것입니다. 우리에게 필요한 것은 그 크기를 불문하고 스스로 자원하는 고통과 희생을 연습하고 내면화하는 것입니다. 그리하여 삶의 역정, 사회적 신분, 지적 지향, 가치관이 다른 사람들과 물리적은 물론 정신적으로 무던히 교류하는 삶 속에서 차이를 견뎌내어 융화된 공동체를 만들어 가야겠지요. 그것이 낮은 단계의 정의에서 안주하지 않고 더 높은 단계의 정의로 나아가는 길입니다.

에필로그

1.

1997년 추위가 유난했던 어느 겨울날, 한 여인이 외투도 없이 아들의 무덤 앞에서 떠날 줄을 모르고 애달프게 흐느끼고 있었다. 주변에 있던 신도들이 안타까움에 입고 있던 외투를 벗어 등에 덮어 주고는 여인을 품어 주었다. 그는 1997년 12월 30일 사형 집행으로 세상을 떠난 어느 사형수의 어머니였다. 여인의 아들은 천하가 공노할 죄를 지은 죄인이었지만 여인에게는 끝내 제대로 보살피지 못했던 가여운 자식이었을 것이다.

매년 11월 파주시 광탄면에 소재하는 나사렛 묘원에서는 연고가 없는 사형수들을 위한 위령미사가 열린다. 세상에서 용서받지 못할 죄를 지어 사형장에서 이슬로 사라진 영혼들을 위로하는 미사이다. 신부님은 강론에서 "거듭난 삶을 통해 하느님

감옥이란 무엇인가

품에 먼저 안긴 사형수들을 위해 기도하는 우리는 그들도 하늘
나라에서 우리를 위해 기도하고 있음을 안다. 오늘 이 자리를 계
기로 하느님께서 우리 각자에게 주신 몫에 최선을 다하는 삶을
살아갈 때 언젠가 우리도 아름다운 죽음을 맞이할 수 있을 것이
다."라고 했다.

사형수의 최후, 사형 집행으로 자식을 잃은 부모의 애절함,
그리고 이를 지켜본 모두에게 전하는 신부님의 강론은 엄숙함으
로 가늠할 수 없는 순간을 만들고 있었다. 이 자리를 함께했던 연
쇄살인범에게 일가족 3명을 잃은 어느 피해자는 못내 말을 이
었다. "내가 사랑하는 나라에서 내가 사랑하는 사람들이 살해
당했는데 책임 있는 사람들의 사과 한마디 들어본 적이 없습니
다. 그러면서도 내가 바라지도 않는데 굳이 국가가 사형을 집
행한다면, 또 한 번 나를 죽이는 것과 다를 바 없습니다. 피해자
들을 생각한다면 가해자에게 죽음을 가할 것이 아니라 피해자들
의 아픔을 살피고 그들을 위로할 방안을 찾아야 할 것"이라고 말
했다.

이 피해자는 연쇄살인범에게 아내와 4대 독자인 아들, 그리
고 노모 모두를 한순간에 잃었다. 그는 깊은 상처와 분노로 복수
심에 사로잡히기도 했고 수차례 자살까지도 생각했다. 그러나
그는 가해자를 용서함으로써 새로운 삶을 찾는 길을 택했다. 그
래서 지금도 사형수들의 묘소에서 거행되는 위령미사에서 그를

만날 수 있다. 그는 자신에게서 사랑하는 모든 이를 앗아간 가해자를 용서함으로써 마음에 남아 있는 복수심을 지우고 평화를 찾는 경지를 터득하고자 하고 있다.

'복수는 죽은 자를 위한 것이고, 용서는 산 자를 위한 것'이라는 말이 있다. 내 마음이 편하고 행복해지려면 상대를 이해해야 하고, 상대를 이해하면 비로소 용서가 되고 내 마음에 평화가 찾아온다. 엄밀히 말하면 용서는 가해자를 위한 것이라기보다는 피해자 자신이 평화를 찾고자 함이다. 그런데 세상에는 도저히 용서할 수 없는 것이 분명 있다. 그러나 한편으로 진정한 용서는 용서할 수 없는 것을 용서하는 것이라는 말도 있다. 이 경우의 피해자는 용서할 수 없는 것을 용서하는 무조건적 용서를 실천하고자 한 것이다.

2.

사람은 누구나 어떤 형태로든 고통당하며 살아간다. 그런데 어느 누구도 고통당하며 살기를 원하지 않고 고통당하는 사람은 누구나 한시라도 그 고통에서 벗어나길 원한다. 그렇다면 누구도 타인에게 고통을 주거나 타인이 고통을 당하는 것을 바라서는 안 되는 것이 맞다. 더 나아가 우리에게는 고통당하고 있는 타인의 고통을 덜어 주어야 하는 윤리적 의무가 있다. 문제는 우

감옥이란 무엇인가

리 인간이 애초부터 불완전하고 유한한 존재라는 사실에 있다. 그런 까닭에 타인에게 고통을 주기도 하고 타인에게 고통을 당하며 살아간다. 그런 행위는 때로는 상대를 죽음에까지 이르게 하는가 하면 죽음보다 더한 아픔에 시름하게도 한다. 이 같은 불가피한 섭리를 해소하는 길은 가해자가 스스로 속죄하고 피해자가 기꺼이 용서하며 함께 화해하는 것이겠지만, 이 또한 불완전한 인간의 속성상 결코 누구에게나 쉽게 이루어지는 일이 아니기에 부단한 인고의 노력과 연습이 필요하다. 더 나은 용서와 화해를 위해서 그렇다.

앞에서도 언급된 영화 〈밀양〉은 용서의 어려움을 잘 보여 주는 화제작이다. 주인공 신애는 남편을 잃자 어린 아들과 밀양에 정착한다. 그러던 어느 날 아들이 동네학원 원장에게 유괴되어 살해된다. 아들의 죽음을 접한 신애는 극심한 트라우마를 겪는다. 이를 극복하는 과정에서 신앙을 갖게 되고 마침내 가해자를 용서함으로써 새로운 삶을 찾기로 결심한다. 그러나 정작 교도소에 복역 중인 가해자를 만났을 때 무릎 꿇고 용서를 구하는 가해자가 아닌, 이미 신앙 속에서 구원을 받아 평화롭다는 가해자를 보게 된다. 가해자는 자신은 하느님에게 이미 용서를 받았으며 신애도 하느님을 알게 되어 기쁘다고 말한다. 신애는 "당사자인 내가 아직 고통받고 있는데 누구에게서 무엇을 어떻게 용서받았다는 것인가?"라고 통탄한다. 그리고 어렵게 택한 용서할 기회마저 빼앗겼다고 느낀 신애는 상실감으로 절규한다.

용서는 가해자가 잘못을 고백하고 변화를 약속하며 용서를 간구함으로써 이루어진다. 그러나 이 영화에서 피해자는 가해자를 용서하고자 했지만, 가해자는 피해자에 대한 직접적인 사죄 없이 죗값은 판결로서 국가에게 치르고 용서는 보이지 않는 하나님에게 청하여 그만의 방식으로 평화를 얻은 것이다. 피해자인 신애에게는 가해자의 사죄도 국가의 지원도 하느님의 공정함도 주어지지 않았다. 그럼에도 용서는 고통으로 절규하는 주인공 신애에게 생존하기 위해 필수적인 행위였는지도 모른다. 용서가 없다면 자신과 타자를 잘못의 감옥에 가두고 현재와 미래를 잃은 채 과거의 존재로 매몰되어 살아갈 것이다. 용서는 지금을 극복하고 새롭게 태어날 가능성을 열어 주는 통로이기 때문이다.

3.

다음은 유난히 천성이 활달한 어느 사형수의 고백이다. 어느 날 오랜만에 그의 옛 친구가 구치소로 면회를 왔다. 그는 10여 년 전 살인을 하고 도피하던 자신에게 은닉처를 제공해 줬고 그 죄과로 자신도 옥살이를 했던 고마운 친구였다. 친구는 출소 후에도 사업의 실패와 가정의 파탄으로 고달픈 삶을 살아왔다고 했다. 그는 사형수를 원망하면서도 사형수로서 겪고 있을 고통을 생각하며 스스로 위로하며 살았다고 한다. 그러나 막상 구치소에서 면회하는 중에 사형수의 뜻밖에 밝고 건강한 모습을 보고는 "내가 밖에서 고초를 겪는 동안에도 너는 이렇게 편한 얼굴로 잘 살고 있었구나!" 하며 말없이 돌아갔다고 했다. 죄책감으로 몰골이 쇠약해진 사형수의 모습을 상상했던 친구가 느꼈을 미묘한 상실감을 이해했지만 그 상황에서 진정으로 그 친구에게 아무것도 해줄 수 없었다고 했다. 그리고 그 사형수는 말했다. "저는 지금 구치소에 있는 것이 아닙니다. 주님의 집에 있는 것입니다. 그게 아니라면, 제가 어떻게 허구한 날을 제정신으로 살아갈 수 있겠습니까? 저의 친구에게 말해 주고 싶었습니다. 친구야! 나를 봐라! 나도 어떻게든 기쁜 모습으로 살려고 이토록 바둥거리고 있지 않니."

이 사형수는 사형 판결을 받고 20년 가까이 구치소에서 사형 집행을 기다리는 중에 있다. 그는 사건 발생 직후 중국으로 밀항을 계획했으나 망망대해 바다 속에 생매장이 될 것이 두려워 포기했고, 도주 과정에서도 두 차례 자살을 시도했으나 역시 모두 실패했다. 첫 번째는 수면제 100여 알을 털어 넣었으나 급작스러운 위경련으로 이루지 못했고, 두 번째는 빌딩에서 투신하려고 20층까지 올랐으나 옥상 철문이 잠겨 뛰어내리지 못해 실패했다. 지난 세월도 생의 마감을 기다리는 나날의 연속이었지만 지금은 사형을 미집행하는 국가정책으로 새로운 삶을 찾아 종교에 귀의한 삶을 보내고 있다.

그는 한 인간이 생명체로 탄생하면서 얻어지는 삶과 자유는 자신의 노력과 무관하게 주어지는 것이지만, 그것을 향유하는 것은 누구에게나 주어지는 것은 아니며 거기에는 조건이 있다고 했다. 그 조건은 그릇된 선택을 하지 않는 것이며 올바른 선택을 통해서만이 주어진 삶과 자유를 진정으로 향유할 수 있다는 것이다. 세상에는 착한 중독과 나쁜 중독이 있는데 그는 물욕과 쾌락을 탐닉하는 나쁜 중독을 선택했으며 폭력적인 삶을 살다가 급기야 씻을 수 없는 범죄를 저질렀고, 지금은 자신의 생명과 자유를 모두 타인의 결정에 의존해야만 하는 피동체로 변했음을 고백했다. 그리고 삶과 자유가 언젠가 그에게도 조건이 없이 거저 주어진 적이 있었지만, 지금은 어찌하여 불안, 절망, 악몽, 불면, 그리고 그리움에 휩싸여 상상 속에서만 살아갈 수밖에 없는지를 자책하며 회한의 나날을 보내고 있다고 했다.

그가 나쁜 선택을 한 이유는, 진지한 사고를 통해 선택하는 학습단계를 거치지 않았기 때문이라고 했다. 행동에 앞서 선택의 결과에 따라 다가올 미래의 운명을 가늠할 사고의 기회를 가져보지 못했다는 것이다. 자유는 속박이, 쾌락은 고통이, 그리고 행복은 불행이 있기 때문에 존재하는 것이며 이 모든 것은 항상 상대적이어서 나의 쾌락이 타인의 고통으로, 나의 자유가 타인의 속박으로, 나의 행복이 타인의 불행으로 이어질 수 있다는 단순한 사실을 내면화하지 못한 것이라고 했다.

그리고 그는 다음과 같은 말을 남겼다. "그래도 제 생명이 연명되고 있기 때문에 수형자 사회에서나마 착한 선택을 할 작은 자유가 주어진 것이겠지요? 제 뜻이 누군가를 통해 누군가에게 전해진다면 없었어야 할 작은 역사가 만들어지는 것 아닌가요? 돌이켜보면 저는 지금처럼 진지하게 선택을 연습해 본 적이 없었습니다." 사형수 나름의 진지한 고백이고, 자신의 행위에 대한 진솔한 분석이다. 장기간 깊은 밤 어둠 속에서 되뇌었을 사색의 결과일 것이다.

4.

우리나라는 20여 년 넘게 사형이 집행되지 않아 사실상 사형 폐지국가에 속하고 가석방 없는 종신형을 최고형으로 하는 국가라 할 수 있다. 현재 50여 명의 사형수들이 전국 교정시설에 구금되어 있다. 이들은 형이 집행되지 않아 미결수로 분류되며, 생물학적으로는 살아 있지만 사법적으로는 이미 죽음이 결정된 채 경계인으로 살아가고 있다. 좁고 좁은 곳에서 죽은 목숨으로 기약 없이 살아가는 이들은 그야말로 기이한 삶을 살고 있다. 형벌로서 구금형은 과거의 죄과에 대한 처벌이고 응징을 목적으로 하지만, 또한 변화의 시간으로 주어진 것이기도 하다. 사형수들의 삶은 드러나진 않지만 세월의 흐름에 따라 변화되어 가는 모습을 확인할 수 있다. 아직도 마음을 열지 않고 적대적 태도를 보이는 일부도 있지만 대체로 이들은 극심한 심적 갈등 속에서도 평정심을 유지하며 마음의 평화를 간구하며 하루하루를 연명하고 있다.

그렇다면 직접적인 가해자도 피해자도 아닌 뭇 사람들은 사형 제도를 어떻게 바라보아야 할까? 세계적으로 140여 개 국가가 사실상 사형 폐지국인데도 불구하고 우리나라의 여론은 여전히 사형제도의 존치가 다수를 점하고 있다. 물론 사형 폐지를 지지하는 사람들 어느 누구도 사형을 집행한다고 죽은 피해자가 다시 살아날 수는 없으니 잊고 용서하자는 수준의 가벼운 논리로 폐지를 주장하지는 않는다. 흉악범죄의 참혹한 현장을 생각하면 더욱 그러하다. 더욱이 피해자와 그 가족의 입장에 서면 더 이상 논의할 거리가 되지 않는다. 그런데 자신이 가해자나 피해자 당사자의 입장이었다고 가정해 보면, 또한 범죄 당사자가 되지 않을 수 있었던 이유를 생각해 보면 사뭇 다른 각도에서 문제를 바라볼 수 있다. 자신이 그토록 절박한 상황에 그리고 그토록 불운한 처지에 직면하지 않은 것은 단지 행운이 아니었을까 하는 생각에까지 이를 수 있지 않을까? 끔찍한 가해 행동을 유발하는 빈곤, 피학대, 상처를 운 좋게 경험하지 않았고, 가해 행동의 희생자로 내몰리는 불운도 피할 수 있었지 않은가? 험난했던 어린 시절의 삶이 증오와 탐욕으로 전이되어 가해자가 된 경우도 있고, 한편으로 동기도 모른 채 생명을 잃는가 하면 죽음보다 더한 고통을 당하는 피해자도 있지 않은가? 그런데 복 받은 환경에서 성장한 결과로 얻은 공짜 행운을 잊고 살아도 되는 것인가? 그래서 나쁜 사람이므로 가해자에게 거리낌 없이 분노를 표출해도 되는 것인가? 그러고는 과연 피해자들과는 조우하기 불편하기 때문에 무심코 외면해도 되는 것인가?

세상에는 마땅히 응징해야 할 죄인이 있다. 그래서 사형제도가 있고 감옥이 있을 것이다. 그런데 사형수 중에도 개선의 길을 걷는 사람이 있듯이 감옥에도 증오와 분노의 대상만이 갇혀 있는 것은 아니다. 더구나 감옥에 갇힌 수형자들은 사형수와 달리 언젠가 우리 곁으로 복귀할 이웃이다. 세상의 모든 일을 결과로만 판단할 수는 없다. 어떤 동기와 어떤 과정을 거쳤느냐에 따라 결과에 대한 평가가 달라질 수 있는 법이다. 실수나 불운의 결과들마저 영원한 주홍글씨가 되어 지울 수 없는 낙인으로 남는 것 또한 공정은 아니다.

국가는 상대를 해치거나 손해를 입히고 사회의 안전을 위협하는 가해자에게 상당하는 형벌을 가해야 할 것이지만, 가해자가 될 수도 피해자가 될 수도 있는 우리는 가해행위를 어떻게 이해하고 대응해야 할 것인지 숙고하는 배려도 필요하다고 본다.

당장 드러난 현상적 행위에 대한 판단을 넘어, 가해자의 불운했던 과거의 삶과 더 나아가 그늘 속에서 숨죽이며 아파하는 피해자의 고통을 생각해 볼 수 있지 않을까?

《정의란 무엇인가》의 저자인 마이클 샌델은 부유한 가정에서 IQ 높은 아이로 태어나 하버드 대학을 졸업하고 높은 연봉을 받는 경우에 그것을 전적으로 그 사람의 능력으로 볼 수 있는지 묻고 있다. 같은 맥락에서, 가정교육을 잘 받고 학력이 높아서 혹은 준법의식이 강해서 감옥에 가지 않았다고 해서 그것을 전적으로 그 사람의 능력으로 볼 수 있는가를 물을 수 있을 것이다. 우연적 요소는 없는지, 공짜로 얻은 행운은 없는지를 살펴보자는 것이다.

우리는 공동체의 일원으로서 서로의 운명과 입장을 공유하고 우연히 얻은 선천적 행운과 사회적 환경을 당연시하기보다는 기꺼이 감사할 수는 없을까? 더 나아가 이런 행운과 환경을 얻지 못한 이웃들의 삶에 연민을 갖고 함께 할 수 있다면, 우리 사회는 좀 더 포용적이고 관대한 사회로 나아갈 수 있지 않을까?

5.

이 대담의 질문에 많은 답을 하면서 스스로에게 묻고 답하는 몇 가지 주제를 생각해 보았다.

- 세상에 있는 나는 좋은 사람이고 감옥에 있는 그들은 나쁜 사람인가. 좋은 사람은 영원히 좋은 사람이고 나쁜 사람은 영원히 나쁜 사람인가. 국가와 그리고 사법기관은 이유 없이 좋은 사람에 속하는가.

- 가해자가 없다면 교도소는 없어질 것이다. 그런데 가해자가 있다고 꼭 교도소가 있어야 하는가. 가해자를 위한 교도소는 많은데 피해자를 위한 시설은 없다. 어떻게 이해해야 하는가.

가장 바람직한 세상은 범죄가 없는 세상일 것이다. 그런데 범죄가 불가피하게 발생하는 것이라면, 최선의 길은 범죄인에게 가혹한 형벌을 가하지 않으면서도 사회의 안전을 지킬 수 있는 방안을 찾는 것이다. 유감스럽게도 아직까지 이에 대한 정답은 없다. 물론 형벌의 강화가 범죄율을 떨어뜨리고 사회 안전을 보장한다는 실증적 증거 역시 제시되지 않았다. 그런데 최근 북유럽 국가들에서 나타나는 범죄율의 대폭 감소와 교도소 폐쇄 현상이 함의하는 바가 크다. 이들 국가는 높은 국민소득을 보이고 넉넉한 복지혜택을 누리는 국가로서 인간의 존엄성을 중시하는 공통점을 갖고 있다. 범죄인에 대한 대응에서도 완화된 형벌 부과와 인도주의적 형집행 방식이 보편화되어 있다. 따라서 죄를 지은 사람도 호텔이나 리조트로 착각할 수 있는 시설에 수용되어 생활하는 것이 낯선 모습이 아니다. 우리의 일반적인 정서와는 커다란 괴리가 있다 하겠다. 그런데 그런 모습이 언제까지 먼 나라 얘기로만 회자되어야 할까?

우리나라에서도 세계적인 추세에 따라 머지않아 사형제도가 폐지될 것이다. 그리고 자유형을 집행하는 교도소 역시 점진적으로 축소되는 추세를 보일 것이다. 그 이유는 대규모 공간에 대규모 인원을 가두어 외부와 단절시키고 시간을 정해 놓고 획일적으로 자유를 박탈하는 형벌은 시대의 흐름에 역행하기 때문이다. 더 근본적으로는 인신의 구금은 속성상 인간의 존엄성을 훼손하는 것이고 오늘날의 관점에서 보면 과거 노예제도의 잔재로 인식되기도 한다. 여기에 날로 발전하는 과학기술은 이를 추동하는 강력한 동력으로 작용할 것이다. 범죄 예측도구, 전자감독 제도, 생체인식도구, 가상현실 등의 개발과 적용의 확산은 대단위 시설에 장기간 인신을 대거 구금하는 행위를 전근대적 유물로 전락시킬 것이다. 현행 교도소 제도는 인도주의적이거나 경제적이거나 효율적이기 때문에 유지되고 있는 것이 아니다. 오늘날 인류의 삶 속에서 인간의 행위와 사고체계를 통제하고 관리할 보다 적절한 장치가 탄생하지 않았기 때문일 뿐이다. 그렇다면 과도기의 교도소는 어떤 모습으로 변해 가야 할까? 교도소 제도가 유지되는 동안은 안과 밖의 동일화 원칙이 지켜지도록 지향해야 한다. 이는 구금 자체만을 죄의 대가로 갈음하고, 형기 동안 수용자의 삶은 최대한 외부 사회의 삶과 유사하게 조성해야 한다는 의미로 수형자의 재사회화를 위한 가장 이상적인 접근 방식이라 하겠다. 수형자가 출소 후 곧 지역사회의 이웃으로 돌아온다고 생각할 때, 이는 수용기간을 제2의 기회를 설계하기 위한 준비기간으로 활용하기 위한 조건이기도 하다. 이를 통해 가속도로 급변하는 오늘날 장기간 격리된 삶으로 '사회의 급격한 변화'에 적응하지 못해 지체되는 수형자의 양산을 최소화할 수 있을 것이다.

동시에 피해자 힐링 센터 설립의 제도화 등을 포함하는 피해자를 위한 지원을 대폭 강화하는 정책을 실시한다면, 가해자와 피해자 양측 모두에게 이익이 되고 일반인의 공감대 또한 넓힐 수 있는 여지가 마련될 것이다. 특히 흉악범이 아닌 대다수의 범죄자들에게 보다 완화된 형벌정책과 인도주의적 처우를 실시하는 것이 필요하며, 아울러 특히 흉악범죄의 피해자에 대한 배상과 지원체계를 강화해야 한다. 이는 곧 배제와 소외의 틀에 갇힌 이들을 포용과 동반의 대상으로 전환시켜 따뜻한 모두의 공동체를 이루는 길이기도 하다.

6.

이런 이상적 지향을 실현할 이념적 틀로서 '평화교정학'Peace-making Corrections이 제시되었다. 이를 통해 '교정 정의'의 새로운 지평이 열리는 계기가 될 수 있기를 기대해 본다. 우리에게는 보수진영과 진보진영을 막론하고 기존의 형벌정책이 공유하는 해체되어야 할 두 가지 가정이 있다.

첫째는 사법적으로 유죄판결을 받은 사람은 나쁜 사람이고 그렇지 않은 사람은 좋은 사람이라는 이분법적 가정이다. 따라서 감옥 안의 사람은 나쁜 사람, 감옥 밖의 사람은 좋은 사람이라는 도식적인 인식이 지배한다. 물론 나쁜 사람은 처벌과 치료와 교육의 대상이 되고 좋은 사람은 당연히 그 대상에서 제외된다. 그런데 우리 사회의 부도덕하고 위선적이며 시세영합적인 수많은 사람들이 감옥 밖에 있다는 이유로 좋은 사람으로 구분되는 현상이 얼마만큼 정당성을 갖는지는 생각해 볼 일이다.

둘째는 국가가 공권력을 독점한다는 가정이다. '범죄행위'는 '국가의 법률을 위반한 국가에 대한 위해危害행위'로서 국가가 '범죄의 일차적 당사자이며 피해자'이기 때문에 공권력에 관한 한 독점적 지위를 갖는다는 것이다. 따라서 범죄 해결사인 국가가 좋은 사람을 대신하여 나쁜 사람인 가해자를 일방적으로 응징하고 교육하고 치료하는 것이 당연지사로 고착되었다. 그 결과 실질적인 범죄의 피해자인 개인과 그 가족 더 나아가 그들이 속한 지역사회가 사법질서에서 배제되고, 그들이 당한 고통과 손해를 회복할 마땅한 여지가 차단되어 버린 것이다. 이에 따라 가해자를 위한 교도소는 넘치는데 피해자를 위한 시설은 그 자체에 대한 거론조차 거의 없는 아이러니한 상황이 펼쳐진 것이다.

평화교정학은 이런 불합리한 국가적 행위에 비판적인 입장에서 대안적 담론을 제시한다. 이는 국가가 피해자를 대신해서 범죄인을 일방적으로 응징하고 치료하는 기존의 틀을 탈피하고, 당사자 간의 갈등관계를 속죄, 용서, 화해, 조정, 배상을 통해 해소함으로써 모두 간에 '관계의 평화'를 이루는 것을 지향한다.

우리가 살아가는 이 세상에는 애초부터 가해자와 피해자가 정해져 있는 것이 아니다. 모든 사람은 가해자로서 특성을 갖고 있고 또한 피해자가 될 가능성을 안고 있다. 즉 특별한 상황 혹은 우연적 요소에 따라 가해자가 될 수도 피해자가 될 수도 있다는 것이다. 따라서 가해자와 사법기관은 물론 피해자와 지역사회구성원 등 모두가 주역이 되어 문제의 근원과 해결책을 찾는 것이 마땅하다고 본다. 이 과정에서 당사자들 간의 갈등적 관계가 재정립됨으로써 모두 간에 평화관계가 구축되는 것을 목표로 한다. 이를 위해서는 직접적인 가해자도 피해자도 아닌 뭇 사회구성원들의 자아 성찰적 자세를 통한 변화된 인식이 중요하다. 즉 본인도 가해자가 될 수 있었다는 점에서 공범의식을, 본인도 피해자가 될 수 있었다는 점에서 나눔의식을 가질 수 있다면, 종국적으로 편견과 차별이 해소되고 배려와 존중이 우선하는 사회적 풍토의 조성이 가능해질 것이다. 이로써 감옥에 갇힌 자들에 대해서는 관대함으로, 피해자에 대해서는 나눔으로 대하게 되어 적대와 배제의 관계가 포용적이고 동반자적인 관계로 변화될 것이다. 같은 맥락에서 교도소의 수용자는 시설 안의 환경이 밖의 환경에 근접한 보다 인간적인 시설에서 존엄성을 인정받는 삶을 영위하고, 피해자는 어둠 속에서 상처받아 은둔하던 객체에서 이웃공동체의 위로와 지원으로 자아가 회복된 주체로 거듭날 것이다.

엠마누엘 레비나스Emmanuel Levinas는 그의 '책임의 윤리학'에서 타자의 얼굴에 나타나는 고통과 아픔의 표현은 곧 그를 도와달라는 요청이라고 했다. 이제 레비나스가 말한 고통받는 자의 '얼굴을 보라'는 준엄한 책임의 명제를 우리 사회구성원 모두가 적극적으로 내재화하는 자세가 필요할 때이다. (이백철)

주

1 미셸 푸코 저, 오생근 역, 《감시와 처벌》, 나남, 2019, pp.171–191.

2 갤리선의 강제노동이 형벌로 정착된 것은 특히 14세기 흑사병으로 유럽 인구
가 급속히 감소함에 따라 노동력을 확보하려는 조치의 일환이었다. 선상의 노
예였던 범죄인들이 혹독한 노역에 시달려 사망에 이르는 경우도 다반사였다.
영화 〈벤허〉에서 주인공 역을 맡은 찰턴 헤스턴이 지하 선단에서 북소리에 맞
추어 노를 젓는 장면이 이를 잘 묘사하고 있다. 18세기경에 갤리선 노예형이 사
라졌는데, 이는 인도주의적 각성에서가 아니라 풍력을 이용한 범선의 출현으로
대규모 단순 노동이 불필요해진 탓이었다. 이 시기는 자유형의 탄생 시기와 일
치한다.

3 스튜어트 매크리디 엮음, 남경태 역, 《시간에 대한 거의 모든 것들》, 휴머니스트,
2001, pp.175–179.; 이진경, 《근대적 시공간의 탄생》, 그린비, 2010, pp.38–48.

4 이진경, 《근대적 시공간의 탄생》, 그린비, 2010, pp.200–215. $d = 1/2 \, gt^2$ 에서
와 같이 공간적 속성인 거리 d가 시간 t의 함수로 표시되었다. 이로써 사물의
운동법칙은 시간의 함수로 계산할 수 있게 된 것이며 시계적 기간은 물리적 자
연의 수학화를 실질적으로 가능하게 해 주는 결정적인 변수가 된 셈이다. 이 시
기에 시계적 시간은 이미 근대과학의 중심부에 자리 잡고 있었다.

5 1770년대 영국에서 급속한 산업화의 과정에서 도시화와 농촌 인구의 이동 등
으로 혼란한 상황에서 범죄 인구 관리의 수단으로 제레미 벤담이 제시한 교도
소 모형이다. 교도소 설계는 중앙의 감시탑을 중심으로 개인 독방이 원형으로
둘러싸인 형태로 감시탑에서는 각 감방을 감시할 수 있으나 수용자들은 감시
탑으로 들여다 볼 수 없는 구조로 되어 있다. 중세의 지하감옥은 범죄자를 사
회의 시야로부터 격리시키고자 했으나, 파놉티콘은 보는 것 자체를 통제의 메

커니즘으로 변화시킨 것이었다. 원형 모양의 설계로 수용자를 용이하게 관찰하고 수용자 대 직원의 비율을 낮추는 등 효율적인 감시체계가 가능한 것으로 평가되었다. 수용자들은 언제나 감시되고 있지만 언제 감시되는지 알 수 없는 구조이기 때문에 미셸 푸코는 감시의 목표물이 신체가 아니라 마음이라고 했다. 이백철, 《교정학》, 교육과학사, 2020, pp.84-86.

6 존 하워드John Howard(1726~1790)는 역사상 행형 제도 개혁에 가장 큰 공헌을 한 인물로 평가받고 있다. 영국과 유럽 전역의 교도소를 방문하여 1777년 《감옥상태론State of Prison》을 출간하여 당시 비참한 감옥의 실상을 세상에 알렸다. 구금 비용 폐지, 간수급여제도, 구금환경 개선, 교정교화 강화 등의 입법화. 그 밖에 정신질환자 격리, 여성과 어린이 분리 수용, 조기출소 등의 개혁적 조치에 기여했다. 그의 업적을 기리는 존하워드협회John Howard Societies가 지금도 영국과 미국에서 활동 중에 있다. 이백철, 《교정학》, 교육과학사, 2020, pp.87-88.

7 유형 제도는 영어로 transportation이고, 국가가 범죄 해결사로서 역할을 다하지 못할 때 민간 부문에서 해결책을 제시하여 탄생한 형벌제도이다. 영국의 과잉 노동력으로 미국 식민지와 호주 식민지의 노동력 부족을 해결한 셈이었다. 영국에서는 1598년에 증가하는 사회불안계층과 행형시설의 과밀수용문제를 해결하는 방안으로 불량배, 부랑자, 범죄인 등을 식민지로 유배시켜 행형노예로서 장기간 강제노역을 시키는 형벌제도를 도입했다. 미국의 경우 1770년대까지, 호주의 경우는 1786~1867년까지 지속되었다. 유형 제도가 폐지된 이후에는 남겨진 폐선hulks을 행형시설로 사용하기도 했다. 이백철, 《교정학》, 교육과학사, 2020, pp.77-80.

8 오늘날에는 일반적으로 running machine으로 많이 쓰인다. 19세기 영국에서 죄수들의 형벌 도구로 사용된 것으로 tread(밟다)+mill(방아)의 합성어이다. 초기 형태는 발판이 붙은 원통이었는데, 교도소의 죄수들에게 '단순 반복의 고통'을 주기 위한 고문도구였다. 죄수들이 밟는 원통의 회전력을 이용해 물을 푸거나 곡식을 빻게 한 것이다. 트레드밀의 개발 이후, 영국에서는 10년간 50곳 이상의 교도소에서 이 형벌 도구를 사용하다가 1898년 인권을 침해한다는 이유로 교도소법이 개정되면서부터 중단되었다.

9   심재우, 《백성의 무게를 견뎌라: 법학자 정약용의 삶과 흠흠신서 읽기》, 산처럼, 2018, pp.88–89.

10   공옥空獄 사상을 법전에 규정한 대표적인 제도는 사면, 소방, 보방, 속전 등이 있었다. 사면으로 상사常赦는 왕자의 탄생이나 재이 등에 따라 유교적 가치관에 반하지 않는 죄에 대해 내려졌고, 대사大赦는 왕의 재임 중에 큰 경사가 있을 때 죄의 유형과 관계없이 실시했다. 소방疏放은 장기 미결수를 심리하여 용서할 만한 자를 석방하는 제도이며, 보방保放은 죄인의 건강 상태, 친상 등의 경우에 실시하는 제도로 오늘날 구속집행정지, 형집행정지, 귀휴제도 등과 유사하다. 이준호, 이상임, "조선시대 기상이변에 따른 재해 발생과 공옥空獄 사상의 교정적 의미 고찰: 소빙기 '경신대기근'을 사례로," 교정담론, 제11권 3호, 2017, pp. 272–274.; 조윤선, "조선시대 사면 · 소결의 운영과 범죄적 · 정치적 의의," 조선 시대사학보, 38, 2006, pp.39–78.

11   빅터 프랭클 저, 이시형 역, 《죽음의 수용소에서》, 청아출판사, 2005, p.158.

12   강남순, 《용서에 대하여》, 동녘, 2017, pp.14–15.

13   스티븐 레빗 · 스티븐 더브너 저, 안진환 역, 《괴짜 경제학》, 웅진지식하우스, 2009, pp.176–186.

14   얼 쇼리스 저, 고병헌 · 이병곤 · 엄정아 역, 《희망의 인문학》, 이매진, 2007, pp.164–174.

15   심재우, 《백성의 무게를 견뎌라: 법학자 정약용의 삶과 흠흠신서 읽기》, 산처럼, 2018, p.198.

16   어슐러 K. 르귄 저, 최용준 역, "오멜라스를 떠나는 사람들", 《바람의 열두 방향》, 그리폰북스, 2004, pp.467–480.; 마이클 샌델 저, 이창신 역, 《정의란 무엇인가》, 김영사, 2010, pp.62–63.

17   엘리엇 커리 저, 이백철 역, 《미국의 범죄와 형벌》, 학지사, 2004, p.264.

18   2020년의 경우, 출소 인원 27,917명 중 3년 이내에 재복역한 인원은 7,039명으로 재복역율은 25.2%로 나타났다. 범수와 재복역률은 비례관계를 보였다. 2범(29.1%), 3범(43.3%), 4범(52.1%), 5범 이상(64.8%). 법무부 교정본부, 2021 교정통계

연보, pp.172-178. 재복역률은 국가마다 차이가 있는데 미국의 경우는 70% 정도이다.

19 존 롤즈 저, 황경식 역, 《사회정의론》, 서광사, 2007, p.155-161; 마이클 샌델 저, 이창신 역, 《정의란 무엇인가》, 김영사, 2010, pp.198-200.

20 Norval Morris and David J. Rothman, *The Oxford History of the Prison: The Practice of Punishment in Western Society*, Oxford University Press, 1988, pp.100-116.

21 미국 교도소는 1700년대 후반 펜실베이니아제도와 오번제도(뉴욕제도로도 불림)의 설립을 시작으로 단기간에 보편적인 형벌제도로 정착된다. 두 제도는 차이점보다는 유사점이 많지만 우열에 대한 논쟁이 오랫동안 지속되었다. 유사점은 격리, 회개, 복종, 침묵, 규율 등을 강요한 것이고, 차이점은 전자는 주야간 완전 독거를, 후자는 야간 독거와 주간 공동작업을 실시한 점이다. 점진적으로 효율적인 생산 활동을 통한 수익성 확보가 가능한 오번제도로 정착되었다.

22 이백철, 《교정학》, 교육과학사, 2020, p.30; Randy E. Barnett, "Restitution: A New Paradigm of Criminal Justice," *Ethics*, 87, 1977, pp.279-301.

23 이백철, 《교정학》, 교육과학사, 2020, pp.585-595.; 하워드 제어 저, 손진 역, 《회복적 정의란 무엇인가?》, KAP, 2010.

24 이 단어는 1950년대에 최초로 교도소 사회에 대해 체계적인 연구를 시도했던 도날드 클레머Donald Clemmer라는 학자의 연구에서 처음으로 사용되었다. Clemmer, Donald., The Prison Community, New York: Holt, Rinehart and Winston, 1958.

25 이백철, "교정학 담론의 인문학적 모색: 평화주의 범죄학과 회복적 사법", 교정 담론, 창간호, 아시아교정포럼, 2007, p.8.; Henry Stuart and Dragon Milovanovic, *Constitutive Criminology: Beyond Postmodernism*, London: Sage, 1996, p.216.

26 이 푸투안 저, 윤영호 · 김미선 역, 《공간과 장소》, 사이, 2020, p.13.

27 조선일보, "뉴욕은 카지노, 뉴저지는 대마초.. '죄악세'에 빠진 미국", 2012.6.28.

28 한인섭, 《형벌과 사회통제》, 박영사, 2006, p.316.

29 김주환, 《회복탄력성》, 위즈덤하우스, 2013, p.41–57.

30 한인섭, 《형벌과 사회통제》, 박영사, 2006, p.303.

31 유병철, 영국의 범죄인관리 행정조직, 교정담론, 제3권 제1호, 2009, pp.215–219.

32 연합뉴스, "미국 현직 대통령 최초로 연방교도소 찾은 오바마", 2015. 7. 17.

33 법집행 및 사법행정 자문위원회(Commission on Law Enforcement and the Administration of Justice)

34 Martinson, Robert, "What Works? Questions and Answers about Prison Reform," *Public Interest*, Spring, 1974, pp.22–54.

35 이백철, 《교정학》, 교육과학사, 2020, p.97.

36 노근성, "지역사회 범죄자관리를 위한 파트너쉽 구축방안 – 영국의 MAPPA 사례 검토를 통하여", 보호관찰, 제13권 제2호, 2013, pp.7–52.

37 중앙sunday, "유형 온 영국 죄수들이 거칠게 건설한 풍요의 국가", 2017. 6. 11.; 조선일보, "호주 가던 영국 죄수들의 생존율 높아진 비결은?", 2017. 4. 28.

38 국민소득이 높은 선진국이라도 높은 범죄율을 보이는 미국과 같은 국가는 인종, 총기, 불평등, 마약 등을 포함하는 타 요인들에 의한 설명이 필요하다.

강남순, 《용서에 대하여》, 동녘, 2017.

김주환, 《회복탄력성》, 위즈덤하우스, 2013.

노근성, "지역사회 범죄자관리를 위한 파트너쉽 구축방안 – 영국의 MAPPA 사례 검토를 통하여", 보호관찰, 제13권 제2호, 2013.

박연규, 《교정윤리: 재소자의 몸과 관계윤리》, 시간여행, 2017.

손봉호, 《고통 받는 인간》, 서울대학교출판문화원, 2016.

심재우, 《백성의 무게를 견뎌라: 법학자 정약용의 삶과 흠흠신서 읽기》, 산처럼, 2018.

유병철, "영국의 범죄인관리 행정조직: NOMS in England," 교정담론, 제3권 제1호, 2009.

이백철, 《교정학》, 교육과학사, 2020.

이백철, "교정학 담론의 인문학적 모색: 평화주의 범죄학과 회복적 사법", 교정담론, 창간호, 2007.

이준호, 이상임, "조선시대 기상이변에 따른 재해 발생과 공옥空獄 사상의 교정적 의미 고찰: 소빙기 '경신대기근'을 사례로," 교정담론, 제11권 3호, 2017.

이진경, 《근대적 시공간의 탄생》, 그린비, 2010.

정주영, "교정시설 내 양육유아자의 모성경험에 관한 현상학적 연구", 경기대 박사학위논문, 2019.

조윤선, "조선시대 사면 · 소결의 운영과 범죄적 · 정치적 의의," 조선시대사학보, 38, 2006.

한인섭, 《형벌과 사회통제》, 박영사, 2006.

데이비드 존스턴(정영진), 《정의의 역사》, 부글북스, 2011.

마이클 샌델(안진환, 이수경), 《왜 도덕인가?》, 한국경제신문사, 2010.

마이클 샌델(이창신), 《정의란 무엇인가》, 김영사, 2010.

미셸 푸코(오생근), 《감시와 처벌》, 나남, 2019.

빅터 프랭클(이시형), 《죽음의 수용소에서》, 청아출판사, 2005.

스튜어트 매크리디(남경태), 《시간에 대한 거의 모든 것들》, 휴머니스트, 2001.

스티븐 레빗, 스티븐 더브너(안진환), 《괴짜 경제학》, 웅진지식하우스, 2009.

어빙 고프만(심보선), 《수용소: 정신병 환자와 그 외 재소자들의 사회적 상황에 대한 에세이》, 문학과지성사, 2018.

어빙 고프만(윤선길, 정기현), 《스티그마: 장애의 세계와 사회적응》, 한신대학교 출판부, 2009.

어슬러 K. 르귄(최용준), "오멜라스를 떠나는 사람들", 《바람의 열두 방향》, 그리폰북스, 2004.

얼 쇼리스(고병헌, 이병곤, 임정아), 《희망의 인문학》, 이매진, 2007.

엘리엇 커리(이백철), 《미국의 범죄와 형벌》, 학지사, 2004.

엠마누엘 레비나스(강영안), 《시간과 타자》, 문예출판사, 2011.

이 푸투안(윤영호, 김미선), 《공간과 장소》, 사이, 2020.

제러미 벤담(고정식), 《도덕과 입법의 원리 서설》, 나남, 2011.

제임스 질러(이유진, 이정주, 김규리), 《교도소의 정원사》, 교육과학사, 2017.

젝 자페(한영선), 《어느 날 당신이 눈을 뜬 곳이 교도소라면》, 푸른나무, 2012.

존 롤즈(황경식), 《사회정의론》, 서광사, 2007.

찰스 콜슨(홍병룡), 《사람과 공동체를 회복시키는 정의》, 한국기독학생회출판부, 2002.

찰스 테일러(이백철, 연성진), 《영혼을 찾아가는 사람들: 범죄중독자 치유를 위한 상담》, 교육과학사, 2017.

체사레 베카리아(한인섭), 《범죄와 형벌》, 박영사, 2011(중판).

테오 파드노스(김승욱), 《장전된 총 앞에 서서》, 들녘, 2005.

폴 리쾨르(양명수), 《악의 상징》, 문학과 지성사, 1994.

하워드 제어(손진), 《회복적 정의란 무엇인가?》, KAP, 2010.

하워드 제어(조균석, 김성돈, 한영선 외), 《회복적 정의 실현을 위한 사법의 이념과 실천》, KAP, 2015.

Barnett, Randy E., "Restitution: A New Paradigm of Criminal Justice," *Ethics*, 87, 1977.

Martinson, Robert, "What Works? Questions and Answers about Prison Reform," *Public Interest*, Spring, 1974.

Morris, Norval and David J. Rothman, *The Oxford History of the Prison: The Practice of Punishment in Western Society*, Oxford University Press, 1988.

Stuart, Henry and Dragon Milovanovic, *Constitutive Criminology: Beyond Postmodernism*, London: Sage, 1996.